U0893202

台湾问题论文选编

本书编写组　编著

外文出版社
FOREIGN LANGUAGES PRESS

目 录

论文

匡扶正义、惩治侵略的法律武器

——纪念《开罗宣言》70周年

饶戈平*

【摘要】70年前的开罗会议树立了负责任的大国之间携手合作、匡扶正义、惩治侵略的典范。《开罗宣言》宣告了美中英三国共同对日作战、强制日本侵略者无条件投降的意愿和约定，做出将台湾、澎湖等归还中国的承诺，不但是中国人民维护领土主权的法律武器，也奠定了战后亚洲和太平洋地区国际秩序的政治基础。《开罗宣言》符合国际协定构成要素的要求，形式和名称不影响它的法律性质；国际实践验证了它的法律效力，“约定必须遵守”原则和“禁止反言”原则理应得到尊重。今天纪念《开罗宣言》，就是要弘扬惩恶扬善的正义精神，维护国际社会反法西斯侵略战争的胜利成果。

70年前的当下，国际社会正值兵连祸接的第二次世界大战，中国尚处在抗击日本侵略者的浴血奋战之中。当太平洋战场形势发生重大转折的时候，1943年11月22日至26日，美国、中国、英国三国首脑在埃及首都开罗举行盟国会议，商讨共同对日作战及战后日本的领土处理问题，这就是历史上有名的开罗会议。[1]

一、开罗会议和《开罗宣言》的历史意义

开罗会议是世界反法西斯战争史上一个具有里程碑意义的国际会议。会议确认

* 作者系北京大学法学院教授。文章发表于《中国法学》2014年第2期。

了美、中、英三大国联合战胜和惩处日本侵略者、维护国际正义的共同意愿，表达了美中英三国协同作战、迫使日本无条件投降的庄严承诺，奠定了战后亚洲和太平洋地区国际秩序的政治基础，产生了三国首脑一致确认的会议公报——《开罗宣言》，从而在硝烟弥漫的国际社会敲响了日本法西斯覆灭的丧钟。

1943年12月初，《开罗宣言》分别在重庆、华盛顿、伦敦三地同时发布。[2] 宣言文本虽然不长，但字字千钧，力透纸背，威震一时，名垂青史。开罗会议的崇高地位和历史价值集中体现在这份重量级文献上。《开罗宣言》高扬起国际合作、惩恶扬善的正义旗帜，确认了日本发动的对华战争和太平洋战争的侵略性质，宣示了三大国联合对日作战的目的和宗旨，规定了促使日本无条件投降的惩罚性措施。以《开罗宣言》为起点，同盟国一步步拉开了剑指日本侵略者的巨网。

《开罗宣言》的内容在发表前曾特意征得苏联领导人斯大林的“完全赞同”[3]，形成为战时主要盟国对日作战的政治共识。1945年7月26日，美、中、英三国共同发表《促令日本投降之波茨坦公告》，规定“《开罗宣言》之条件必将实施”。此《公告》旋即为苏联正式联署加入，其实施得到四大国的共同保障，对四国都有约束力。同年9月2日，日本签署《投降文书》，明确承担履行《波茨坦公告》各项规定的义务，接受无条件投降。[4]《开罗宣言》和《波茨坦公告》构成二战期间与对日作战有关的最重要的两份国际文件，彰显出国际法的效力，成为联合国家战胜和惩处日本侵略者、建立战后亚太地区国际秩序的法律基础。

对于中国而言，开罗会议和《开罗宣言》尤其具有特殊重大的意义。首先，这是近代中国第一次以一个大国身份和平等者角色出现在国际高峰会议上，直接参与世界大战的战略决策和战后秩序安排；第一次参与制定了一份体现中国话语权的有广泛影响力的国际文件，奠定了日后中国跻身世界大国、成为联合国五大常任理事国的政治基础。其次，《开罗宣言》确认了近代日本侵略、掠夺中国领土的法律事实，强制日本必须将其窃取、占领的中国领土——东北三省、台湾、澎湖列岛等——悉数交还给中国，成为战后中国从日本手中收复台湾的国际法依据。第三，《开罗宣言》是第一个明确承认台湾为中国领土的国际文件，是确定台湾法律地位的有力证据，为中国保持对台湾的领土主权、维护国家统一提供了国际法根据。第四，《开罗宣言》及其后的《波茨坦公告》，是对中国人民抗日战争的巨大支持和鼓舞，为包括中国在内的国际社会确认击败日本侵略者的胜利成果、构建战后亚太地区的国际秩序提供了法律基础。

《开罗宣言》是世界反法西斯同盟的合作成果，是弘扬正义、惩治侵略的法律武器和历史见证，具有深远的历史意义和现实意义。作为日本侵略战争最大的受害国，作为对日作战的主要参战国和主要战胜国，70年来，中国政府和人民格外珍惜、看重《开罗宣言》，坚决维护这份文件的法律效力和历史价值，是毫不足怪的。

二、《开罗宣言》的法律效力不容否定

作为美中英三国首脑战时会议的公报，《开罗宣言》宣示了三大国共同的政治意愿，一定程度上具有政治宣言的性质；但不容否认的是，它同时也是一份对三国构成约束、对有关国家产生法律效力的文件，表现出国际协议的性质。不妨说它是国际社会少有的一种同时具有政治性和法律性双重性质的国际宣言。倘若一味强调或放大《开罗宣言》的政治性质，借以掩盖、否认它的法律效力，很难认为是一种尊重法律、尊重历史的态度。上世纪50年代以来，个别国家的政府和学者不时以各种理由，对《开罗宣言》的法律效力和法律性质表示质疑，甚至加以否定。[5] 尽管他们的说法经不起实践和法律的检验，不为国际社会的绝大多数所认同，但仍然被有些人拿来大做文章、扰乱视听，因此时至今日仍有正本清源的必要。

1. 《开罗宣言》符合国际协定构成要素的要求

单从形式要件上看，《开罗宣言》看起来的确类似于国际关系中常见的政策宣示性文告，不像是通常的国际协定。然而，仅凭一份文件的形式和名称而忽略其实质内容，就试图否认它实际具有的国际法效力，断言它不具有国际协定的性质，是难以成立的。英国国际法学者詹宁斯 · 瓦茨修订的《奥本海国际法》（第9版）认为，“一项宣言是否被视为构成国家之间的协定，主要决定于当事国的意思和所使用的文字”[6]。在此之前，英国著名国际法学家劳特派特修订的《奥本海国际法》（第8版）更明确表示，“确定一个文件的法律性质是否一个条约的最有决定性的因素不是它的名称，……而是它是否意图在当事方之间创设法律权利和义务”[7]。应该说，他们的上述论点在学术界得到广泛的尊重。

文件形式不影响《开罗宣言》的法律性质。国际法通常强调的是当事各方合意的内容而不是表达意思的形式。1969年《维也纳条约法公约》第2条虽然载明书面协定是条约的一种形式，但并非是在规定条约的必要形式，[8] 也没有排斥和否定在它生效

前的其他国际协定形式的法律效力。事实上，近代国际法从来没有任何规则规定条约的必要形式，[9] 国际实践中反倒不乏类似条约的文件甚至单方面国家行为都被承认为具有条约效力的案例。[10] 国际法院在其1962年“隆端寺案”初步反对意见中称，国际法通常主要是强调当事各方的意思，而法律未规定任何特定的形式。除非当事各方（刻意）从形式中明显表现出它们的意思，否则它们是有任意选择任何形式的自由的。[11] 还是国际法院，在其1978年的“爱琴海大陆架案”（管辖）的意见中说道，“它未看到有任何国际法规则妨碍一项联合公报构成一项国际协议”，即使这份公报未经签署或草签。[12] 由此看来，《开罗宣言》有没有采用通常的国际协定形式，有没有三国首脑的正式签署，其实并不是至关重要的，并不是决定该文件是否具有国际法效力的关键。恰恰是《开罗宣言》的内容而非形式在决定着它的法律性质。因为以宣言形式出现的开罗会议公报并未妨碍它明确表达三大国联合抗日的共同约定，并未妨碍在三国之间创设协同作战、迫使侵略者无条件投降的权利和义务，也不影响三国政府将之视为对自己有约束力的法律文件并遵照实施，更遑论没有影响它对日本产生拘束力。显然，强调文本形式而否认《开罗宣言》法律性质的说法是站不住脚的。

文件名称不影响《开罗宣言》的法律效力。《奥本海国际法》（第9版）在论述条约名称的多样性时指出，国际协定可以有各种各样的名称，如条约、协定、文件、公约、宣言和议定书等，没有一贯的用法。名称本身并不在国际上影响文件的拘束力或其被认定为条约的特性。[13] 国际法院在其1962年“西南非洲案”中的初步反对意见也认为，“对于国际协定或约定的性质，名称不是一个决定性因素。在国家和国际组织的实践以及国际法院判例中，有各种各样很不相同的用法；有许多不同类型的文书都被赋予条约规定的性质”[14]。可见，如果仅仅因为《开罗宣言》没有冠以“协定”的名称就否认它的法律性质和效力，是缺乏根据的。

那么，什么是认定条约的国际标准呢？对此，权威的《维也纳条约法公约》规定得非常清楚，“称‘条约’者，谓国家间所缔结而以国际法为准之国际书面协定，不论其载于一项单独文书或两项以上相互有关之文书内，亦不论其名称为何”[15]。在这里，《公约》显然并不在意条约的形式与名称，而是强调条约的内容和实质，即该类文件必须是在国家间所缔结（或达成）并符合国际法。细看一下《开罗宣言》的内容，恰恰能够满足《公约》规定的要求。首先，它是在中美英三国政府首脑间达成并以他们的名义共同发表的，表达了三个国家的共同意志和约定；其次，它符合并体现了维护正义与和平的国际法原则和目标；第三，它明确规定了三国共同对日作战的目的、宗旨和惩罚措施，表明了一种法律确信。正因为如此，《开罗宣言》的实质内容不但使它从本质上区别于国家间的一般政策性声明，而且符合国际法上条约构成要素的要求，成为三国间一项有拘束力的协议。至于《开罗宣言》屡屡被嗣后的一些国际法文件所包含或引用，更可以引为表明其法律性质和效力的证据。

2. 国际实践验证了《开罗宣言》的法律效力

一份国际文件有无法律效力需要经受实践的检验，需要看它能否得到实施，能否实现它所规定的权利和义务关系。《开罗宣言》发布后的国际实践，充分验证了这一文件的法律效力和法律性质。

首先，《开罗宣言》及包含和体现《开罗宣言》的国际文件对同盟国战胜和处置日本侵略者具有实施效力。美中英三大国在《开罗宣言》中表达了务使日本无条件投降的共同意愿和约定。1945年7月26日，美中英三国《促令日本投降之波茨坦公告》发表，强令负隅顽抗的日本侵略者按照同盟国的要求无条件投降。其中第八条明确规定“开罗宣言之条件必将实施，而日本之主权必将限于本州、北海道、九州、四国及吾人所决定其他小岛之内”[16]。在这里，《波茨坦公告》把《开罗宣言》的规定列为日本无条件投降的必要内容，显示了美中英三国赋予该宣言实施效力的一致的意思表达。数日后苏联宣布加入这一公告，这样四大盟国共同承担起确认并保障《开罗宣言》实施力的责任。1945年9月2日，走投无路的日本侵略者发表《投降文书》，宣布接受《波茨坦公告》条款，对同盟国无条件投降，宣称承担忠实履行《波茨坦公告》各项规定的国际义务，[17] 当然，此举也意味着《开罗宣言》对日本已构成拘束力。此后，盟军最高统帅部根据《波茨坦公告》和盟国间协议，发布了一系列结束战争、强制日本履行其义务的命令和公告，[18] 进一步保障了对《开罗宣言》的实施力。

其次，中国政府基于《开罗宣言》的规定，接受日本投降，从日本手中收回台湾，恢复对台湾行使主权，得到国际社会的认可。1945年9月4日，中国政府根据体现《开罗宣言》和《波茨坦公告》效力的盟军最高统帅部第一号训令昭告中外：鉴于日本已接受《波茨坦公告》各项规定无条件投降，台湾、澎湖须交还中国，中国政府即将派员前往接收治理。[19] 10月25日中国政府代表正式接受驻台日军投降，全面接收台湾，恢复行使主权，设立台湾省行政长官公署，依据中国法令施政。[20] 由此开始，台湾不但在法律上而且在事实上恢复为中国领土的一部分，持续至今。对此，朝鲜战争爆发前的世界各国都予以充分肯定。美国总统杜鲁门在其1950年1月5日关于台湾的声明中，重申美国在《开罗宣言》和《波茨坦公告》中的承诺，务使日本将台湾归还给中国。他说“按照以上各宣言，台湾已经交给蒋介石委员长。过去四年来美国及其他盟国亦承认中国对该岛行使主权”[21]。继此声明后，美国国务院于同年2月9日在众议院外交委员会回答质询时再次表示，“参加对日战争的各盟国对这些步骤（即驻台日军向中国国民政府投降，台湾交还中国管理，成为中国的一个省——引者注）并未质疑，美国政府对此也未质疑。因为这些步骤明显符合在开罗所做的并在波茨坦重予确认的诺言。换言之，包括美国在内的各盟国在过去四年中认为台湾是中国的一部分”[22]。

第三，《开罗宣言》的法律性质和效力为主要大国和国际社会所承认。1950年1月5日，美国国务卿艾奇逊在阐述杜鲁门总统当日关于台湾的声明时强调，台湾是“依据已成立的宣言及投降条件交与中国人的……当台湾被作为中国的一个省份的时候，没有任何人曾对此提出过任何法律上的疑难。此举经认为是符合各项约定的”[23]。同年2月9日，美国国务院就台湾问题答众议院外委会质询时明确重申，杜鲁门1月5日声明的依据“乃是美国确认有关解决台湾问题的开罗宣言”[24]。显然，上述声明和言论应明白无误地视为美国政府对《开罗宣言》效力的一种法律确信。其实，当时不单是美国政府，其他盟国如英国政府也持同一立场。1949年11月21日当英国下院提问质询，“基于什么条约或其他文件或有约束性的宣言，英王陛下政府承认中国当局目前对台湾岛的控制”时，代表英国外交部出席的副外长梅休答道，“唯一有关的声明，就是1943年的《开罗宣言》。那时英美中三国政府首脑宣称，日本从中国窃取的领土，包括台湾在内，应归还中国。1945年苏联亦参加了的《波茨坦公告》又重申了《开罗宣言》。正是根据《开罗宣言》，中国当局在日本投降时对该岛加以控制，并在此后一直行使着对该岛的控制”[25]。由上可见，美国也好，英国也好，不但公开认可《开罗宣言》构成中国收复台湾的法律根据，从而承认了这一文件的法律性质和效力，而且还承认自己受该文件的约束，承担着予以实施的义务。于日本政府，它接受对包含《开罗宣言》条款的《波茨坦公告》的承诺并受其约束，不但表现在1945年的《投降文书》上，而且表现在27年后的《中日政府联合声明》上。在后者第三款确认台湾为中国领土时载明，“日本政府充分理解和尊重中国政府的这一立场，并坚持遵循《波茨坦公告》第八条的立场”[26]。这也足见日本政府对《开罗宣言》法律效力的确认和持续认可。

3. “约定必须遵守”与“禁止反言”原则

《开罗宣言》是美中英三国政府的一致意思表示，是国家间正式、庄严的约定，而“约定必须遵守”（pacta sunt servanda）是国际法上一项众所周知的古老原则，国际法的效力端赖于当事国的善意遵守，善意遵守构成当事国的国际义务。美国政府原本是一再确认并曾大力实施自己和中国、英国一起约定发表的《开罗宣言》的，曾经表现出信守国际承诺的严肃立场。遗憾的是美国没有能够持续地前后一致地坚守自己的承诺，而是一度站到了背离《开罗宣言》的立场。1950年夏季，鉴于国内革命导致中国政府的更替，共产党已有效掌控和治理中国大陆；鉴于朝鲜战争爆发、美国太平洋战略调整的需要，美国政府改变主意了，不再愿意按照《开罗宣言》的规定确认台湾是中国领土、将台湾交还给中国了。它们一方面开始否认《开罗宣言》的法律性质和效力，一方面则提出“台湾地位未定论”，鼓吹“台湾未来地位的决定必须等待太平洋安全的恢复、对日和约的签订或经由联合国考虑”[27]，等等。在这里，“台湾地位未定论”的出笼，显然是以否认《开罗宣言》以至《波茨坦公告》的法律效力为前提的。美国政府对待同一份国际文件的前后立场变化如此之大，实在令人惊异，很难认为这是一个负责任的大国对“约定必须遵守”原则的应有态度，国际法难道能够听任一个国家可以这样根据一己私利而随意改变自己的国际承诺吗？

说到这里，不能不提及国际法上的“禁止反言”原则（estoppel）。为了合理约束国际协议的当事方、维护国际法的法律效力和稳定性，源出于衡平法上的“禁止反言”原则在国际实践中被广泛运用：当事人不能被允许否认自己先前已经确认或以行为加以肯定的事实，[28] 否则应承担由此而引起的法律责任。这一原则应该是国际社会成员所熟知的基本准则了。在柬埔寨诉泰国的1962年隆端寺案中，国际法院就曾以“禁止反言”原则为法理根据，判定泰国因已默认和接受涉及两国领土争议的边界地图，故不得出尔反尔，在事后试图通过否认地图的合法性而主张自己的领土要求。[29] 开罗会议是美国发起和主持召开的，《开罗宣言》也是美国力主制定和公布的。在《开罗宣言》发表后近七年的时间里，美国政府不但承认该文件的法律效力以及对自己的约束力，而且在用行动具体实施该文件所确认的各项规定，已经构成为公开的法律事实。美国应该俨然是《开罗宣言》的守护神才对，怎么可以由自己来质疑和否认这一文件的法律效力呢？这难道不是一种典型的违反“禁止反言”原则的做法吗？当事国难道不应该承担由此而引起的法律责任吗？其实，《开罗宣言》具有法律效力早已是一个众所周知的事实，这种事实并不会因为个别当事者立场的变化而发生改变。

显然，在这里发生改变的并不是《开罗宣言》的法律性质，而只是个别国家的利益需求和政治判断而已。

三、《开罗宣言》的现实意义

70年前的开罗会议和《开罗宣言》显示了负责任、有远见的大国能够携手共创历史，有所作为，造福人类，为国际社会树立起一个大国合作、匡扶正义、惩恶扬善的典范，为中国提供了一个维护国家权益的法律武器，将世世代代受到人们的尊崇和纪念。

一部《开罗宣言》史，就是国际社会弘扬正义、惩治侵略的历史，就是维护还是贬损国际信义和国际规则的历史。尽管今日亚太地区国家的领土安排和国际秩序依然溯源于70年前的开罗会议，尽管《开罗宣言》的法律效力是不容改变的事实，至今仍然在发挥重要作用，但是试图质疑、否认《开罗宣言》法律效力，并由此借题发挥的势力还是时常出没于国际社会，诚可谓“阴魂不散，浊流暗涌”。在美国，有人坚持认为《开罗宣言》不足以作为证明台湾归还中国、属于中国领土一部分的法律依据，借以鼓吹“台湾地位未定论”，要重新确定台湾地区的领土归属。[30] 在日本，右翼民族主义和军国主义势力沉渣泛起，否认日本对外战争的侵略性质，否认日本军国主义残害中国人民的侵略罪行，试图摆脱《开罗宣言》和《波茨坦公告》对日本的拘束力，摆脱发展日本军事力量的束缚，为日本继续占有从邻国掠夺的领土而辩白。[31] 在台湾岛内，一直有人视《开罗宣言》为无物，奉外国人提出的“台湾地位未定论”为圭臬，拒不承认台湾是中国领土的一部分，鼓吹国家分裂，推行“一中一台”、“台湾独立”的主张，[32] 如此等等。显然，这些活动的一个共同特点就是拿《开罗宣言》做祭品大做法场，通过否认《开罗宣言》的法律效力来服从于他们各自的政治目的。看来，这里的问题已经不仅仅局限在法律层面、局限在是否维护《开罗宣言》法律效力的问题了，而是已经上升到政治层面，关系到要不要肯定反日本法西斯战争的正义性，要不要维护对日作战的胜利成果，要不要尊重二战后建立起来的亚太地区国际秩序，要不要维护国际法与世界和平了。由此而引发的这些重大问题难道不值得人们高度警惕和深思吗？

人类社会经历了两次世界大战的浩劫，各国人民憎恶和反对帝国主义侵略战争，期盼建立起一个惩恶扬善、维护和平的正义世界。当前的国际秩序就是由二战后包括中、美、苏、英等反法西斯同盟的战胜国共同建立起来的。就东亚和太平洋地区而言，则主要是在战胜和惩治日本军国主义的基础上建立起来的。其中包括二战后盟军临时占领日本本土，设立审判日本战犯的远东国际法庭；制定日本和平宪法，限制日本军事力量的扩张；限制日本的领土范围，强制日本向被侵略国归还它曾经掠夺的领土，允许日占殖民地获得独立，等等。从法律层面看，所有这些措施，都是来源和根据同盟国战时达成的有约束力的国际文件，其中最重要者当数《开罗宣言》和《波茨坦公告》。倘若《开罗宣言》的法律效力当真被否定了，那么所有这些从日本投降开始所产生的法律事实就必须全部推翻，整个反法西斯战争的历史就要改写，东亚和太平洋地区的国际秩序就要回到70年前日本侵略势力肆虐四方的状况，这难道是国际社会所期待、所能够接受的吗？

历史是一面镜子，温故而知新。《开罗宣言》的历史地位和法律效力不容否定、不容动摇，这是国际社会的共同利益所在。今天之所以有必要隆重纪念《开罗宣言》，就是要维护《开罗宣言》的权威，重申它的法律效力，坚守和发扬《开罗宣言》匡扶正义、惩治侵略的法律武器的作用；就是要敲响历史的警钟，明辨现代世界史上侵略和被侵略、掠夺和被掠夺的大是大非，捍卫战胜日本侵略者的胜利成果，尊重二战后建立起来的亚太地区国际秩序。在这些关乎世界和平正义及各国人民共同利益的原则问题上，难道可以允许模糊、暧昧立场的存在吗？

对于中国而言，在今天纪念《开罗宣言》70周年有着更加特殊的现实意义。中国人民饱受日本侵华战争之苦，决不容许帝国主义涂炭中华民族的历史悲剧重演。台海两岸各界都在隆重纪念《开罗宣言》，就是共同缅怀中国人民民族解放战争的胜利，共同牢记中国国土被帝国主义掠夺、分裂、侵占的屈辱历史；就是要坚守《开罗宣言》所主张的国际正义和国际法的原则，反对一切扭曲历史、为侵略战争翻案的不法行为；就是要维护中国的国家主权、领土完整和正当权益，维护台海两岸同属一个中国的原则立场，坚决反对任何形式的分裂国家的行为。两岸中国人有理由期待自己的这一善良愿望能够为世界各国理解和认同，国际社会也能够和中国人民一起来共同弘扬《开罗宣言》匡扶正义、反对侵略的理性光辉。

注释

1. 参见Foreign Relations of the United States, Diplomatic Papers: The Conference at Cairo and Tehran, 1943, Washington, D.C.: U.S. Government Printing Office, 1961.
2. 中国政府于重庆时间12月2日发布中译本，美国政府于东部时间12月1日晚发布英文本。
3. 见《中华民国重要史料初编——对日抗战时期》，第三编，台北：战时外交，第554页。
4. 《国际条约集》（1945—1947），北京：世界知识出版社，1961年，第112—114页。
5. 参见饶戈平："'台湾地位未定论'的法律透视"，载资中韵主编《美台关系四十年》，北京：人民出版社，1991年，第81—97页。
6. 《奥本海国际法》（第9版），第一卷第二分册，詹宁斯·瓦茨修订，中译本，北京：中国大百科全书出版社，1998年，第614页。
7. 《奥本海国际法》（第8版），上卷第二分册，劳特派特修订，中译本，北京：商务印书馆，1981年，第325页。
8. 《奥本海国际法》（第9版），第一卷第二分册，詹宁斯·瓦茨修订，中译本，北京：中国大百科全书出版社，1998年，第630页。
9. 《奥本海国际法》（第8版），上卷第二分册，劳特派特修订，中译本，北京：商务印书馆，1981年，第323—324页。
10. 参阅丘宏达著、陈纯一修订《现代国际法》，台湾：三民书局，2012年，第176—180页。
11. 《奥本海国际法》（第9版），第一卷第二分册，詹宁斯·瓦茨修订，中译本，北京：中国大百科全书出版社，1998年，第630页。
12. 《奥本海国际法》（第9版），第一卷第二分册，詹宁斯·瓦茨修订，中译本，北京：中国大百科全书出版社，1998年，第693页。
13. 《奥本海国际法》，第一卷第二分册，詹宁斯·瓦茨修订，中译本，北京：中国大百科全书出版社，1998年，第630页。
14. 同上注。
15. 《维也纳条约法公约》（1969）第二条第一款（甲）项。
16. 《国际条约集》（1945—1947），北京：世界知识出版社，1961年，第77—78页。
17. 《国际条约集》（1945—1947），北京：世界知识出版社，1961年，第112—114页。
18. 参见Marjorie M. Whiteman, Digest of International Law, Vol.3, Washington. D.C.: U.S. Government Printing Office, 1952—1994. pp.487—488。
19. 《国民政府公报》，1945年9月21日，渝字第862号。
20. 重庆《中央日报》，1945年10月28日。
21. American Foreign Policy, 1950-1955, Basic Documents, Vol.II, Washington, D.C.: U.S. Government Printing Office, 1957, P.2448.
22. 《美国对外关系文献》第12卷，第496—501页。转引自《中美关系资料汇编》第二辑上册，北京：世界知识出版社，1960年，第46—50页。

23. American Foreign Policy, 1950-1955, Basic Documents, Vol.II, Washington, D.C.: U.S. Government Printing Office, 1957, P.2451.

24. 《美国对外关系文献》第12卷，第496—501页。转引自《中美关系资料汇编》第二辑上册，北京：世界知识出版社，1960年，第46—50页。

25. 英国新闻处伦敦1949年12月30日电。转引自《中美关系资料汇编》第二辑上册，北京：世界知识出版社，1960年，第3—4页。

26. 《中日政府联合声明》，1972年9月30日。载《人民日报》1972年9月30日。

27. 见美国总统杜鲁门1950年6月27日的声明。载美国《国务院公报》，1950年7月3日。转引自《中美关系资料汇编》，第二辑上册，北京：世界知识出版社，1960年，第89—90页。

28. 参见《牛津法律大辞典》（1980年版），中译本，北京：法律出版社，2003年版，第392页。

29. 参见The Temple of Vihear Preah Case, Yearbook of International Court of Justice, 1963。

30. 参见美国国会发表的Shirley Kan 撰写的"中国/台湾：'一个中国'政策的演进"的报告，访中华网http://military.china.com/critical 3/27/20130919//18040762 html。

31. 参见日本交流协会台北事务所长斋藤正树2009年5月1日在台湾中山大学学术会议上的演讲。访http://www.sina.com.cn 中国新闻网2009年5月2日。

32. 参见 Lung-chu Chen, *Taiwan, China, and the Unite Nations*, in "*The International Status of Taiwan in the New World Order*", edited by Jean-Marie Henckaerts, Kluwer Law International, 1996, pp.191-192。

两岸关系与大陆对台政策

——战略制定与政策选择

许世铨*

【摘要】在解决台湾问题、实现国家统一的战略制定和政策选择方面，必须厘清和正确对待下列四个问题。第一，必须同时详查台湾岛内、国际（主要是美国对台政策）和大陆自身的情况，而大陆自身的情况是三者中最重要的，也可以说是决定性因素。第二，中国的一切问题，包括台湾问题，只能通过自身的发展才能解决。第三，一个中国原则是大陆对台政策坚定不移的基础。在一个中国原则问题上，大陆把对外关系和作为内政的两岸关系区别对待，在不同时期给予一中原则有利于两岸关系发展的定义。第四，“与时俱进”是大陆对台政策的生命线。大陆对台政策总是审时度势，确立总体战略、制定配套政策，为实现国家统一选择一条切合实际、行之有效的途径。

2012年11月召开的中国共产党第十八次全国代表大会顺利完成了领导人的换届选举，大陆对台工作也进入了由习近平总书记领导的新阶段。1949以来，大陆对台工作在毛泽东、周恩来、邓小平、江泽民和胡锦涛的领导之下，经历了从解放台湾、和平解放台湾、“和平统一，一国两制”的调整和演进，与时俱进地不断推动祖国统一大业。六十多年来，两岸关系跌宕起伏，今后统一大业还要经历相当漫长的历程，但也可以清楚地看到，国家统一的历史大潮，正越来越壮阔地向前奔流。

---

* 作者系中国社会科学院台湾研究所前所长。文章发表于《台海研究》2013年第1期。

在解决台湾问题、实现国家统一的过程中，于战略制定和政策选择方面，必须厘清下列几个关键性问题。

一、处理台湾问题必须同时详查台湾岛内、国际（主要是美国对台政策）和大陆自身的情况，而大陆自身是其中最重要的因素

从学术研究的角度看，如果说有所谓“台湾学”的话，那么它至少包括上述三个研究领域。

由于在1987年台湾开放民众到大陆探亲之前，两岸长期处于隔绝状态，因而大陆对台湾情况的了解和研究有一个由浅到深、从局部到整体、从间接到直接的过程。台湾有些人，特别是接近民进党的学者常常指责大陆“不了解台湾”。这种说法即便不是“不了解大陆”，至少也是以偏概全。大陆的第一代领导人，特别是毛泽东、周恩来都亲自主持对台工作，并通过各种渠道，包括两岸“密使”往来沟通信息、了解情况。他们也很重视书报杂志上刊载的公开信息的搜集和研究。大陆专门研究台湾问题的最大机构——中国社会科学院台湾研究所是1985年在中央领导直接关心下成立的，它的主要职责就是通过书报杂志等公开资料的收集和研究，向中央和涉台部门报告台湾动态，对重要问题进行分析评估以及政策研究。台研所成立后不但招聘了一批研究台湾问题的专家学者，而且也汇集了丰富的研究成果和资料。1987年两岸交流大门打开后，大陆对台湾的了解更加直接和全面。对台学术研究也随之快速发展，目前已成为“显学”，主要的大学中都有研究台湾的机构。

当前大陆对台研究面临的一个重要课题是对台湾民情、舆情的研究。台湾开放“党禁”“报禁”，领导人直选、政党轮替等所谓“民主转型”在台湾的特定情况下有其必然性，但李登辉推动台湾“民主化”亦有着阻挠两岸统一的战略考量和政治目的。1991年推出的“国家统一纲领”，其实质是企图以“政治民主、经济自由”等条件为统一设置难以逾越的障碍。美国学者黎安友和陆伯彬在他们合著的《长城与空城》一书中指出：“事实上，（国统）纲领要求大陆自行解除其手中所有的筹码，以此作为开始谈判台湾与中国关系的前提条件。”[1] 李登辉多次声称，民主是台湾最重要的“战略资产”。日本右翼女作家上板冬子在她所著的李登辉和他夫人曾文慧采访录《虎口的总统》一书中，援引李登辉的话说，台湾对大陆有三个“头痛的问题”，第一就是“民主化”。“如果彻底地推行民主化，就必须尊重民众的声音，不论中共多

么强悍，台湾都将成为共产党无法驾驭的。”[2] 虽然邓小平制定的“一国两制”方针使得李登辉苦心积虑的这套算计完全失去了着力点，但在台湾选举和政党轮替已经常态化的情况下，倾听台湾民众的声音、把握台湾民众的心态是能否贯彻“寄希望于台湾人民”重要方针的依据。但“民意如流水”，它不但为岛内总体形势所决定，也常为突发事件所左右，因此这一课题无论对学术研究，还是对涉台部门的政策把握都是严肃的挑战。

就台湾问题的外部因素而言，美国是台湾问题至今未能解决的主要外部障碍。1950年6月，美国派遣第七舰队进驻台湾海峡后，周恩来总理兼外交部长即代表中国政府发表严正声明，表示要“为从美国侵略者手中解放台湾而奋斗到底”[3]。从那时起至今，中美关系中，包括中美建交谈判的整个过程，台湾问题始终是最敏感的核心问题。早在1954年毛泽东主席就点明了这个问题。他在7月7日中共中央政治局扩大会议上讲话时说：“现在美国同我们关系中的一个重要问题是台湾问题，这个问题是个长时间的问题。”[4] 1984年10月24日，邓小平在中央顾问委员会第三次全体会议上讲话时说：“在台湾问题上，美国的政策就是把住不放，这个我们看准了。”“一个台湾方面的工作，一个美国方面的工作，都要花时间。”[5] 毛主席、邓小平的判断经受了时间的检验。历史经验告诉人们，中国统一的过程，也必然是克服美国干涉、阻挠的过程。因此无论是中美之间，或是在某些国际场合，台湾问题不可回避。但是，中国政府同时也不允许台湾问题国际化，涉台问题只能是中国和当事国之间的双边问题。而且，一个外国是否反对“台独”、是否奉行一个中国的政策，是中国和该国建立正式关系的最重要底线。因此，涉台外交一直由中央统一领导，高度集中，中共中央对台工作领导小组是最高领导机构。但是，上世纪90年代中期之后，特别是2000年民进党执政之后，“台独”危险骤增，政府相关部门以及学术研究机构在涉台问题上都加强了对外工作力度，向外国政府、学术研究机构及华侨华人介绍、说明中国政府的对台政策和对台湾问题的立场，说明“台独”的危险性，收到了巩固国际上普遍奉行的一个中国政策的良好效果。

台湾海峡被认为是国际上的一个“热点”，一些外国研究机构，特别是美国的某些智库，出于本国利益或其他目的，开始组织由两岸及主办国学者参加的三边、甚至更大范围的所谓“第二轨道”或“一个半轨道”（有官方人士以某种形式参与）的“研讨会”，来“斡旋”台湾问题，有的甚至希冀通过提出解决台湾问题方案而获得诺贝尔和平奖。大陆对此采取了不支持的慎重政策，以防台湾问题国际化。作为非官方的学术交流，大陆学者有选择地参加一些以维护台海地区和平稳定为主旨的研讨会，有利于让外界了解大陆对台政策和主张，同时，第三方通过面对面地听取两岸的政策立场，从而进行比较，应当可以起到减少其偏见的效果。这样的“第二轨道”研讨会应当是“公共外交”的一个组成部分。

当然，台湾问题的最终解决、中国统一的完成决定性因素还是大陆自身。

二、中国的一切问题，包括台湾问题，只能通过自身的发展才能解决

1980年1月16日，邓小平在干部会议上说：“台湾回归祖国、祖国统一的实现，归根到底还是要把我们自己的事情搞好。”[6] 1982年9月1日，邓小平在中国共产党第十二次全国代表大会的开幕词中说：“加紧社会主义现代化建设，争取实现包括台湾在内的祖国统一，反对霸权主义、维护世界和平，是我国人民在八十年代的三大任务。这三大任务中，核心是经济建设，它是解决国际国内问题的基础。”[7] 在1988年5月的一次的谈话中，他又说：“中国还有个台湾问题要解决。中国最终要统一。能否真正顺利地实现大陆和台湾的统一，一要看香港实行‘一国两制’的结果，二要看我们经济能不能真正发展。中国解决所有问题的关键是要靠自己的发展。”[8] 中共“十六大”提出的21世纪的三大任务仍然把“推进现代化建设”列在首位，第二是“完成祖国统一”，三是“维护世界和平与促进共同发展”。“发展是硬道理”这条“邓小平定律”使得大陆自改革开放以来排除了各种干扰，沿着正确的方向发展，取得了今天的成就。国家的统一、对台政策也只能始终不渝地遵循这条铁律才能最终功德圆满。

早年两岸的经济实力差距较大。谈到两岸统一问题时，一些台湾学者时常拿出两岸贫富差距作为不能统一的“论据”。一个典型的比喻是：“富家女（台湾）为什么要嫁给穷汉子（大陆）呢？”如今已经再也听不到这样的说法。仅就经济实力而言，大陆在过去30多年的蓬勃发展，已经使台湾等“亚洲四小龙”当年创造的“经济奇迹”黯然失色。从2007年起，大陆沿海几个省的省内国民总产值（GDP）就相继开始超过台湾的GDP。如广东省2007年GDP为3900亿美元，台湾为3500亿美元。到2011年大陆有4个省，广东（8360亿美元）、江苏（7714.9亿美元）、山东（7210.9亿美元）、浙江（5079.3亿美元）的GDP都超过了台湾（4786.8亿美元）。有位与民进党关系密切的学者访问上海，当看着浦西保存完好的昔日“十里洋场”和浦东鳞次栉比的现代楼群，在绚丽的霓虹灯光中隔江辉映，不禁感慨道：“大陆如果这样发展下去，台湾是

不可能独立的！”这印证了邓小平的一句话：“经济发展了，我们实现统一的力量就不同了。”[9]

大陆经济的持续发展带动了综合实力的日益增强，不但影响了两岸关系的格局，同时由于大陆国际地位的提高，也使台湾问题的国际环境发生了有利于两岸关系良性互动的变化，“台独”势力更加内外交困。这一局面的出现说明，台湾问题只能通过大陆的发展才能得到解决，台湾问题要服从并服务于大陆的发展战略。1984年10月，中共十二届三中全会通过了《关于经济体制改革的决定》，做出“对内搞活经济、对外改革开放”的历史性决策。10月22日邓小平在中央顾问委员会第三次全体会议上强调：“我们精力要花在经济建设上，统一问题晚一些解决无伤大局。”[10] 他为国家总体战略中台湾问题的位置做了明确的界定。因此，即使在两岸关系处在2000年至2008年的“高危期”，大陆也尽最大努力把握住了“以经济建设为中心”的大方向。邓小平为台湾问题在国家总体战略中所界定的位置应当毫不动摇地落实在国家统一的整个过程中。

当然，对邓小平的“发展是硬道理”要有全面的理解。经济建设是基础，发展则是全面的，其中很重要的一部分是国防现代化。没有强大的国防力量，维护国家主权领土完整就是空话，就谈不上国家统一。因此，不放弃使用武力一直是大陆对台政策中始终坚持的一个内涵。早在1956年8月21日，毛泽东在修改中共八大政治报告稿时，在“我们希望一切有爱国心的台湾军政人员，同意用和平谈判的方式，使台湾重新回到祖国的怀抱，”这句话的后面加上了“而避免使用武力。如果不得已而使用武力，那是在和平谈判丧失了可能性，或者是在和平谈判失败以后。”[11] 1984年10月22日，邓小平在中央顾问委员会第三次全体会议上说：“我们坚持谋求用和平的方式解决台湾问题，但是始终没有放弃非和平方式的可能性，我们不能做这样的承诺。如果台湾当局永远不同我们谈判，怎么办？难道我们能够放弃统一？当然，绝不能轻易使用武力……但是，不能排除使用武力，我们要记住这一点，我们的下一代要记住这一点。这是一种战略考虑。”[12] 江泽民在他的“八项主张”中也重申：“我们坚持用和平的方式，通过谈判实现和平统一，同时我们不能承诺根本不使用武力，如果承诺了这一点，只能使和平统一成为不可能，只能导致最终用武力解决问题。”他还强调：“中国人不打中国人。我们不承诺放弃使用武力，决不是针对台湾同胞，而是针对外国势力干涉中国统一和搞‘台独’的图谋的。”[13] 这里指的“外国势力”，首当其冲的自然是美国。为了阻挠中国的统一，美国一直试图迫使中国在台湾问题上放弃使用武力。中国政府的立场始终是：台湾问题是中国的内政，用什么方式解决台湾问题是中国的内政，不容外国干涉。除了美国的干涉之外，台湾岛内还有主张台湾“独立”的民进党等政治势力。民进党不但一度执政（2000—2008），而且还可能再度执政，加之国际上也有支持“台独”的势力，面对这两种现实，大陆当然不会自我解除武装。早在1985年，邓小平就准确地预见到上述的危险。9月20日，他在会见新加坡总理李光耀时说：“不管怎样，现在台湾和我们还有共同点，都认为只有一个中国。但如果蒋经国不在了，就可能真正出现‘两个中国’。美国、日本都有一股势力支持台湾独立……蒋经国不在了，台湾出现独立怎么办？我们怎么能承诺不使用武力？”[14] 2005年3月14日，在岛内“台独”势力甚嚣尘上的时候，十届人大三次会议几乎全票通过了《反分裂国家法》，将不承诺放弃使用武力这一战略考虑法制化。其中第八条明列“国家得采取非和平方式及其他必要措施”的三种情况：“‘台独’分裂势力以任何名义、任何方式造成台湾从中国分裂出去的事实，或者发生将会导致台湾从中国分裂出去的重大事变，或者和平统一的可能性完全丧失。”《反分裂国家法》是由全国人大全体会议通过的，位阶相当高，可称之为“准宪法”。

三、一个中国原则是大陆对台政策坚定不移的基础

祖国统一是大陆对台政策的目标，而一个中国原则是大陆对台政策的基础。没有一个中国，何谈国家统一？正所谓“皮之不存，毛将焉附”。因此，一个中国原则是大陆应始终不渝地坚持的，没有妥协的余地。

然而，从1949年国民党败退台湾到1988年蒋经国去世，两岸之间并没有一个中国的争议，双方均坚持世界上只有一个中国，都反对“台独”。争议是谁代表这个中国，双方都坚持自己是中国的唯一合法代表。“两个中国”的始作俑者是某些外国，首先是美国，英国、日本等国曾是美国的主要追随者。早在1949年2月3日，也就是蒋介石去台湾之前，美国国家安全委员会就美国对台湾的立场拟定的方案中称：“我们应该运用影响，阻止大陆的中国人进一步流向台湾，美国还应谨慎地与有希望的台湾当地领袖保持联系，以便将来有一天在符合美国利益时利用台湾自治运动。”[15] 朝鲜战争爆发后，杜鲁门政府提出“台湾地位未定论”[16]。在为杜鲁门派第七舰队进驻台湾海峡辩护时，当时美国驻联合国代表奥斯丁说这是要使台湾“在军事上中立化”，这是所谓“台湾中立化论”[17]。随着美国分裂中国图谋的一步步强化，特别是1954年12月2

日美台《共同防御条约》的签订，大陆也越来越强烈地谴责美国的图谋。12月8日，周恩来总理就条约发表声明指出："一切关于所谓台湾'独立国'、台湾'中立化'和'托管'台湾的主张实际上都是割裂中国领土，侵犯中国主权和干涉中国内政，都是中国人民所不能同意的。"[18] 中国领导人最早提到应对"两个中国"的应该是周恩来总理。1955年7月30日，他在一届人大第二次会议上发言时说："如果可能的话，中国政府愿意同台湾地方的负责当局协商和平解放台湾的具体步骤。应该说明，这是中央政府同地方当局之间的协商，所谓'两个中国'的任何想法和做法，都是中国人民坚决反对的。"[19] 毛泽东主席1955年10月3日会见意大利社会党总书记南尼，谈到中意建交问题时说："我们要求意大利同蒋介石断绝关系，我们反对美国搞的'两个中国'。"[20] 1958年2月10日，周恩来在二届人大第五次会议上点名批判了英国。他说："英国政府一方面承认中华人民共和国，另一方面却在联合国中协助美国支持蒋介石集团窃据席位。同时，英国还是散布台湾地位未定论的中心。"他强调，中国"绝不会默认或者容忍英国追随美国制造'两个中国'"[21]。

美国制造"一中一台"的活动更集中在联合国和国际组织中。1956年9月，印度尼西亚总统苏加诺在访问美国后访问中国。30日，毛泽东主席会见他时，他曾试探在联合国中保留蒋介石当局作为"台湾代表"的可能性。他问毛主席："由一个中国代表整个中国，另外由台湾集团代表台湾，作为过渡的办法，主席认为这样一个策略如何？"毛泽东断然回答："如果联合国里有台湾的代表，我们一万年也不进去。"[22] 1958年2月10日，周恩来在二届人大第五次会议上说："在联合国中，美国阻挠中国的合法权利的恢复，遭到越来越多的反对，它也认识到永远把中国排除在联合国之外是不可能的。因此美国目前的做法是先在一些国际会议和国际组织中尽可能地制造'两个中国'的局面，以便在国际上逐渐形成'两个中国'的既成事实。"[23] 防止"一中一台"提法的出现则是在1964年12月21日周恩来在三届人大第一次会议上做的《政府工作报告》。他说："美帝国主义要长期霸占台湾，力图阻挠恢复中国在联合国的合法权利和制造'两个中国'或'一个中国、一个台湾'的阴谋。"[24]

台湾在蒋介石、蒋经国父子时代秉持了只有一个中国的立场，反对"两个中国"或"一中一台"，台湾和大陆"非此即彼"，反对"双重承认"，称之为"汉贼不两立"，仍将自己视为中国的"正统"。尽管两蒋终生"反共"，但他们坚持一个中国原则、反对"两个中国"和"一中一台"的立场，维护了国家主权和领土完整，也使两岸关系有了最重要的政治基础。他们不忘"民族大义"的大节，赢得了正面的历史定位。

一个中国原则是大陆推动国家统一总体战略和对台政策的基础。但大陆在坚持这一原则时，在处理国际问题时的立场和处理两岸关系时的做法则有所区别，也就是把对外关系和作为内政的两岸关系区别开来，“内外有别”。在两岸间，大陆从国家统一的大局出发，根据时空背景的演变，充分考虑台湾的实际情况，在不同时期对一个中国原则给予有利两岸关系发展的定义，所以有所谓“老三句”“新三句”“一个中国原则”“一个中国框架”或“一个中国架构”等提法。

大陆对一个中国最早的定义出现应该是在周恩来1956年6月28日在一届人大第三次会议上的发言中。他说：“世界上只有一个中国。唯一能够代表中国人民的是中华人民共和国。”1958年2月10日，他在二届人大第五次会议上重申：“中国只有一个，那就是中华人民共和国。”[25] 在大陆制定的四部正式《宪法》中，第一次载明一个中国原则的是1978年制定的“七八宪法”。它在序言中规定：“台湾是中国的神圣领土。我们一定要解放台湾，完成统一祖国的大业。”大陆现行“八二宪法”对一个中国原则的界定是：“台湾是中华人民共和国的神圣领土的一部分。完成统一祖国的大业是包括台湾同胞在内的全中国人民的神圣职责。”

可以说，在1992年两岸就一个中国原则达成“九二共识”之前，大陆对一个中国原则定义的宣示，在国际上和两岸间基本上是没有区别的，也就是“内外无别”：世界上只有一个中国，台湾是中华人民共和国（有时只提中国）领土的一部分，一定要完成中国统一大业。两岸达成“九二共识”之后，在处理两岸关系时，大陆对一个中国原则的诠释开始显现出对台湾方面所持立场的包容，以展现对推动两岸关系发展的诚意，因此有了从“老三句”到“新三句”的演进。所谓“老三句”是指大陆前副总理钱其琛1998年1月26日在纪念“江泽民八项主张”发表三周年座谈会上说的：“在统一之前，在处理两岸关系事务中，特别是在两岸谈判中，坚持一个中国的原则，就是坚持世界上只有一个中国，台湾是中国的一部分，中国的主权和领土完整不能分割。”“新三句”则是指钱其琛2000年8月25日会见台湾《联合报》系访问团时提出的：“就两岸关系而言，我们主张的一个中国原则是：世界上只有一个中国，大陆和台湾同属于一个中国，中国的主权和领土完整不容分割。”[26]“新三句”显然是照顾了台湾方面的立场。“大陆和台湾同属一个中国”和台湾“国家统一委员会”1992年8月1日通过的“关于‘一个中国’的涵义”的决议文是一致的，即“台湾固为中国之一部分，但大陆亦为中国之一部分。”[27] 在此之前的7月13日，钱其琛在会见“台湾媒体负责人访问团”时还说，在两岸间，一个中国并不是“非此即彼”，两岸只要坚持一个中国，不必在一个中国到底是“中华人民共和国”还是“中华民国”上打转转。[28] 除了“老三句”“新三句”之外，大陆对一个中国的界定还有已故前海协会会长汪道涵的“八十六字方针”。1998年10月14日，他在上海会见“海基会”董事长辜振甫先生时提出：“世界上只有一个中国，台湾是中国的一部分，目前尚未统一，双方应共同努力，在一个中国的原则下，平等协商，共议统一。一个国家的主权和领土是不可分割的，台湾的政治地位应该在一个中国的前提下进行讨论。”[29] 这里汪老回答了台湾方面在两会会谈中一再提出的“两岸分治”“两岸对等”“台湾政治定位”等问题。

2002年中共十六大后胡锦涛出任中共中央总书记，主掌对台工作。他根据两岸形势的变化，对一个中国原则做了新的诠释，丰富了其内涵。2003年3月11日，他在参加十届人大一次会议台湾代表团的审议会时，就台湾问题发表了上任以来第一次全面、系统的谈话。关于一个中国原则，他重申了“新三句”，并补充说：“就是要表明，中国是两岸同胞的中国，是我们共同的家园。”“共同家园说”成为对一个中国的新的诠释。[30] 2008年12月31日，胡锦涛在纪念《告台湾同胞书》发表30周年座谈会上的讲话中又提出了“一个中国框架”的概念。他说：“两岸在事关一个中国框架这一原则问题上形成共同认知和一致立场，就有了构筑政治互信的基石，什么事情都好商量。”[31] 如何定义“一个中国框架”呢？一位涉台部门的高级官员解释为“对两岸现状的描述”。那么在一个中国原则问题上两岸的现状又是如何？笔者认为就是“九二共识”，而“九二共识”是两岸在一个中国原则上“求同存异”的共识，也就是双方都确认一个中国，但对一个中国的政治含义认知有所不同。大陆的立场是，在两岸协商中，只要认知一个中国，可不必涉及它的政治含义，也就是钱其琛说的“不要在是中华人民共和国还是‘中华民国’上打转转”。但台湾方面则坚持“表述”一个中国的政治含义，坚称这个中国是“中华民国”，坚持把“九二共识”说成是“一个中国，各自表述”。根据这一“现状”，并从胡锦涛提出这一概念的上下文看，“一个中国框架”既不完全是大陆的一中立场，也不完全是台湾的一中立场，而是两岸目前在一个中国原则问题上的“共同认知和一致立场”部分，也就是“九二共识”。因此，“一个中国框架”应当是对两岸在一个中国原则问题上所持立场现状更精确的表述。

大陆的一个中国原则是一以贯之的，但绝不是教条和僵化的。在贯彻这一原则时，它把外交和内政区别开来，而且根据客观形势的发展变化，适时做出相应的政策宣示。这种“与时俱进”的精神也体现在整个对台工作和政策制定上。

四、“与时俱进”是大陆对台政策的生命线

从大陆对台政策的演进递嬗来看，从“一纲四目”到“和平统一，一国两制”，到江泽民“八项主张”，到胡锦涛“12 · 31”讲话，都贯穿了“与时俱进”的实事求是精神，这是大陆对台政策之所以能保持生命力和正确性的根本原因。与时俱进，就是能够从宏观到微观、从国际到国内、从大陆到台湾，准确地审时度势，确立总体战略、制定配套政策，为实现国家统一这个终极目标选择一条切合实际、行之有效的途径。

60多年来，大陆对台政策的最重大“与时俱进”是邓小平提出的“和平统一，一国两制”。上文提到，它实际上是中国国家总体发展战略发生方向性调整的产物。纲举目张，改革开放、国家工作重心转向经济建设是“纲”，对台政策、外交政策等是目，随着“纲举”，“目”必然会“张”。虽然从“邓六条”中仍然可以看到其和毛泽东、周恩来的“一纲四目”保持着一脉相承的连续性，例如主张通过“第三次国共合作”来实现两岸统一。但是“和平统一，一国两制”从理论上和实践上都对既往的大陆对台政策进行了战略性调整。1983年6月28日邓小平对美国新泽西州西东大学杨力宇具体系统地阐述“邓六条”时，虽然仍把国共“实行第三次合作”作为和平统一的主线，但明确两党间是“平等会谈”而不再提“一纲四目”主张的“中央与地方谈判”[32]。当有台湾人士反映大陆把台湾当局领导人作为谈判对手“不重视台湾人民”时，邓小平立即做出反应。他在1984年国务院举办国庆招待会致辞中的“台湾当局”后面加了“和各界人士”几个字。他在10月22日的一次讲话中解释说：“台湾问题接触面要宽，除了以国民党当局、以蒋经国为对手外，要广泛开展工作面。”[33] 邓小平是“与时俱进”的典范。

江泽民的“八项主张”根据各方面情况的发展变化对“邓六条”做了调整和补充，主要表现在：（1）由于台湾开放了“党禁”，民进党等党派先后成立，所以把“台湾当局和各界人士”作为工作对象的政策进一步扩展为：“在和平统一谈判中，可以吸收两岸各党派、团体有代表性的人士参加”。（2）首次倡议作为解决台湾问题的第一步，两岸先就“正式结束敌对状态”进行谈判。（3）明确了在处理两岸关系时的“政经分离”原则，即“我们主张不以政治分歧去影响、干扰两岸经贸合作”。（4）在国际层面上，明确“官民有别”原则，即“对于台湾同外国发展民间性经济文化关系，我们不持异议”。（5）强调中华文化是“维系全体中国人的精神纽带”，“也是实现和平统一的一个重要基础”。这一条是根据汪道涵会长的建议提出的。“八项主张”

确立了大陆在处理两岸关系中几个重大问题的原则立场，化解了在这些问题上出现的困扰。

中共十六大后胡锦涛总书记主掌对台工作，他也根据两岸关系和国际环境的变化，适时调整对台政策，提出近期和中长期的政策目标。在2004年3月台湾“大选”后，由于坚持“台独”的民进党继续执政，“台独”分裂活动更为猖獗，两岸关系进入所谓“高危期”，对台政策调整突出地表现在四个方面：第一，把对台工作提升到“全局性”和“战略性”的高度，动员各方面力量协同努力做好对台工作，管控两岸关系发展方向，防止其脱轨。当时绝大多数大陆省市的一把手都亲自出面主持对台工作。第二，把反对“法理台独”作为反“台独”斗争的底线。明确这一底线十分重要，它使大陆在采取行动时避免了“过激”和“保守”的两种偏差。第三，对台工作也要以人为本，更突出“寄希望于台湾人民”。第四，把和平发展确立为中长期对台工作的主轴。这表明在面对“高危期”时，大陆处变不惊、沉着应对，把握住战略大方向。2007年10月15日，胡锦涛在中共十七大上所做的政治报告中，进一步把构建两岸和平发展框架明确为统一前大陆对台工作的战略方针。他说：“我们郑重呼吁，在一个中国原则基础上，协商正式结束两岸敌对状态，达成和平协议，构建和平发展框架，开创两岸和平发展新局面。”[34] 应当说，胡锦涛提出构建两岸和平发展框架的战略是其领导对台工作十年中提出的最重要的战略思想。中共十八大产生的新领导集体对此给予高度评价。2013年2月19日，即将出任全国政协主席的政治局常委俞正声在一年一度的对台工作会议上说：“我们党在对台工作实践中形成的两岸关系和平发展重要思想，丰富了国家统一理论和中央对台工作的大政方针，具有长期指导意义。推动两岸和平发展，是实现和平统一的必由之路，也是我国和平发展战略的重要组成部分。”[35] 对大陆、台湾和国际上关心台湾问题的人来说，了解了胡锦涛和平发展思想之后，就可以摆脱大陆“急还是不急解决台湾问题”，大陆解决台湾问题是不是有“时间表”，大陆会不会“动武”等诸多问题的困扰。

“与时俱进”是中国制定各项国家战略和具体政策的灵魂。对台工作的战略制定和政策选择过去是这样，今天是这样，今后也将会是这样。

注释

1. Andrew J. Nathan and Robert S. Ross: The Great Wall and the Empty Fortress, W.W. Norton & Company, New York, 1997, p.216.
2. 上板冬子著，骆文森、杨明珠译：《虎口的总统——李登辉与曾文慧》，台北：先觉出版股份有限公司，2001年6月，第217页。
3. 国务院台湾事务办公室研究局编：《台湾问题文献资料选编》，北京：人民出版社，1994年，第3页。
4. 中共中央党校、中共中央台湾工作办公室编：《中共三代领导人谈台湾问题》，2001年9月，第28页。
5. 《邓小平文选》，第三卷，北京：人民出版社，1993年10月，第86页。
6. 《邓小平文选》，第三卷，北京：人民出版社，1993年10月，第177页。
7. 《邓小平文选》，第三卷，北京：人民出版社，1993年10月，第3页。
8. 《邓小平文选》，第三卷，北京：人民出版社，1993年10月，第265页。
9. 《邓小平文选》，第二卷，北京：人民出版社，1993年10月，第239—241页。
10. 《邓小平文选》，第三卷，北京：人民出版社，1993年10月，第87页。
11. 《建国以来毛泽东文稿》，第六册，中央文献出版社，1992年1月，第142—143页。
12. 《邓小平文选》，第三卷，北京：人民出版社，1993年10月，第87页。
13. 中共中央台湾工作办公室、国务院台湾事务办公室：《中国台湾问题》，北京：九州图书出版社，1998年9月，第232—234页。
14. 中共中央文献研究室编：《邓小平年谱》，北京：中央文献出版社，2004年7月，第1081页。
15. 资中筠：《美国对华政策的缘起和发展（1945—1950）》，重庆：重庆出版社，1987年6月，第292和464页。
16. 资中筠：《美国对华政策的缘起和发展（1945—1950）》，重庆：重庆出版社，1987年6月，第295—296页。
17. 国务院台湾事务办公室研究局编：《台湾问题文献资料选编》，北京：人民出版社，1994年，第33页。
18. 国务院台湾事务办公室研究局编：《台湾问题文献资料选编》，北京：人民出版社，1994年，第72页。
19. 国务院台湾事务办公室研究局编：《台湾问题文献资料选编》，北京：人民出版社，1994年，第83页。
20. 《邓小平文选》，第三卷，北京：人民出版社，1993年10月，第49页。
21. 《邓小平文选》，第三卷，北京：人民出版社，1993年10月，第97—98页。
22. 国务院台湾事务办公室研究局编：《台湾问题文献资料选编》，北京：人民出版社，1994年，第59页。
23. 国务院台湾事务办公室研究局编：《台湾问题文献资料选编》，北京：人民出版社，1994年，第97页。

24. 国务院台湾事务办公室研究局编：《台湾问题文献资料选编》，北京：人民出版社，1994年，第116页。
25. 国务院台湾事务办公室研究局编：《台湾问题文献资料选编》，北京：人民出版社，1994年，第90页和第98页。
26. 海峡两岸关系协会编：《两岸对话与谈判重要文献选编》，北京：九州出版社，2004年7月，第24页和31页。许世铨：《激荡中的台湾问题》，北京：九州出版社，2005年7月，第41页。
27. 海峡两岸关系协会编：《两岸对话与谈判重要文献选编》，北京：九州出版社，2004年7月，第24和31页。
28. 《钱其琛：一个中国不必非此即彼》，台湾《联合报》，2000年7月14日。
29. 国务院台湾事务办公室研究局编：《台湾问题文献资料选编》，北京：人民出版社，1994年，第40页。
30. 胡锦涛参加十届全国人大一次会议台湾代表团审议时讲话，《人民日报》，2003年3月12日，第1版。
31. 《人民日报》海外版：携手推动两岸关系和平发展 同心实现中华民族伟大复兴，2009年1月1日，第2版。
32. 《邓小平文选》，第三卷，北京：人民出版社，1993年10月，第30—31页。
33. 《邓小平文选》，第三卷，北京：人民出版社，1993年10月，第86页。
34. 中共中央党校、中共中央台湾工作办公室编：《中共三代领导人谈台湾问题》，2007年10月16日，第3版。
35. 《2013年对台工作会议在京举行——俞正声作重要讲话》，北京：新华社，2013年2月19日电。

关于“一国两制”理论形成的几个问题

周志怀*

【摘要】“一个国家、两种制度”是我国政府实现祖国和平统一的基本政策，是邓小平理论的重要组成部分。1987年4月，邓小平同志在会见香港特别行政区基本法起草委员会委员时指出：“我们的社会主义制度是有中国特色的社会主义制度，这个特色，很重要的一个内容就是对香港、澳门、台湾问题的处理，就是‘一国两制’。”在《邓小平文选》中，有两处地方直接回答了建设有中国特色社会主义的具体内容，[1] 而上述重要讲话便是其中之一，这充分突显了“一国两制”在建设有中国特色社会主义中的重要地位。从80年代初邓小平同志正式提出“一国两制”科学构想以来，我国政府已于1997年7月1日和1999年12月20日，成功地对香港和澳门恢复行使主权，“一国两制”的科学构想已经在新世纪来临前变为现实。围绕邓小平“一国两制”理论，国内学术界曾有过众多深入探讨，一批颇具水准的研究成果先后问世，本文拟围绕“一国两制”理论形成的有关问题做一点初步探讨。

一、关于“一国两制”的正式提出

“一国两制”对于推动和实现中国和平统一的进程具有无与伦比的作用。但是，直到90年代末期，国内学术界对“一国两制”（泛指“一个国家、两种制度”）到底

---

* 作者系中国社会科学院台湾研究所副所长、研究员。文章发表于《台海研究》2002年第4期。

是什么时间正式见诸于文字的仍有不同的说法，其中较有代表性的观点有两种。

一说是1982年1月。根据现有资料，此说最早是由中国社会科学院台湾研究所原副所长李家泉先生提出来的。他援引的资料说，1982年1月邓小平先生在会见一海外朋友时谈到："九条方针是以叶剑英委员长名义提出来的，实际上就是'一个国家。两种制度'。两制是可以允许的，他们不要破坏大陆的制度，我们也不要破坏他那个制度。"李家泉先生认为，关于"一国两制"的概念，正是从这时正式开始使用的。[2] 中央文献研究室冷溶先生也持此说，他认为邓小平是在1982年1月的一次谈话中第一次使用了"一个中国、两种制度"的提法。[3] 李家泉与冷溶先生虽然在邓小平"一国两制"的提出时间上观点一致，但一人用的是"一个国家、两种制度"，一人用的是"一个中国、两种制度"，在内容上仍有细微差别。

在政府出版品中，引用的也多为此说。1993年8月31日，国务院台湾事务办公室和国务院新闻办公室发表的《台湾问题与中国的统一》白皮书中说，1982年1月11日，中国领导人就叶剑英的上述谈话（指"叶九条"）指出：这实际上就是"一个国家、两种制度"。在这里，"一国两制"提出的时间较前更为具体。中共中央台湾工作办公室、国务院台湾事务办公室1998年9月出版的《中国台湾问题》干部读本也认为，邓小平于1982年1月首次提出了"一个国家、两种制度"的概念。[4]

另一说是1982年9月。此说首先见诸于黄绍汪先生的一篇文章综述。他在《科学的构想崭新的模式——关于'一国两制'理论探讨的综述》文章内提出，1982年9月邓小平同志在会见英国首相撒切尔夫人时正式提出"一国两制"的概念，同时，我国政府在撒切尔访华期间明确表示，在香港问题上也将实行"一国两制"[5]。红旗出版社出版的《邓小平建设有中国特色社会主义理论学习文库》（1997年3月北京第二版）中所收录的《邓小平在新时期对党的统一战线理论的卓越贡献》一文也明确认为：1982年9月，邓小平在会见撒切尔夫人时，第一次明确提出"一国两制"的概念。邓小平说，关于收回香港主权，可以用"一个国家、两种制度"的方案解决。90年代中期的部分学术研究成果中，沿用此说的论著与文章则较多，如1994年山西经济出版社的《中国特色社会主义理论大辞典》、1995年山东人民出版社的《建设有中国特色社会主义理论汇典》等。

除上述两种说法外，国务院台湾事务办公室的张铭清先生在其撰写的《实现祖国和平统一的理论指南》一文中，也曾涉及该问题。该文认为，"'一国两制'的提法，正式见诸文字，是在1984年6月22日、23日。"[6] 张文引述了邓小平在会见香港工商界访京团时的一段话："我们的政策是实行'一个国家，两种制度'，具体说，就是在中华人民共和国内，十亿人口的大陆实行社会主义制度，香港、台湾实行资本主义制度。”但是，由中国人民大学组织编写的《邓小平理论概论》（全国普通高等学校马克思主义理论课推荐教材，至2002年1月已第13次印刷）则认为，邓小平同志是在1984年2月会见美国乔治城大学战略与国际问题研究中心代表团时，第一次使用了“一国两制”的概念。[7] 该书引述了邓小平同志的另外一段谈话：“我们提出的大陆与台湾统一的方式是合情合理的。统一后，台湾仍搞它的资本主义，大陆搞社会主义，但是是一个统一的中国。一个中国，两种制度。香港问题也是这样，一个中国，两种制度。”笔者认为，如果仅从《邓小平文选》第三卷看，邓小平同志1984年2月的谈话应该是“一国两制”正式见诸于文字的较准确时间。

在“一国两制”正式提出的准确时间这一问题上，之所以会出现上述诸多分歧，是因为学界一直未能看到较具权威性的公开引文。特别是上述两种说法在已公开出版发行的《邓小平文选》第三卷以及其他出版物中（例如：中共中央文献研究室1997年4月编辑出版的《一国两制重要文献选编》、民革中央1994年10月编辑出版的《邓小平论祖国统一》、历年《人民日报》等），均无法找到出处。

随着历史文献资料的不断披露，“一国两制”提出的准确时间已逐渐清晰。1998年年底，由中共中央文献研究室编辑出版的《邓小平思想年谱》第一次公开发表了邓小平在1982年1月11日会见美国华人协会主席李耀滋时的谈话。可惜的是，有些研究工作者当时并未能注意到《邓小平思想年谱》的出版。邓小平说：“九条方针是以叶副主席的名义提出来的，实际上是一个国家两种制度，两种制度是可以允许的，他们不要破坏大陆的制度，我们也不破坏他那个制度。国家的统一是我们整个中华民族的愿望。这不仅有利于子孙后代，在中国五千年的历史上也是一件大事。我们是从这样的角度着想和对待这个问题。说什么‘统战手法’，我们不搞。我们讲大政方针。没有这样的气度不行。”[8] 这次谈话对邓小平首次提出“一国两制”的具体时间、内容以及与谈人都做了详细记载。李家泉与冷溶先生的相关引文虽与上述谈话并不完全一致，但基本是准确的。由此可见，“一国两制”的正式提出应该是在1982年1月。

1984年5月，六届人大二次会议将“一个国家、两种制度”的提法正式写入政府工作报告。报告指出：“从国家和民族的根本利益出发，鉴于历史的经验和台湾的现实，我们提出了祖国统一之后可以实行‘一个国家、两种制度’的设想。我们的各项建议和设想都是诚心诚意的，通情达理的。”其后，邓小平同志在当年6、7月间分别会见香港工商界访京团、香港知名人士钟士元以及英国外交大臣杰弗里豪时，开始较集中地谈及“一个国家，两种制度”。10月2日，邓小平在会见华人科学家时指出：“‘一国两制’的构想，是根据世界的现实、历史的状况和中国的实际提出来的”[9]，这是邓小平首次将“一个国家，两种制度”简化为“一国两制”。

二、“一国两制"理论形成的几个阶段

“一国两制”构想主要是在1978年党的十一届三中全会以后形成的。总体上说，“一国两制”理论的形成大体上经历了三个阶段：

1. 初步构想阶段（1978年—1980年）

“一国两制”构想发轫于党的十一届三中全会前后。在十一届三中全会召开之前的1978年10月，邓小平在会见日本文艺家江藤淳时就指出：“如果实现祖国统一，我们在台湾的政策将根据台湾的现实来处理。比如说，美国在台湾有大量的投资，日本在那里也有大量的投资，这就是现实，我们正视这个现实。”[10] 此次谈话透露出祖国统一后中国政府将从实际出发、尊重台湾现实和保护外国人投资的最初思考，这是邓小平同志涉及“一国两制”构想的最早谈话。当年11月会见缅甸总统吴奈温时，邓小平第一次明确谈到统一后台湾的某些制度和生活方式可以不动。他说：“在解决台湾问题时，我们会尊重台湾的现实。比如，台湾的某些制度可以不动。美日在台湾的投资可以不动，那边的生活方式可以不动。”[11] 邓小平同志的上述重要谈话表明，在三中全会之前，他便已开始思考如何解决台湾问题，这些重要谈话可以说是“一国两制”构想的最初萌芽。

三中全会之后，邓小平关于两种制度的思考更加清晰。1979年12月，他在会见日本首相大平正芳时说，实现统一祖国的目标，要从现实情况出发。统一后“台湾的制度不变，生活方式不变，台湾与外国的民间关系不变，包括外国在台湾的投资、民间交往照旧。”“台湾作为一个地方政府，可以拥有自己的自卫力量，军事力量。”[12] 这些谈话此后成为“一国两制”构想形成的基本框架。

从邓小平在这一阶段内的相关谈话看，除了一些大的原则问题，如“台湾要作为中国不可分割的一部分”，“一定要使台湾回到祖国怀抱”，“不允许有什么两个中国”之外，更多的是从尊重现实和兼顾各方利益的角度，探讨了两种制度并存于同一国家的可能性，充分体现了邓小平做为无产阶级革命家、思想家和战略家的非凡胆略

和创新精神。从理论上看，允许两种完全不同的社会制度长期并存于一个统一的国家内部，无论是马克思主义的经典作家，还是西方的任何一派政治学家，都从未曾做过此类探讨。从实践上看，世界各国在国家结构形式上，无论是实行单一制，还是实行复合制，也都从未出现过两种不同制度自觉并存于同一国家内且受法律保护的问题，每一国家的基本社会制度都是单一的。邓小平从解决台湾问题所面临的实际情况出发，打破传统观念的束缚，把社会主义和资本主义两种对立的社会制度包容于一个统一的国家之内，从而突破了一个国家内只能实行一种社会制度的“一国一制”的传统观念，这不能不说是一个伟大创举。

2. 具体化阶段（1981年—1983年）

在这一阶段，邓小平“一国两制”理论的基本内容进一步具体化，其主要标志是1981年“叶九条”和1983年“邓六条”的发表。

1981年9月30日，叶剑英委员长发表《关于台湾回归祖国实现和平统一的方针政策》的谈话，详细阐明解决台湾问题的方针政策，建议举行中国共产党和中国国民党两党对等谈判，实行第三次合作，共同完成祖国统一大业；明确表示国家实现统一后，台湾可作为特别行政区，享有高度的自治权，并可保留军队。提出台湾现行社会、经济制度不变，生活方式不变，同外国的经济、文化关系不变，私人财产、房屋、土地、企业所有权、合法继承权和外国人投资不受侵犯。邓小平同志1984年12月会见英国首相撒切尔夫人时曾明确指出：“1981年国庆前夕叶剑英委员长就台湾问题发表的九条声明，虽然没有概括为‘一国两制’，但实际上就是这个意思。”[13]

还需要指出的是，在这一阶段，五届全国人大五次会议于1982年12月通过了《中华人民共和国宪法》，其中第31条规定：“国家在必要时得设立特别行政区。在特别行政区内行使的制度按照具体情况由全国人民代表大会以法律规定。”国家根本大法通过的这一规定，为邓小平“一国两制”理论的形成提供了重要法律依据和必要条件。

3. 正式确立阶段（1984年）

1984年，邓小平关于“一国两制”的思考更加清晰、更加成熟。这一年9月，中国政府在与英国政府就恢复对香港行使主权问题展开为期两年的谈判后，终于达成协议并草签了《中英联合声明》和三个附件。其后，中英两国政府首脑于当年12月19日在北京正式签署了《中英联合声明》。应该说，从1982年中英就香港问题进行谈判以后，邓小平同志就一直对“一国两制”问题进行着深入思考，而1984年则是思考最为集中的一年，这可从邓小平的有关论述中看得十分清楚。民革中央编辑的《邓小平论祖国统一》一书中，收录了邓小平同志1978年—1990年间的关于“一国两制”方面的48条重要论述，而1984年一年就占了三分之一。邓小平同志在此期间的不间断思考，使“一国两制”构想渐趋明朗、不断完善。

1984年10月，《瞭望》周刊发表《一个意义重大的构想——邓小平同志谈“一个国家，两种制度”》，对“一国两制”构想做了首次系统报道。这一报导可以视为“一国两制”构想已基本确立的重要标志。

1984年，邓小平“一国两制”构想的内涵更为丰富。在这一年中，邓小平同志又先后提出了有关“一国两制”的许多重要思想，其中主要包括：

1. **“一国两制”的主体是社会主义**。在台港澳地区实行资本主义，是否会影响大陆的社会主义呢？对此，邓小平给予了明确回答。他指出，“中国的主体必须是社会主义。”“‘一国两制’除了资本主义，还有社会主义，就是中国的主体、十亿人口的地区坚定不移地实行社会主义。……主体是很大的主体，社会主义是在十亿人口地区的社会主义，这是个前提，没有这个前提不行。在这个前提下，可以容许在自己身边，在小地区和小范围内实行资本主义。我们相信，在小范围内容许资本主义存在，更有利于发展社会主义。”[14] 可以说，邓小平提出“一国两制”，允许在台港澳地区保留资本主义制度，完全是基于对中国的主体是社会主义的一种自信。事物的性质毕竟是由取得支配地位的矛盾的主要方面所决定的。在中国一小部分地区实行资本主义，并不会削弱社会主义，也不可能改变中国政治制度的性质。这充分显示了邓小平伟大无产阶级革命家的气魄和胆识。

2. **“一国两制”方针长期不变**。针对部分人（包括外国人）担心中国“政策多变”问题，邓小平在年内多次阐明相关政策：“‘一个国家、两种制度’，我们已经讲了很多次了，全国人民代表大会已经通过了这个政策。有人担心这个政策会不会变，我说不会变。”我们讲“五十年”不变，“不是随随便便、感情冲动而讲的，是考虑到中国的现实和发展的需要。”[15] 邓小平从保持香港的繁荣稳定、保持稳定的台湾符合中国切身利益的这一角度出发，从中国现代化建设的长期发展战略出发，用“五十年不变”这一形象化的语言，强调了大陆坚定不移地落实“一国两制”政策的决心，同时也向全世界展示了中国将信守诺言的庄严承诺，这为推动“一国两制”的实施创造了必要条件。

3. 用“一国两制”办法解决中国统一问题也是一种和平共处。邓小平同志创造性地把列宁提出的和平共处原则运用到解决国家统一问题上来。他认为：“根据中国自己的实践，我们提出‘一个国家、两种制度’的办法来解决中国的统一问题，这也是一种和平共处。”指出“和平共处的原则不仅在处理国际关系问题上，而且在一个国家处理自己内政问题上，也是一个好办法。”[16] 用处理国际关系问题的原则来解决国内特殊问题，这是邓小平对列宁和平共处原则的灵活运用和新发展。

从70年代末到80年代初，邓小平“一个国家、两种制度”的构想日趋成熟，逐步系统化，成为中国政府实现祖国统一的基本方针。本着这一基本方针，中国政府先后于1984年和1987年与英国政府、葡萄牙政府签订了《联合声明》，顺利解决了我国对港澳恢复行使主权问题。

三、“一国两制"理论形成的重要条件

“一国两制”理论的形成是以一定的时代条件为背景的，它既是在新的实践基础上继承前人而又突破陈规的产物，又是在坚持解放思想、实事求是的思想路线基础上形成的。与此同时，国际大环境的变化也为“一国两制”的形成创造了必要的外部条件。

1. 主要思想来源

江泽民总书记在党的十五大报告中指出：“马克思列宁主义同中国实际相结合有两次历史性飞跃，产生了两大理论成果。第一次飞跃的理论成果是被实践证明了的关于中国革命和建设的正确的理论原则和经验总结，它的主要创立者是毛泽东，我们党把它称为毛泽东思想。”“一国两制”主要是在十一届三中全会以后逐步形成的伟大构想。但从思想来源看，“一国两制”构想体现了中国几代领导人为实现祖国和平统一的集体智慧，是对毛泽东思想的继承和发展，与毛泽东思想一脉相承，密不可分。

早在上世纪五六十年代，毛主席和周总理就提出了和平解决台湾问题、进行第三次国共合作等重要思想。1955年5月，毛主席在会见印尼总理沙斯特罗阿米佐约时说：“就是西方国家，只要它们愿意，我们也愿同它们合作。我们愿意用和平的方法来解决存在的问题。”“台湾问题也可以用谈判解决。”[17] 1957年4月，毛主席和周总理会见苏联客人时说，“国共两党过去已经合作了两次。”“我们还准备进行第三次合作。”[18] 1958年11月，毛主席在其起草的《中华人民共和国国防部三告台湾同胞书》

中呼吁，希望台湾当局“派出代表，举行和谈。”毛主席还强调，“我们的和谈是真和谈，谈成了，内战就可以宣告结束。”[19]

周恩来总理也就对台政策发表了许多重要讲话，1955年5月13日，周总理在全国人大常委会第15次会议上明确宣布：“中国人民解放台湾有两种可能的方式，即战争的方式和和平的方式。中国人民愿意在可能的条件下，争取用和平的方式解放台湾。”[20] 这是祖国大陆第一次公开提出和平解放台湾的主张。1956年6月，周总理又在一届人大三次会议上正式提出：“愿意同台湾当局协商和平解放台湾的具体步骤和条件，并且希望台湾当局在他们认为适当的时机，派遣代表到北京或适当的地点同我们开始这种商谈。”[21]

50年代大陆对台政策的调整与当时国内外环境的变化密切相关。从国际形势看，1953年7月朝鲜停战协议签订，1954年越南停战协议签订，国际形势趋于缓和。与此同时，中国政府也致力于消除解决台湾问题的外部障碍。1955年4月23日，周总理在亚非会议（万隆会议）期间的缅甸、锡兰、中国、印度、印度尼西亚、巴基斯坦、菲律宾和泰国代表团团长会议上发表声明指出：“中国人民同美国人民是友好的。中国人民不要同美国打仗。中国政府愿意同美国政府坐下来谈判，讨论和缓紧张局势问题，特别是和缓台湾地区紧张局势问题。”[22] 中国政府的积极努力，促成了中美关于台湾问题的大使级会谈。从国内形势看，1956年党的八大确定今后任务是发展生产力、实现国家工业化，逐步满足人们日益增长的物质和文化需要。由于1956年以后，中国将进入全面的社会主义建设时期，在客观上需要一个和平安定的环境，为了适应国内经济建设的需要，中国共产党进一步确立了争取用和平方式解放台湾的思想。

1961年6月，毛主席在与印尼总统阿哈默德·苏加诺会谈时，首次谈及容许台湾保持原来的社会制度。他说：“如果台湾归还祖国，中国就可以进联合国。如果台湾不作为一个国家，没有中央政府，它归还中国，那么台湾的社会制度也可以留待以后谈。我们容许台湾保持原来的社会制度，等台湾人民自己来解决这个问题。”[23] 1963年，周恩来总理将中国共产党的对台政策归纳为“一纲四目”。即一纲：台湾必须回归祖国。这是台湾问题的核心，是任何时候都不会动摇的坚定原则。“四目”是：(1)台湾回归祖国后，除外交必须统一于中央外，台湾所有军政大权人事安排由蒋介石决定；(2)台湾所有军政及经济建设一切费用不足之数，悉由中央政府拨付；(3)台湾的社会改革可以从缓，必俟条件成熟并尊重蒋的意见，通过协商解决；(4)双方互约不派人进行破坏对方团结之事。[24] 从上述谈话内容看，祖国大陆在六十年代初的对台具体政策，便已显现出极大的灵活性。

毛主席和周总理的上述政策主张，可以说是邓小平“一国两制”科学构想的主要思想来源。限于当时的国内外环境，老一代革命家还不可能将上述主张进一步系统化和理论化。正如恩格斯所说的那样：“我们只能在我们时代的条件下进行认识，而且这些条件达到什么程度，我们便认识到什么程度。”[25] 邓小平“一国两制”构想的形成过程表明，这一构想是集中了全党的智慧，并通过对实践认识的不断深化、不断总结才逐步建立起来的，它是对毛泽东思想的继承、丰富和发展。

2. 党的解放思想、实事求是的思想路线的恢复

1993年11月2日，江泽民总书记在学习《邓小平文选》第三卷报告会上讲话中指出：“邓小平同志反复强调的‘解放思想、实事求是’，是贯穿于建设有中国特色社会主义全部观点的精髓。”[26] 而这一精髓正是“一国两制”理论形成的重要基础。邓小平同志曾经说，“一国两制”构想的提出，应“归功于马克思主义的辩证唯物主义和历史唯物主义，用毛泽东主席的话来讲就是实事求是。”[27] 1978年12月，党的十一届三中全会确定把工作重心转移到以经济建设为中心的轨道上来，恢复了党的解放思想、实事求是的思想路线。在三中全会之前的中共中央工作会议闭幕会上，邓小平同志在“解放思想，实事求是，团结一致向前看”的重要讲话中，就指出“实事求是，是无产阶级世界观的基础，是马克思主义的思想基础”，批判了“书上没有的，文件上没有的，领导人没有讲过的，就不敢多说一句话，多做一件事”的思想僵化作风。可以说，没有“解放思想、实事求是”思想路线的恢复，就不可能有“一国两制”伟大构想的产生。

“一国两制”是从实事求是的思想路线出发提出来的。具体说来，它充分体现了尊重历史和尊重现实、兼顾各方利益的实事求是精神。

从尊重历史的角度看：1949年10月1日，中华人民共和国宣告成立，成为中国的唯一合法政府。但国民党集团的一部分军政人员退踞台湾，他们在当时美国政府的扶持下，继续与祖国大陆对峙与抗衡，从而使海峡两岸陷于长期隔绝。在两岸的长期分离中，台湾实行了与大陆完全不同的资本主义制度，形成了不同的生活方式。从尊重历史的角度出发，就是要充分理解台湾民众在特殊的历史背景下所形成的复杂心态，充分尊重台湾民众选择不同社会制度和生活方式的权利。

从尊重现实的角度看：邓小平所关注的是，“中国面临的实际问题就是用什么方式才能解决香港问题，用什么方式才能解决台湾问题。”“是社会主义吞掉台湾，还是台湾宣扬的‘三民主义’吞掉大陆？谁也不好吞掉谁。”对于台湾和香港来说，“如果用社会主义来统一，就做不到三方面都接受。勉强接受了，也会造成混乱局面。”对于大陆来说，“台湾当局提出要以‘三民主义’统一中国”，要用一千几百万人口的台湾的现行制度来统一十亿人口的大陆，至少也是“太缺乏现实感了”[28]。在这种情况下，在短期内用社会主义统一台湾不可能，而用资本主义来统一大陆也不现实。因此，要实现祖国统一，就必须尊重现实，从实际出发处理这一问题。

从兼顾各方利益的角度看：解决台湾问题必然会涉及美日等国在台湾地区的利益。邓小平说：“用‘一国两制’的方式解决台湾问题，美国应该是能够接受的。”[29] 因为这有利于解决涉及台湾问题的国际争端，也有利于亚太地区和世界的和平与稳定。实现祖国和平统一后，大陆在小范围内允许资本主义存在，也将有利于壮大和发展社会主义经济。从邓小平关于社会主义和资本主义关系的理论来看，资本主义的“有些东西，并不能说是资本主义的。比如说，技术问题是科学，生产管理是科学，在任何社会，对任何国家都是有用的。我们学习先进的技术、先进的科学、先进的管理来为社会主义服务，而这些东西本身并没有阶级性。”[30] 因而，社会主义可以学习、利用和拥有资本主义社会存在的、反映了全人类文明成果的东西。对台湾来说，统一后可与大陆共同承担义务，维护中国的主权和领土完整。同时，大陆作为台湾经济发展的腹地，将有利于保持台湾的经济繁荣和社会稳定。

3. 中美正式建立外交关系，为“一国两制”构想的提出创造了条件

台湾问题是中国的内政，中国政府一向坚决反对任何外国势力插手和干涉台湾问题。早在1958年10月，毛主席就在其亲笔起草的《中华人民共和国国防部再告台湾同胞书》中指出，“中国人的事只能由我们中国人自己解决。”[31] 可以说，只要有外国势力干涉，台湾问题就不存在和平解决的基础。

1979年元旦，全国人大常委会发表《告台湾同胞书》，郑重宣告了中国政府和平解决台湾问题的大政方针，表示在实现国家统一时，一定要“尊重台湾现状和台湾各界人士的意见，采取合情合理的政策和办法。”祖国大陆对台政策的重要转变，与解决台湾问题的国际环境的变化密切相关。

邓小平1979年元旦在全国政协举行的《全国人民代表大会常务委员会告台湾同胞书》座谈讨论会上指出：“在过去的一年里，我们在国际事务中取得了许多重大的成

就，集中反映在中日和平友好条约的签订和中美关系正常化上。台湾归回祖国、完成祖国统一大业的事情能提到具体日程上来，也是由于在国内和国际的工作中能取得重大成就的结果。”[32] 在众多国内和国际成果中，中美关系的正常化无疑具有举足轻重的作用。

众所周知，台湾问题之所以拖而不决，是美国政府长期干预中国内政的结果。1954年10月，毛主席在会见印度总理尼赫鲁时曾说："不要以为中国已经完全独立，没有问题了，我们还有很大的问题，台湾就还在美国和蒋介石的手里。"[33] 这直截了当地点明了美国在台湾问题上的作用。实际上，新中国诞生以后，美国政府便对新中国采取了孤立和遏制政策，并把台湾长期置于美国的保护伞下。朝鲜战争爆发后，美国派出第七舰队侵入台湾海峡，武装干涉中国内政。1954年12月2日，美国又与台湾当局签订了所谓《共同防御条约》。该条约规定：美国帮助台湾当局维持并发展武装部队；台湾遭到"武装攻击"时，美国将采取行动，对付"共同危险"；美国有在台湾、澎湖及其附近部署海陆空军的权利，还可扩及到经双方协议所决定的"其他领土"。美国的干预使台湾海峡长期处于紧张对峙局势。为了探寻解决台湾问题的有效途径，中美曾就台湾问题举行了历时15年的136次大使级会谈，但并未能取得实质性进展，台湾问题也便成为中美两国间长期悬而不决的重大争端。

直至1978年12月，随着国际形势的发展变化，美国政府不得不接受中国政府提出的建交三原则，即：美国与台湾当局断绝"外交关系"、废除美台《共同防御条约》以及从台湾撤军，中美两国终于1979年1月1日正式建交。中美建交联合公报声明："美利坚合众国承认中华人民共和国政府是中国的唯一合法政府。在此范围内，美国人民将同台湾人民保持文化、商务和其它非官方联系"，"美利坚合众国政府承认中国的立场，即只有一个中国，台湾是中国的一部分"。中美关系正常化的实现，为祖国大陆调整对台政策、提出"和平统一、一国两制"方针提供了必要条件。

注释

1. 参见陈道华主编：《“一国两制”与国家理论》，北京：中共中央党校出版社，2002年1月，序，第1页。
2. 李家泉：“‘一国两制’构想的形成和发展”，《“一国两制”与祖国统一》，瞭望周刊，海外版编辑部编，北京：新华出版社，1988年，12月版，第49页。
3. 冷溶：《“一国两制”与邓小平的思想特色》，《党的文献》，1992年第1期。
4. 《中国台湾问题》干部读本，北京：九洲出版社，1998年9月，第67—68页。
5. 《广东社会科学》杂志，1985年12月号。
6. 《人民日报》，1994年5月23日。
7. 奚广庆主编：《邓小平理论概论》，北京：中国人民大学出版社，1998年7月，第1版，第336页。
8. 中共中央文献研究室编：《邓小平思想年谱》，（1975—1997），中央文献出版社，1998年11月，第1版，第212页。
9. 《邓小平论祖国统一》，北京：团结出版社，1995年1月，第30页。
10. 《邓小平论祖国统一》，北京：团结出版社，1995年1月，第1页。
11. 《邓小平论祖国统一》，北京：团结出版社，1995年1月，第1页。
12. 《邓小平论祖国统一》，北京：团结出版社，1995年1月，第8页。
13. 《邓小平文选》，北京：人民出版社，1993年10月，第三卷，第102页。
14. 《邓小平文选》，北京：人民出版社，1993年10月，第三卷，第59、103页。
15. 《邓小平文选》，北京：人民出版社，1993年10月，第三卷，第59、103页。
16. 《邓小平文选》，北京：人民出版社，1993年10月，第三卷，第96—97页。
17. 《毛泽东文集》，第六卷，第411—412页。
18. 《人民日报》，1957年4月17日。
19. 《毛泽东文集》，第七卷，北京：人民出版社，1999年6月，第453页。
20. 《人民日报》，1955年5月17日。
21. 《人民日报》，1956年6月29日。
22. 外交部、中央文献研究室编：《周恩来外交文选》，北京：中央文献出版社，1990年5月，第1版，第134页。
23. 外交部、中央文献研究室编：《毛泽东外交文选》，北京：中央文献出版社、世界知识出版社，1994年12月，第1版，第469页。
24. 苏星、龚育之、杨春贵主编：《建设有中国特色社会主义理论教程》，北京：中共中央党校出版社，1996年4月，第1版，第298页。
25. 苏星、龚育之、杨春贵主编：《建设有中国特色社会主义理论教程》，北京：中共中央党校出版社，1996年4月，第1版，第46页。
26. 《人民日报》，1993年11月3日。
27. 《邓小平文选》，第三卷，北京：人民出版社，1993年10月，第101页。
28. 《邓小平文选》，第三卷，北京：人民出版社，1993年10月，第101、97页。

29. 《邓小平文选》，第三卷，北京：人民出版社，1993年10月，第86页。
30. 《邓小平文选》，第二卷，北京：人民出版社，1994年10月，第351页。
31. 《毛泽东文集》，第七卷，北京：人民出版社，1999年6月，第427页。
32. 《邓小平文选》，第二卷，北京：人民出版社，1994年10月，第155页。
33. 《毛泽东文集》，第六卷，北京：人民出版社，1999年6月，第361页。

对进一步增进两岸政治互信的战略思考

朱卫东*

当前，两岸关系和平发展正由开创期进入巩固深化期，这将是一个对两岸信心、耐心和智慧带来更大挑战的全新阶段。两岸关系向“深水区”推进，逆水行舟，不进则退。两岸如何或者说能否继续保持和增进同舟共济的政治互信，对同在一条船上的双方来说至关重要。为此，有必要审慎地对当前及今后一个时期如何进一步加强两岸政治互信进行前期战略思考和设计。

一、要始终将增进两岸政治互信摆在两岸关系发展的突出位置上

政治互信顾名思义是政治上的相互信任，这既是政治关系发展的一个基本点也是政治交往中一个很高的境界，一旦有了互信双方存在的问题就容易找到解决办法甚至迎刃而解。对涉及信任的相关理论研究表明，信任是政治合作和联盟形成的必要条件。“信心与承诺是构成信任的两个主要组成元素”[1]。信任作为一种变量，具有“情境性”和“时间性”的特点，在不同的情境中，信任的概念是不一样的，它会随着时间的变化而变化，亦即，信任既有程度之分又有时间之别，需要双方用心珍惜、巩固和累积。

两岸政治互信就是海峡两岸各自在政治上相互信任、相互给予对方政治信心。

---

* 作者系中国社会科学院台湾研究所副所长、研究员。文章发表于《台海研究》2012年第5期。

大陆方面一贯高度重视政治互信对两岸关系健康发展的极端重要性。2005年，胡锦涛总书记在与国民党主席连战举行的正式会谈中，提出发展两岸关系的四点主张，第一点就是“建立政治上的互信，互相尊重，求同存异”；2008年，胡总书记在纪念《告台湾同胞书》发表30周年座谈会上的讲话中提出“六点意见”，第一点也是强调“恪守一个中国，增进政治互信”的主张。2012年3月，胡总书记在会见国民党荣誉主席吴伯雄时再次强调，“两党和两岸双方继续巩固和增进政治互信，仍然是今后两岸关系保持良好发展势头的首要关键和前进动力”[2]。

基于这样的认识，大陆领导人近年来在很多场合不断强调维护和增进政治互信的必要性和重要性，并在推动两岸关系和平发展的实践中，始终秉持“建立互信、搁置争议、求同存异、共创双赢”的原则，保持双方良性善意互动，不急不躁，努力扩大共识；按照“先易后难、先经后政、把握节奏、循序渐进”的思路稳步扎实推进，积极创造条件，寻求解决两岸关系发展中遇到的问题。另一方面，自2008年5月马英九上台以来，台湾方面在维护两岸政治互信方面也做出了积极的努力，正是两岸双方在反对“台独”、认同“九二共识”问题上建立了最基本的政治互信，使得过去四年两岸关系能够取得一系列的突破性进展和重要成果，实现了历史性转折。

当前，两岸关系虽然获得了很大改善，但政治互信的水平仍然很低，两岸只是建立了初步的政治互信，无论是国共两党之间、还是两岸当局与民间社会乃至领导人个人之间仍缺乏足够的信任，两岸关系和平发展的政治基础、社会基础和经济基础仍须进一步巩固和扩大。

因此，要确保两岸关系健康可持续发展，深刻认识、高度重视、精心维护两岸政治互信的意义至关重要，倘若两岸对此缺乏清醒足够的认识，则不仅将难以累积扩大新的互信，而且业已存在的互信也容易遭到侵蚀甚至毁损。所以，未来一个时期，海峡两岸应始终将维护、累积和增强政治互信摆在两岸关系发展的突出位置上来，这不仅是一个思想认识问题，更要体现在具体的行动中。可以说，两岸政治互信的程度越高，越容易克服干扰、抵御风险，越有利于扩大共识、解决问题。

二、要认同和维护“两岸同属一国”这一双方政治互信的基石

信任理论告诉我们，信任本质上是建立于认知基础上的预期，认知构成信任概念与信任形成的基础。正如政治心理学家拉森所言，“心理学意义上的信任涉及三种

不同的意义——可预测性、可信性以及良好的意图”[3]。罗伯特·斯温斯认为，信任建立与产生之前，博弈双方应经历一个“承诺期”，“承诺”将直接影响信任的建立；伯尔尼哈特·利布曼根据博弈游戏实验的结果，提出一种基于利益的信任概念，即，我们信任他人是与我们自己的个人利益与道德紧密相关。[4]上述研究表明，信任形成的必要条件为预期的出现，如果对他者的行为、意图等无法做出预期，那么信任很难形成。政治行为者相互信任的建立，取决于双方相互认知基础上的共同承诺、可预测性以及可信性。

就两岸政治互信而言，虽然两岸还没有统一，但中国领土和主权没有分裂，大陆和台湾同属一个中国，亦即“两岸同属一个国家”的事实也没有改变。“确认这一事实，符合两岸现行规定，应该是双方都可以做到的”[5]。过去，两岸在坚持“九二共识”，坚决反对“台独”问题上达成的共识和共同承诺，其根本点就是认同“两岸同属一国”，这应成为建立政治信任的必要条件，也是双方下一步深化政治互信的根本基础。所谓“共信不立，互信不生；互信不生，团结不固；团结不固，不能共存”就是这个道理。认同“两岸一国”，是两岸建立政治互信并进一步加强合作的题中之义，两岸之间只要确立了“一国”这个“大同”，彼此就有了最基本的互信，就可以做到求同存异、聚同化异。

2012年7月，全国政协主席贾庆林在第八届两岸经贸文化论坛中又进一步提出，“当前，增进政治互信就是要维护和巩固一个中国的框架”，“一个中国框架的核心是大陆和台湾同属一个国家，两岸关系不是国与国的关系，两岸从各自现行规定出发，确认这一客观事实，形成共同认知，就确立、维护和巩固了一个中国框架。在此基础上，双方可以求同存异，增强彼此的包容性”[6]。大陆在“一中原则”的基础上，进一步提出“一中框架”，二者相辅相成，并行不悖，充分体现了大陆方面解决问题的诚意、善意和包容。从发展的眼光看，体现一中原则、维护一中框架的表现形式，在不同的历史发展阶段，针对不同的对象，可以有不同的表达方式和实现路径，但是“两岸同属一个国家”这一核心不会也不应有任何变化。

两岸不仅要认同维护互信的基础，更要进一步加强和扩大互信。要做到这一点，一方面，两岸要珍惜呵护来之不易的互信，多扩大共识少凸显分歧。目前情况下，两岸刻意模糊搁置重大分歧的做法不是无视其存在，而是不使分歧影响其他容易达成共识问题的解决，进而为解决疑难问题创造条件。比如，台湾方面出于多种考虑将“一国两区”中的“一国”明确为“一个中华民国”，在两岸关系上便压缩了双方在

“一国”问题上求同存异的空间。另一方面，要在认同两岸同属一中、维护一中框架这一原则问题上形成更为清晰的共同认知和一致立场，明示“两岸一国”“两岸关系不是国与国的关系”，努力实现“一中同表”或“共表一中”，直至“两岸同属一国”法律化，为两岸建构全方位的战略互信，为两岸关系和平发展奠定共同的法理基础。

认同“两岸同属一国”，不仅是两岸当局、国共两党之间建立政治互信的根本基础，也是大陆同包括民进党在内的其他岛内政党建立政治互信的基础。在不违背“两岸一国”的前提下，大陆方面愿意与任何人、任何政党进行对话和谈判，什么问题都可以谈，也一定会谈出双方都能认可接受的成果。

目前，共民之间因为民进党一直坚守“台独”和两岸“一边一国”立场导致两党难以建立政治互信，这是非常令人遗憾的。大陆一直希望民进党能够早日撤除自己为民共对话设置的障碍，摈弃“台独党纲”，为双方的对话合作创造条件和空间，因为这样做，对两岸关系有利，对台湾民众有利，对民进党也有利。只要民进党诚心诚意地想解决问题而不是以漫天要价的方式拒绝对话，民共之间总会有智慧找到处理问题的办法的，毕竟，办法总比困难多。

笔者认为，共民之间虽无历史恩怨，但是在涉及到整个中国国家领土主权问题上存在重大分歧。对此，大陆的立场是一贯的，态度是友善的、真诚的，但是绝不会拿原则做交易。体现一中原则的表现形式可以与时俱进，双方在新形势下也完全有办法找到彼此都可以接受的表述方式，但要害是不能违背“两岸同属一国”。对民进党人士，包括那些曾经主张、追随和从事“台独”的人，以适当身份到大陆走走看看，大陆持鼓励和欢迎的态度，期望民进党拿出实际行动展现诚意，降低敌意，逐步放弃“台独”立场。我相信，通过双方的共同努力，共民之间的政治互信一定能够建立起来，民共对话合作的新时代也一定会到来。

三、要以自信尊重包容双赢的思维，积极善意稳妥地增进两岸互信

有关信任的理论认为，将信任建立于认知期望基础上，还需考虑情绪因素，信任需要一种温暖和情感的感觉。我们对他人的期望的程度，与情绪因素紧密相关，积极的情绪会影响认知与预期。

当前，增进两岸互信必须要摈弃零和心态、冷战思维等诸多旧观念、旧思维。零

和思维的危害在于具有“自我实现的预言”的性质，冷战思维的害处在于，仅以所谓政治制度和价值观来决定双方的关系，搞排他性的对立对抗，这些旧时代的旧思维完全不具建设性，无助于两岸问题的处理与解决。加强两岸互信、发展两岸关系没有指导手册可循，但是树立自信、尊重、包容和双赢的思维对两岸来说是最佳的选择，这些需要双方都具备相当的远见、魄力与创新意识。

未来，双方应从战略和长远的角度出发，认准共同利益，相向而行，善意互动，积极稳妥地不断增强两岸各个领域的互信基础，妥善管控和处理分歧，进一步扩大双方的合作，在合作中形塑共同的价值，厚植共同的利益，增进相互信任。

为此：一是，双方都要增强自信心。政治互信的累积在相当程度上是建立在双方自信心提升基础上的。未来大陆要更加自信从容地对台展现包容与耐心，台湾也应更自信地与大陆共同推动两岸关系和平发展。因为实践已经证明，两岸关系本质上是一国内部两个地区之间互利共赢的关系，合则两利，分则两害。在自信的基础上，要相信人民的力量和人民的选择，大陆没有“统战阴谋”，只有为两岸人民谋福祉的“阳谋”。二是，理性看待对方的战略企图和战略走向，务实善意地对待对方的相关政策，努力提高双方理解对方思维方式的能力，用同理心和“同情的理解”来看待对方，加强常态化、制度化的沟通协调，尽量避免误解与误判。三是，两岸都要根据不断变化的新形势恰当地设定阶段目标，既不能超越情势环境和条件，又不能在机遇面前无所作为而丧失机遇。阶段目标的设定是否符合实际，即预期与承诺定得过高或过低，都将影响情绪，影响信任与互信的累积。四是，在不挑战、不违背“两岸同属一国”这一双方都认可的核心利益的基础上，相互尊重、妥善对待处理彼此的重要利益和关切，要管理好、控制好两岸之间深层次、结构性的矛盾与分歧，将其消极影响降至最低。五是，从小事和点滴做起，从自我做起，不断提升两岸合作的质量和水平，培植新的共识和观念，塑造新的共同认同，通过信心与信任的逐步累积直至“生长”出两岸的战略互信。

总之，在两岸关系和平发展进程中，两岸要减弱和消除战略上的互疑，强化和增进战略上的互信，有很多潜力可挖，有很多办法可用，但尤为重要的是，双方要牢固树立自信、尊重、包容和双赢的战略思维，从“单独决定论”转变为“共同决定论”，在正视分歧中寻找共同点，在搁置分歧中创造共同点，在减少分歧中扩大共同点，努力实现两岸“求同存异”到“聚同化异”的转变。

四、要在政治互信基础上，稳步建立包括军事互信在内的两岸战略互信

政治信任内涵丰富，涉及民众对政治行为者的信任、对政策的信任、对政府的信任以及对共同价值认同的信任等诸多方面，建立和厚植互信，存在理性选择路径和社会文化路径两种主要途径。这些有关信任的理论内涵也必然成为两岸互信的重要方面，彼此相互影响作用，深刻地影响着两岸互信的累积。

鉴此，笔者主张借用内涵外延更为丰富的“战略互信”的概念，来说明不同领域、不同层次之间的互信是相互关联、相互作用、相互影响的整体，以期为跨入新阶段的两岸关系发展提供更为强劲的动能。所谓“战略互信”是指双方都深刻了解对方的战略意图，并在涉及各自核心利益的领域，持有对于对方立场和行为的积极预期。战略互信的内涵层次包括政治互信、军事互信、经济互信、政党互信、领导人互信、社会互信等更为宽泛的内容。

笔者认为，当前及今后一个时期，两岸应以更开放的心态和更积极的作为，扩大和深化两岸政治、经济、文教和民间社会的大交流、大合作，提升各个领域互利合作的水准，通过形成全方位、宽领域、多层次的互动格局，加深两岸的感情融合与利益捆绑，增强两岸人民的民族、历史、文化认同，摒弃形形色色的“台独”主张，清除各种“去中国化”的遗毒；在彼此交往和互利合作的过程中，增强两岸同胞一家人的观念，凝聚和形塑两岸休戚与共的“命运共同体”意识。

值得一提的是，目前，两岸各界对加强两岸经济和文化、教育等领域的互信合作有很强的共识，但对于开启和加强军事领域的互信合作，台湾方面还有很大疑虑，其实，这种猜忌也是多余的。政治互信与军事互信二者是相辅相成、相互作用的辨证关系：一方面，政治互信是军事互信的基础，没有政治互信，军事互信是脆弱不稳定的，其功能和作用多体现在危机管理方面。另一方面，军事互信是政治互信的延续和结果，是政治互信发展到高级阶段的产物。两岸努力推进军事对话交流乃至军事互信机制的建构，本身就是增进两岸战略互信的重要环节。因此，二者可以并行不悖，双管齐下。胡锦涛总书记在著名的“12·31讲话”中明确提出，“两岸可以适时就军事问题进行接触交流，探讨建立军事安全互信问题”，这为推动建立两岸军事安全互信指明了方向。虽然两岸目前建立狭义的、单纯的军事互信机制的条件与环境尚不成熟，但这丝毫不妨碍我们提前做些开渠引水的工作，为水到渠成创造条件。

鉴于探讨建立军事安全互信问题的复杂性及其对两岸关系发展的重要象征意义，

两岸不妨从可做、能做的地方入手，先易后难、先民后官、循序渐进地加以推动。两岸在军事问题上建立信任措施的过程，是认识和利用共同利益的过程，也是探讨和试验的过程。一开始，可以是有限的接触，可以是象征性的而非实质性的交流对话，然后逐步寻求有意义的合作措施。比如，两岸在钓鱼岛和南海问题上的合作就可以择机适时逐步展开。总之，所谓军事安全是合作的安全而不是对抗的安全，建立两岸军事互信问题无法回避也回避不了，越早推动越有利于双方增进了解、创造积极条件。在两岸政治、经济、文教等诸多领域大交流、大合作的今天，很难想象两岸在军事问题上还缺乏起码的交流对话、存在明显的“短板”，如果两岸在军事互信问题上裹足不前，终将影响和制约两岸政治互信的深化。

五、要加强制度化建设，努力构建两岸全方位的战略互信机制

现代政治信任的基础是制度信任，即公共权力运行的确定性与可信性主要依靠制度的规范和约束。制度具有规范性、权威性、约束性和可预期性的特点。对两岸互信而言，它既有利于信任的累积和互信合作的深化，又可以避免对对方意图的误判。因此，要巩固、增进两岸互信，必须要建构两岸全方位的战略互信机制；通过制度化框架，对双方的行为进行约束，对未来的发展方向和目标进行规划，从而保障两岸政治互信关系的稳定与可持续发展。

制度化、机制化建设不仅对两岸互信十分重要，对两岸关系和平发展也具有关键的意义。胡锦涛总书记在“12 · 31讲话”全面阐述两岸关系和平发展思想的同时，提出了构建两岸关系和平发展框架的“六点意见”，涵盖政治、经济、文化、社会交流、涉外事务及军事安全等六大层面。作为构建这一框架的重要内容，如何建构两岸战略互信机制，在一定意义上说，已成为双方能否构建两岸关系和平发展框架的必要前提和重要保障。

笔者认为，当前及未来一个时期，要将推动两岸关系各个领域的机制化、制度化建设作为努力方向，共同致力于推进三大工程建设：一是全力加强和落实以ECFA为核心的两岸经济合作工程，二是全力扩大和深化以“三通”为平台的两岸各界交流工程，三是全力推进和深化以两会协商为主体的两岸多层次对话协商工程，努力营造一个有利于两岸关系和平发展的环境条件和机制，创造不可逆转的机制运行环境，使之成为沛然莫之能御的潮流，让任何人、任何势力改变它都要付出极大的代价。

建构两岸全方位的战略互信机制，首先应发挥好现有管道、机制的作用。

其一，进一步发挥国共平台特别是两党领导人定期会晤机制的作用。由于国共两党已建立基本的政治互信，国共交流机制发挥了不可替代的重大作用，它所导引的趋势、所营造的氛围、所达成的共识，对两岸关系发展做出了实质性的重大贡献。因此，未来无论国民党是否在台上执政，这一机制的功能和作用应继续得到高度重视。目前情况下，两个执政党的交流特别是两党领导人的定期会晤，不仅可以面对面地以“工作会谈”的形式加深了解，增进信任，更可以务实地规划未来的两岸关系发展，体现指导性和权威性，即，国共高层交流可以在战略层面上为两岸关系发展指明方向、创造条件，扮演“指南针”和“发动机”的角色；在战术层面上为两岸扩大共识、增进互信扮演“润滑剂”和“变压器”的角色。此外，一旦国民党领导人同时兼任台湾当局的领导人，理论上，双方可以敏感性较低的党主席名义互访，使两党领导人的会晤机制自然过渡到两岸领导人的会晤机制，如此将为两岸关系和平发展提供更大的回旋空间和更为有利的条件。

其二，继续发挥两会制度化协商机制及其他平台的作用。目前，两会协商机制是两岸正式授权达成协议的唯一机制，作为两岸涉及公权力协商的重要平台，过去四年两会先后举行八次商谈，相继签署十八项重要协议，每签署一项协议，都使两岸的交流合作更为规范化，两岸的战略互信得到进一步加强，两岸关系也因此更为紧密融合。两会商谈管道与国共交流机制并不冲突，二者“双脚并进，行稳致远”，属于相辅相成的关系。此外，由于两岸关系的复杂性，两岸还应加强和发挥诸如博鳌论坛、两岸经贸文化论坛、海峡论坛等诸多功能性平台的作用，使之更具多元性、包容性和草根性，以寻求两岸更大的共识，累积更多、更强的互信。

其三，加强两岸学术对话，发挥“二轨”机制的作用。在两岸关系迈向更广、更深、更高领域和层次的时候，两岸之间存在的重大政治分歧以及发展中的新情况、新问题不可避免地将一一显露出来，尤其是诸如台湾当局的政治地位与“中华民国”问题、台“国际空间”与安全问题等等，这些牵涉到主权的核心议题，极为敏感脆弱、复杂难解，稍有不慎，轻则破坏彼此互信，重则使两岸关系倒退，冲击两岸关系和平发展。对于这些问题的处理，笔者主张，应加强两岸学术界的交流，特别是要有计划地开展两岸具有官方背景的智库学者的对话交流，在时机成熟时，进行官方授意或授权的“二轨”对话，“二轨机制”的好处是立足于实质沟通，有助于两岸全面准确地掌握实情，理解和照顾彼此的合理关切，分清轻重缓急，找准切入点和突破口，以达到尽快寻求共识、完善方案的目的。从根本上讲，“二轨机制”有助于强化彼此的战略互信，是处理和解决问题必不可少的步骤和环节，也是行之有效的路径。

综上所述，在两岸关系发展跨入巩固深化新阶段的时候，不断增进两岸战略互信是两岸双方的必然选择。只有通过不断增进两岸政治互信，才能巩固和扩大两岸关系发展的成果；同时又能通过新的发展成果累积更多、更强的互信，推动两岸关系不断取得更大的发展。两岸之间的互信越强，达成的共识越多，分歧就越少，机会就越大，前景就越光明。

目前，大陆同国民党执政当局在共同反对“台独”、坚持“九二共识”基础上所达成的政治互信只是最基本的互信，尚不足以支撑两岸关系迈入深水区面临的各种严峻挑战；同时，这种脆弱不稳定的互信，也摆脱不了岛内周期性选举政治的考验。因此，未来一个时期，两岸应该抓住和用好难得的机遇，全面加强和深化两岸在各个领域、各个层次的交流与合作，让两岸民众不断建立互信、不断扩大互信，从而为两岸政治互信提供更加稳固、更加深厚的社会民意基础。另一方面，还要着力加强两岸关系和平发展机制化、制度化和法制化建设，在建构两岸全方位战略互信机制方面，努力推动双方在认同“两岸同属一国”、维护一中框架这一原则问题上形成更为清晰的共同认知和一致立场，实现“两岸同属一国”法律化，从制度上确保两岸关系和平发展的方向与成果是不可逆的。笔者深信，两岸通过这些制度性的安排与保障，将打开一扇扇大门，搭起一座座桥梁，拓宽前进的道路，排除各种干扰，为两岸关系和平发展注入强劲的动力，开辟更加美好的前景。

注释

1. 彼得·什托姆普卡：《信任——一种社会学理论》，程胜利译，北京：中华书局，2005年版，第33页。
2. 《胡锦涛会见中国国民党荣誉主席吴伯雄》，新华网，2012年03月22日。
3. 《国际关系中的信任概念与联盟信任类型》，尹继武，见《国际论坛》，2008年第2期。
4. 同上。
5. 同2。
6. 《贾庆林在第八届两岸经贸文化论坛开幕式上的致辞》，新华网，2012年7月28日。

两岸和平发展价值观社会化探析

刘国深*

【摘要】“两岸和平发展”愿景的正式提出已经7年，但在海峡两岸的实际政治生活中，两岸和平发展的共识尚未真正确立起来，成为指导两岸社会发展的普适价值；不仅一般民众感到陌生，部分政治人物的实际言行也与两岸和平发展精神背道而驰。两岸双方有必要透过政治社会化的途径，深入系统地向两岸民众宣导两岸和平发展的内涵和意义，让和平发展的观念深植人心，进而内化成为两岸关系互动中的行为准则。两岸和平发展价值观的社会化不是短期内可以完成的，两岸双方的公权力部门、政党、学校、新闻媒体、社会团体要成为两岸和平发展的传播者、维护者。

1949年以来，随着中国的国际环境变化和海峡两岸内部环境的变化，两岸关系从军事对抗逐渐走向政治对立，从政治对立逐渐走向和平发展。尽管两岸人民对和平、稳定、发展等政治词汇耳熟能详，但是否真的深入人心，并且成为指导人们行为的准则呢？从目前的两岸政治实务来看，尽管绝大多数人透过媒体知道“两岸和平发展”这句话，但社会大众对于“两岸和平发展”的内涵未必真正了解。两岸双方公权力部门从业人员对两岸和平发展的理解参差不齐，台湾政坛各阵营对两岸和平发展的理解更是存在明显分歧。两岸政治关系的稳定性和可预期性，直接与双方有关人员贯彻

---

* 刘国深，男，厦门大学台湾研究院院长，台湾研究中心教授，博士生导师，国家“985工程”台湾研究创新基地负责人。文章发表于《台湾研究集刊》2012年第6期。

执行两岸和平发展价值观的主观意识强度相关。因此，两岸双方要继续巩固和深化两岸和平发展的价值观，要系统地实施政治社会化工程，让两岸和平发展价值体系深入人心，成为引领和规范两岸全方位互动行为的主流意识形态。

一、两岸和平发展之概念共识

1895年以来，海峡两岸人民饱受战乱和政治动荡之戕害。对于经历过百年苦难的中华民族来说，和平稳定的生活弥足珍贵。早在1953年12月31日，周恩来在会见印度代表团时就提出了“和平共处五项原则”，以此作为指导中国大陆与其他国家发展关系的准则。1955年4月周恩来在万隆会议上进一步提出了用和平方式“解放台湾”的主张。但是，当时中国大陆居于主流的世界观还停留在“世界革命”阶段，受到“无产阶级只有解放全人类，才能最后解放自己”认识和复杂的周边环境影响，和平共处原则并未真正成为当时大陆的世界观和主流价值体系。

“文化大革命”期间，中国大陆陷入近百年来最疯狂的政治动乱，那时的中国大陆不仅没能与国际主流社会实现和平共处关系，而且还有过“输出革命”的豪言壮语。在大陆内部，“大鸣、大放、大辩论、大字报”，“怀疑一切，打倒一切”，“阶级斗争年年讲、月月讲、天天讲”，极左思潮下的群众运动让大陆经济濒临崩溃边缘，人民生活困苦不堪。物极必反，“文化大革命”意外地使中国大陆社会意识形态回归稳健与成熟，不仅与国际主流社会走向“和平共处”，而且在大陆内部形成了“稳定压倒一切”的主流意识。1978年底开始，中国大陆步入了历史上难得的和平、稳定和发展阶段。1979年元旦，全国人民代表大会常务委员会发表了《告台湾同胞书》，宣布停止对金门等岛屿的炮击，主张透过商谈结束军事对峙，“以便为双方的任何一种范围的交往接触创造必要的前提和安全的环境”。“尽快实现通邮通航，以利双方同胞直接接触，互通讯息，探亲访友，旅游参观，进行学术文化体育工艺观察。”[1] 经过30多年的平稳发展，中国大陆综合实力和人民生活发生翻天覆地的变化，经济总量已跃居全球第二。

中国大陆方面提出的“和平与发展”主张直接来源于邓小平的智慧。1984年2月22日，邓小平在会见美国乔治城大学战略与国际问题研究中心代表团时说：“世界上有许多争端，总要找个解决问题的出路。我多年来一直在想，找个什么办法，不用战争手段而用和平方式，来解决这种问题。”[2] 他在讲这个问题时，直接就提到了大陆和台湾的关系问题。他认为“中国人不比世界上任何人更少关心和平和国际局势的稳定。中国需要至少20年的和平，以便聚精会神地搞国内建设”。1985年3月4日，邓小平在会见外国友人时进一步提出了著名的“和平和发展是当代世界的两大问题”论述。[3] 今天我们回头来看中国大陆30多年来的和平发展道路，不得不佩服邓小平的远见卓识。

邓小平认为，“和平与发展”是当今世界两大带有全球性的战略问题。不难理解，两岸和平与发展当然是中国整体和平发展战略的重要组成部分。两岸和平发展的主张可以视为邓小平“和平与发展”主张在两岸关系领域的具体化。1979年以后，随着中国大陆与美国关系的改善，台湾问题的国际环境发生了深刻的变化，美方对两岸和平的强烈关切得到中国大陆方面的理解和高度重视，顺应国内外形势的变化，中共方面开始公开用“和平统一”的主张取代“解放台湾”的传统论述，两岸关系翻开历史性的一页。

“两岸和平发展”这一概念究竟由谁最早提出，目前并无定论。中国大陆知名学者辛旗早在1992年9月发表于台湾《中国论坛》的文章《对中国统一前景的几点思考》中，其中就提出过成立“两岸和平发展委员会”的概念，可见这一概念至少有20年以上的历史了。

中国大陆对台政策的演变也受到其治国理政思想变化的影响，2004年9月19日，中国共产党第十六届中央委员会第四次全体会议上正式提出了“构建社会主义和谐社会”的概念。和谐社会的思想既强调社会各系统、各阶层之间的和谐，也强调整个国家与外部世界的和谐。因此，海峡两岸的和谐问题也成为人们研究的热点，有学者在此基础上研究如何构建和谐的两岸关系，并撰写了论文和著作。在2005年3月5日的《政府工作报告》中，温家宝说：“我们坚持‘和平统一、一国两制’的基本方针和现阶段发展两岸关系、推进祖国和平统一进程的八项主张，维护台海和平和两岸关系稳定发展。”在这里，大陆官方版本的两岸和平发展的概念已经呼之欲出。2005年4月29日，中共中央总书记胡锦涛与国民党主席连战在北京共同发表“两岸和平发展共同愿景”，这是两岸和平发展第一次成为两岸主要政党的共同政见。国共两党共同体认到：“和平与发展是二十一世纪的潮流，两岸关系和平发展符合两岸同胞的共同利益，也符合亚太地区和世界的利益。”近年来，两岸和平发展的主张已分别列入国共双方重要文献。2007年10月发表的中共十七大报告中，胡锦涛总书记在涉台部分800多字讲话里面5次提及“和平发展”。

在台湾，两岸和平发展的概念主张也是许多朝野代表性人物的共同语言。民进党领导人曾多次提及两岸和平发展的概念。早在2004年4月24日陈水扁在台中举办谢票感恩晚会时说，“我们要凝聚朝野共识，我们要来制订颁布‘两岸和平发展纲领’”。2005年2月谢长廷在他送往“立法院”的施政报告中提出：两岸关系将以“和平与发展”为主轴，建构和平稳定的两岸互动架构。2011年10月4日，蔡英文在东京表示，她有意愿和大陆领导人一同以“互利、明智、负责”的方式，用和平发展的共同语言，来推动两岸关系。不久前的2012年5月20日，马英九先生在他的“就职演说”中又两度提及“两岸和平发展”。

然而，在海峡两岸的实际政治生活中，“两岸和平发展”理念基本上还处于概念行销阶段，尚未内化成为多数人认同的价值观。不仅一般民众对两岸和平发展的内涵感到陌生，部分政治人物的实际言行更与两岸和平发展精神背道而驰。因此，两岸双方有必要透过政治社会化的途径，深入系统地向两岸民众推介两岸和平发展这一重要的政治产品，让和平发展的观念深植人心，并且内化成为两岸关系互动中的行为准则。

二、两岸和平发展政治意境分析

尽管多数人对“两岸和平发展”的认识还停留在概念阶段，但是，两岸和平发展共同愿景从模糊趋向清晰、从抽象走向具体也是不争的事实。最近4年来，两岸人民可以直观地感受到两岸政治关系越来越平稳、经济关系越来越密切、人员交往越来越便利、战争威胁越来越远离。为了加快两岸和平发展价值观的社会化进程，我们有必要深入探讨两岸和平发展蓝图所蕴含的更美好的意境。

首先，“两岸和平发展”让我们可以超越政权之争的政治藩篱，建立基本的政治互信。海峡两岸之所以能够进入“两岸和平发展”阶段，是因为我们已经有了最基本的政治共识，在这一共识基础上双方可以达成“建立互信、搁置争议、求同存异、共创双赢”的目标。海峡两岸双方已共同体认到，两岸目前各自所依循的法理精神和有关规定都主张“大陆和台湾同属一个国家”。在“两岸同属一个国家”的共识基础上，两岸在领土主权意义上同属一个国家既是过去时，也是现在进行时，在此意义上的一个中国是不需要特别去追求的，需要的是两岸双方共同去维护和落实。有了这样的谅解，两岸双方就可以“正视现实”，暂时搁置某些高阶敏感政治议题，不再进行无谓的内耗，优先解决与两岸民生息息相关的需求问题。

其次，“两岸和平发展”可以让双方摆脱所谓的“统独之争”纠缠，找到彼此之间的政治交集。长期以来，“两岸统一”被过度简化、曲解，甚至被污名化。两岸的统一绝非领土和主权的再造，而是结束政治对立的问题。今天，所谓的“台独”也到了必须正本清源的历史时刻，当年民进党内许多人主张“台独”，有其时代的背景，其中确实有相当大的要求“台湾人当家做主”的成分。在事实证明即便在台湾内部也难以达成“法理台独”目标的情况下，“台独”主张面临“创造性转化”的问题。与被污名化的“两岸统一”和特殊时代环境下出现的“台湾独立”或“两个中国”主张相比较，“两岸和平发展”的主张包容性更大，在这一概念内涵之下，两岸三方（红、蓝、绿）的立场和主张可以在多维政治空间下找到交集点，台湾人民的尊严、安全和利益诉求完全可以在“和平发展”的过程中得到更好的解决。两岸三方可以在两岸和平发展的共同旗帜下搁置高阶敏感政治争议，争取更大的空间，创造更好的条件，最终以多赢的方式解决政治分歧。

第三，两岸和平发展是政治稳定与经济、社会、文化全面发展的相辅相成和良性循环。“和平发展”一词本身就包括“和平”与“发展”两个既独立又统一的概念成分。营造一个非暴力的环境，确保人们有条件在良好的环境条件中解决共同面对的问题，在此基础上巩固和平的基础，这就是和平发展。发展需要和平稳定，发展也可以解决影响和谐稳定的矛盾和问题，并为和平稳定提供新的智慧和足够的资源条件。2008年5月20日以来，两岸和平发展价值观逐步转化成为两岸双方公权力部门的政策行为，得到两岸人民和国际社会的广泛赞扬和肯定。在“和平中寻求发展”与“在发展中促进和平”的理念，为两岸全方位互动提供了巨大的空间和动力。正如王毅所说的，“两岸关系和平发展思想是我们国家和平发展战略的重要组成部分。我们已经明确宣示要坚持和平发展战略，下决心走出一条与传统大国兴衰不同的强国之路。其核心是以发展的成果增强维护和平的能力，又以和平的方式解决前进道路上的问题。这一理念同样体现在发展两岸关系、实现和平统一的实践中”[4]。

第四，两岸和平发展将为双方创造出更多的时间和更大的空间，使双方得以从容不迫地解决政治难题。两岸之间的政治分歧和困难归根到底是经济、社会、文化、教育差异造成的政治认知、政治情感和政治价值观的分歧。“五十六年来，两岸在不同的道路上，发展出不同的社会制度与生活方式。”[5]在“两岸和平发展”的共识之下，海峡两岸双方求同存异、相互谅解、相互包容，共同营造和谐、安定、互信的政治环境。两岸和平发展可以使双方都愿意给对方更多的时间和更大的空间，以实现两岸各自内部的全面发展。经济上的共同发展，文化上的融合创新，社会上的重新一体化，使得两岸人民开始彼此肯定、彼此欣赏、彼此学习，从而逐渐弥合双方分歧，为解决长期悬而未决的难题创造条件。在两岸和平发展价值观的熏陶下，人们长期以来有关两岸事务的心理、言论和行为模式将逐渐趋同。“以和为贵”“兼相爱，交相利”“以人为本”等中华传统文化和精神将成为指导两岸人民行为的圭臬。

三、两岸和平发展价值观之社会化

尽管从理论上说，“两岸和平发展”意义重大，影响深远，但是，两岸和平发展要成为两岸共同的价值观，可能还需要经过漫长而艰苦的努力。对于两岸民众来说，对两岸和平发展概念的认知仅仅是第一步。如何让双方民众从情感上接受，让双方人民了解到，这一概念并非任何一方强加给对方，也不仅仅对一方有利，而是双方的共同创造，更是两岸双赢的最佳选择，这项工作需要展现出大格局，体现出诚意。两岸和平发展要成为指导两岸人民的价值观，更需要有一个逐步深化的过程。笔者认为，我们要透过政治社会化的过程，使两岸社会的绝大多数政治参与者从认知、情感和价值观念上认同并接受两岸和平发展的理念，让两岸和平发展的观念真正内化成为指导人们行为的目标和规范。为了顺利推动两岸和平发展价值观的社会化进程，海峡两岸主流社会的政治社会化机构——公权力部门、政党、学校、媒体、宗教和社会团体、公司企业、家庭等，都要行动起来，扮演政治社会化的“正功能”的角色。

首先，两岸双方公权力部门可以在各自内部做大量的政策宣导工作，强化民众政治上的自信，让民众对两岸和平发展感到放心。如前所述，依据双方各自依循的最高法理和规定，大陆和台湾同属一个国家，这样的价值取向对双方来说都只是政治现实的描述，不存在自我矮化的问题，更不是改变政治现状。对于大陆方面来说，“两岸同属一个国家”的政治定位，确立了两岸不是“国与国关系”，而是一个国家内部两个竞争性政权关系的性质。对于台湾方面来说，这样的定位并没有改变原有的法理坚持，甚至也没有放弃既有的政治符号和立场。在此基础上，双方可以在正视现实、不挑战既有政治格局的情况下，平等地以双方都方便的身份展开互动，优先解决发展的问题。

其次，双方的媒体要倡导两岸和平发展是一个长期稳定的过程，而非权宜之计的理念。两岸和平发展要求两岸在较长时间内“维持现状”，“双方自我管理，井水不犯河水”。要引导两岸民众重新认识维护国家领土统一的真实意义，而且可以将所谓“台独”主张引导至“台湾人民当家做主”的论述。对于部分民众可能不理解或不接受的问题，双方也要增强自信心和包容度，只要不违背双方各自遵循的现行法律，思想和言论层面的不同意见应该受到尊重。章念驰先生曾经公开表示：“我们要尊重两岸关系的规律与特点，要先易后难，先经后政，要耐得住寂寞，不要不适当地把难以解决的问题拿到条件不成熟时机解决，要坚持搁置争议，让交流、交往、经贸文化关系、对话与谈判的进程越长越好，在建立了良好信任的基础上，再解决政治分歧更为妥当。”[6]

第三，两岸各政党和政治精英要将两岸和平发展的论述重点从高阶政治议题转移到两岸经济、社会、文化等民生问题。对于多数民众来说，空洞地谈国家、领土、主权、治权、政府、政权等概念都是相当抽象的。只有在国家、领土、主权、治权、政府、政权等概念与生活及利益相联结的时候，两岸人民才能够很容易地找到共同的语言。以民为本，为民谋利是任何政治主张合法性和正当性的最大来源。如果我们告诉民众，和平发展不涉及国家领土、不改变两岸政治现状，和平发展意味着两岸可以实现全面直航、签署ECFA、让更多“陆客”来台观光，民众就会理解和平发展价值观的“牛肉”在哪里。两岸和平发展价值观的社会化必须建立在扎实有效的经济共同发展基础上。只要双方从人民的生活和利益出发，就可以超越一时无解的政治意识形态和政治立场困扰，将目光集中在如何实现便民利民，让两岸人民在合作中实现双赢，两岸和平发展主张也才更加深植人心。

第四，两岸教育文化机构要在共同传承中华文化的同时，鼓励多元和创新，共同致力于中华文化的现代化进程。两岸和平发展的价值观要求双方承认并接受多元文化兼收并蓄的价值，既肯定共同拥有中华文化传统，又在海峡两岸演绎出中华文化现代化的新枝叶，丰富和发展中华文化的内涵。文化是两岸人民的精神纽带，文化的融合创新是仅次于经济发展的和平发展的重要载体，在同属中华文化的信心基础上，两岸文化的差异性不仅不影响和平发展，而且有助于双方彼此吸引、彼此促进，在此基础上产生交流合作的更大动力，在相互理解的基础上最终形成共同的价值体系。两岸知识系统和话语系统的融合对接，将为两岸和平发展价值观社会化提供不可或缺的文化载体。

第五，两岸和平发展价值观的社会化必须建立在自下而上、先易后难的两岸交流交往制度化建设上，要建立在两岸人民共同的生活基础上。两岸公权力部门要鼓励两岸人民的交流交往，尽可能减少阻碍和限制两岸人民自由往来的政策障碍。随着两岸交流范围的扩大，双方公权力部门要定期从政策法规上进行相应的调整，以便扩大两岸民间社会的交流交往，让人民之间的往来更加正常化、便利化。目前两岸双方在人员交流交往层面还存在不少政策上的限制，建议双方在两岸政治互信有所增强的大背景下，检讨现有的管制措施，尽可能放宽限制，简化管理流程，让两岸各界人民正常往来，深入交流。两岸和平发展价值观的社会化必须建立在形成便捷顺畅的跨两岸有形网络和无形网络社会上。人员往来是两岸民众建立共同的认知、情感和价值观的前提条件，在相互理解和价值观趋同的基础上，双方可以自然而然地找到新的利益交集，找到更多解决矛盾和困难的方法。

四、两岸和平发展价值观社会化之阻力

两岸和平发展价值观的社会化不是短期内可以完成的，尽管两岸主流精英阶层都已认知到和平发展的可贵，但是，受到两岸长期隔阂、政治对立的影响，还有不少民众、政治社会精英人士未能理解和接受两岸和平发展的价值和意义，两岸的政治社会化机构中都可能存在着阻碍两岸和平发展价值观社会化的力量。

本文要特别指出的是，两岸的一些媒体，特别是一些民意调查机构要特别慎重对待两岸敏感议题的所谓“民意调查结果”的发布。由于两岸高阶政治议题过于复杂，各种类型的民意调查机构应该避免制作似是而非或者模棱两可的调查问卷，更要小心对待在两岸政治子文化差异尚未弥合情况下进行的敏感问题民意调查。从20多年的实践来看，这些概念歧义和问题偏颇的民意调查发布后，不仅误导了受访者，而且激化了两岸内部和两岸之间的情感对立，扮演了两岸和平发展价值观社会化“负功能”——完全背道而驰的角色。

运用自然科学的研究方法研究社会问题，是近百年人文社会科学研究者追寻的梦想。最近20多年来，台湾媒体和学术界乃至政党在运用“民意调查”手段进行研究和政治动员方面取得了一些成绩。但是，类似社会统计这些研究方法的运用必须要有科学公正的态度，否则往往“失之毫厘，谬以千里”。事实证明，有不少的民意调查研究结果是“精确的计算，惊人的谬误”。我们熟知的一些民意调查机构一再出现“摆乌龙”的情况，更多的则是很难进行查验的所谓民意调查结果，对两岸和平发展价值观社会化的危害更大。涉及两岸政治问题的民意调查非常敏感和复杂，对于专业

的研究人员来说，客观公正的民意调查结果虽然可以是很好的研究参考资料，但也要慎重使用。台湾过去20多年的事实证明，“民意调查”可以是政治上绝佳的斗争工具，受众对政治人物运用民意调查资料进行宣传要保持足够的警惕性。

以台湾民众对大陆官方的印象调查为例，台湾受访者对大陆政府的认知、情感和评价是两岸敌对环境下长期教化的结果，双方的政治社会化机构在当年敌意强烈时进行某些方面相互丑化的宣传早已不是什么秘密。在这样的知识背景下在台湾对受众进行“对大陆政府的印象”的民意调查，结果可想而知，可信度是很成问题的。反之亦然。两岸和平发展价值观的社会化必须建立在共同的知识系统和话语系统基础上。笔者期待在双方民众有一个较长时间的互相往来，在信息比较对称的条件下再进行类似的民意调查可能更加正面一些。

针对“统独”问题的民意调查项目在台湾已有多年的历史，尽管选项有很多，但这类问题的调查仍然难以摆脱“复杂问题简化提问”的缺陷。据本人的经验，没有多少受访者可以准确理解“统一”和“独立”这类问题的真实内涵。在台湾做这类民意调查的最大盲点在于“大众政治文化局限性”的问题，政治文化局限性对民意调查可信度的影响已经超越民意调查技术的局限性。因此，笔者呼吁各界不要滥用“统独”民意调查的结果。过度简化的“民意调查”是高度危险的，不仅有可能破坏两岸政治互信和民众情感，而且还可能激化台湾社会的内部矛盾，对台湾社会的整体利益来说，发布这类民意调查结果的作用绝对不是正面的。

当然，中国大陆内部在台湾问题上一直存在着躁进的情绪，部分人士对台湾问题所谓的“久拖不决”感到不耐，所谓的“夜长梦多，晚解决不如早解决”等焦虑感还是相当普遍的。笔者赞同这样的观点：“从根本上说，台湾问题，只有在现代化的进程中，实现国家的繁荣、富强、增强综合实力，实现两岸关系的和谐发展，进而加以解决。”[7] 两岸和平发展价值观社会化的困境还来自两岸双方在两岸政治现状定位、两岸和平发展后的国家状态研究理论准备不足问题。郭伟峰先生指出：“从长远来看，两岸和平发展时期没有与时俱进的符合时代需求的和平发展的新理论体系，问题更加大，意味着两岸关系的走向可能是失去方向的迷航！”[8] 因此，两岸双方的政治学者还必须认真研究，并提出能够说服两岸民众的中国政治愿景。

最后，两岸和平发展价值观社会化的困境还来自涉台周边大国的外力因素的负面干扰。尽管国际社会的主流肯定两岸和平发展，但仍有不少别有用心人士在以各种方式阻挠和破坏两岸和平发展进程。两岸双方必须与相关国家展开有效的沟通对话，让他们真正了解到，“构建两岸关系和平发展的框架，对亚太地区和平格局的维系，具有重要的现实意义”[9]。中国国内的和平发展是世界和平与发展的重要一环。

【教育部人文社会科学重点研究基地重大项目
“海峡两岸民意变化及其规律性实证研究”（10JJDGJW019）】

注释

1. 《告台湾同胞书》，《人民日报》，1979年1月1日，第1版。
2. 《邓小平文选》，第三卷，北京：人民出版社，1993年10月，第49—50页。
3. 同上，第104—106页。
4. 王毅：《巩固深化两岸关系 开创和平发展新局面》，《求是》，2012年，第8期。
5. 《中国共产党总书记胡锦涛与中国国民党主席连战会谈新闻公报》，新华网，北京，2005年4月29日电。
6. 章念驰：《要正确把握当前的两岸关系》，香港《中国评论》，2009年，11月号，总第143期。
7. 李韧：《和谐海峡论：两岸关系和平发展战略研究》，北京：中共中央党校出版社，2011年，第8页。
8. 郭伟峰：《道之所在，虽千万人吾往矣》，见张亚中：《统合方略》，“序”，台北：生智文化事业有限公司，第2页。
9. 林冈：《台湾政治转型与两岸关系的演变》，北京：九州出版社，2010年，第298页。

两岸政治谈判的动力、阻力与路径

黄嘉树*

目前关于两岸政治对话与谈判问题的论述很多，但大体上可归纳为三个选项：选项一是“顺其自然”，其实则是过于看重政治谈判的难度，一味强调“时机不宜”，尽力拖延进入政治谈判。选项二是“揠苗助长”，即认为政治议题的谈判越早越好，然而在条件不成熟的情况下，如果过快进入政治议题，可能使双方的矛盾过于凸显，非但签不成协议，反而变成争吵和相互指责，结果是冲淡甚至伤害两岸和平发展的和解与善意互动的氛围。选项三是既不是消极的等待拖延也不是人为地揠苗助长，而是积极创造条件，为两岸政治谈判做准备。笔者赞成第三个选项，并认为应摒弃第一个选项，需要说清楚两岸政治谈判的必然性及其动力所在；要摒弃第二个选项，则需要认清两岸政治谈判面临哪些症结难题和阻力；而要坚持和推动第三个选项，则首先应确定下一步两岸关系发展的原则与路径。本文拟就此三点谈些个人的浅见，以为引玉之砖。

一、两岸政治谈判是大势所趋

为什么说两岸政治谈判早晚必将到来，主要是基于以下几项理由：

1. 这是和平发展内在逻辑演进的必然结论。两岸长达六十年的分裂与对峙肇因

* 作者系中国人民大学国际关系学院教授。文章发表于《台湾研究》2010年第6期。

于国共两党的政治分歧与政治对立。近两年来，两岸关系之所以能转入和平发展的轨道，两岸之所以能签订多达15个协议，首先应归功于双方在“一中原则”和“九二共识”的基础上建立了起码的政治互信。但我们也必须清醒地看到，至今两岸基本的政治分歧一个都没有解决，两岸的政治对立状态没有结束，两岸的政治互信尚不牢固。欲求和平发展的成功，必经对话谈判的路径，而对话谈判不可能仅仅限定于经贸文化领域，迟早要进入政治领域，毕竟政治是经济的集中反映。只有两岸政治分歧找寻到某种化解方式或缓解方式，两岸关系的和平发展才有真正稳定的基础。反之，如果政治越离越远，经济早晚会受到牵累，是不可能越走越近的。马英九既然以推动两岸和平发展为其执政的重要政策，就必然要接受和平发展内在逻辑的导引，从经济走向政治。所以马英九从未说过“只经济、不政治”，他只能说“先经济、后政治”，即认为政治议题也要谈，只是时间顺序上“滞后”一些。

2. 这是两岸关系发展到今天的客观需求。ECFA签订后，两岸再互称对方“非法”显然已无法适应新形势，现在台湾方面已经大幅度放宽公务员登陆限制，两岸官员接触将更频繁，其实双方官员已经上桌直接谈判了，只不过还戴着两会的“白手套”而已。“大三通”基本实现后，两岸民间交流交往将迅猛发展，双方在交通、经贸、金融、文教、政治等等领域遇到的事务越来越繁杂，随之衍生大量法律问题，仅仅以默契和“政策灵活性”是解决不了的，必须求助于公权力和制度化的机制才能确保有序稳定的发展。例如：要进一步扩大两岸直通的运力，就要涉及台湾空中和海域军事管制区的调整问题；要进一步增强两岸和解的氛围，就要涉及双方军事部署的调整问题；要吸引陆资入岛投资，就要解决台湾公权力的管辖权威问题等等，诸如此类的问题都将涉及政治考量，两岸早晚要就这些议题进行商谈。其中有些议题已经很现实地摆在我们面前了，早点谈有利于早点解决，对双方都有好处。胡总书记在2008年12月31日的重要讲话中首次提出“两岸可以就在国家尚未统一的特殊情况下的政治关系展开务实探讨”[1]，台湾也有不少学者认为两会谈经济问题的空间已经缩小，接下来要谈的问题涉及政治考量的因素越来越多，两岸谈判有必要适时转入政治话题的讨论。如马英九的核心智囊、“国安会”前秘书长苏起于2010年8月14日在台湾《联合报》发表文章，认为两岸“化异”的过程“当然应该，而且也必须”启动。苏起所持的理由是“消极的说，台湾不可能永远回避两岸在主权、国际空间、军事议题上的重大歧异。即以军事互信为例，美国政府在过去一年即已两次表态鼓励。而积极的说，这些非经济议题正在加速冲击台湾的周遭环境；面对它们、处理它们，反而可以让台湾更好的掌握自己的未来。而在两岸最新的经济互利互惠的基础上讨论这些难题，双方也必然可有较大的相互谅解空间”[2]。

3. 就国际环境而言，不仅两岸关系的和平发展得到了国际社会的普遍支持，就是两岸政治谈判也得到了国际社会赞许。去年11月美国总统奥巴马与胡锦涛主席会谈后发表的联合声明，明确提出“美国欢迎海峡两岸关系和平发展，期待两岸加强经济、政治及其他领域的对话与互动，建立更加积极、稳定的关系”[3]，这里受到普遍关注的是“期待两岸加强经济、政治及其他领域的对话与互动”这句话，台湾学者郭正亮认为，这一表述“不但显示美国肯定中国‘两岸和平发展’论，也隐含美国期待两岸走向政军谈判，已经超越里根以来的‘不促谈’基调”[4]，尽管美国在这个问题上其实仍然是玩弄“两手策略”，暗中还有“阻挠两岸走得过快过近”的另一手，但奥巴马总统签署的联合声明毕竟有其权威性，至少能说明美国对两岸进入政治谈判已经不公开表示排斥。

4. 再就台湾民众的接受度讨论，现在台湾民众已把两会商谈及其制度化交流视为当然甚至必然，连高雄也在邀请陈会长往访。大陆省级高官访台络绎不绝，“陆客”成千上万出入岛内，这些热络场面也已经被台湾民众视为常态。去年11月中旬在台北召开的“两岸一甲子”学术研讨会，是两岸交往中第一次在台湾举行有大陆退役将领和退休大使参加的公开研讨会，也是双方智库学者第一次在台北公开讨论敏感政治议题，从台湾媒体和民众的反应来看，似乎已经不排斥双方开始“二轨”性质的政治对话。现在台湾有些政治人物总是宣传说台湾民众多数并不支持政治谈判，其实民意是可以引导的，如果政治谈判的时机不成熟，至少由两岸学者就某些政治议题对话或联合研究，台湾民众是完全可以接受的。

5. 耐人寻味的是，民进党也察觉了台湾民意的这种微妙变化。它明白两岸不谈则已，一旦谈起来，早晚要进入政治领域，该党没办法反对和平发展，从而就不能总是抵制两岸谈判；它同样要享受两岸经贸谈判的成果（如直航），从而就不能总是抵制大陆的“经济让利”；它既然被动地迈出了前两步，就不能不接受“先经济、后政治”的提法。今年5月，蔡英文表示“在不预设政治前提的情况下愿与大陆直接且实质对话”[5]，其实民进党嘴上说“不预设政治前提”，心底何尝不知道要进行“实质对话”就根本离不开政治。所谓“直接与实质对话”的表述，暗示出民进党也已经有了两岸终将共同探讨政治议题的心理预期，而且该党也不甘心在两岸对话与谈判中“缺席”。

二、两岸政治谈判的阻力与困难

两岸进入政治议题的对话甚至谈判虽是大势所趋，但现实中也确实面临着很大的阻力，或曰有很多很难解决的问题。而这些阻力与难题的存在，导致了两岸政治议题的谈判常常是“只听楼梯响，不见人下来”。

就“难题”而论，有四大症结问题目前尚难解决：

1. 台湾当局的政治地位问题。具体说就是台湾当局在政治谈判中乃至签订两岸和平协议时的法律地位问题。其实，大陆接受台湾方面做为谈判的对方，与之“谈”这件事本身就是对其具有某种意义上的合法性的承认，但这只是“默示性的承认”。当涉及到政治性、安全性的议题并且需要签订有官方约束力的文件的时候，台湾方面将无法接受“默示性的承认”，它必将要求明确解决“我是谁”的问题。但在相当长的时间内，看不到真正解决这一问题的可能。双方现实的选择只能是保持“创造性的模糊”，留出“各自表述”的空间。而这也预示了双方签订带有政治内容的和平协议可能非常困难。

2. 台湾的“国际空间”问题。“胡六点”提出“我们了解台湾同胞对参与国际活动问题的感受，重视解决与之相关的问题”[6]，这暗示出北京已经不再笼统地把台湾要求扩大涉外活动空间与“台独”画等号，讲话做出“两岸在涉外事务中避免不必要的内耗，有利于增进中华民族整体利益 ”[7]的判断，在不造成“两个中国”“一中一台”的前提下对于台湾参与国际组织活动问题做出“合情合理”的安排。[8] 这里既有对台湾当局的善意回应，也清楚地划出了两岸在这些问题上博弈的底线和范围。大陆的基本关切就是在解决这个问题时不能伤害“一个中国”原则。台湾也要充分考虑大陆的关切，特别是马英九先生现在坚持的“不统、不独、不武”是与国民党原来的主张（马也曾坚持“统一是国民党的终极目标”）不同的，在这种情况下，大陆不可能在敏感、重大的问题上做出太大的让步。台湾任何负责任的执政者都应该对国际格局和台湾自身的国际影响力有实事求是的认知，不能提出与其身份不相称的要求。如果天天讲“主权、对等、尊严”的三原则，把民众的期望值提得很高，但现实又做不到，岂不是搬起石头砸自己的脚？

3. 台湾的安全顾虑问题。两岸关系再和缓，只要没有统一，站在台湾的立场，就会认为以下三点是自然而合理的：一是要求大陆停止对台湾的军事威胁，撤除针对台湾的导弹部署；二是台湾要延续向美国乃至其他国家的军购；三是台湾要求加入以美国为首的东北亚或东南亚的集体安全体系。在两岸关系改善的前提下，大陆会对上述几种诉求采取不同的应对方式，有的可让步、有的可表态反对但不采取行动，有的则仍然要坚决抵制。大陆方面认为，如果双方能谈判建构军事互信机制的问题，台湾方面的某些要求，如撤除导弹问题，可望同军事互信机制的问题连带解决。但届时应当是双方都对军事部署有所调整，而非大陆单方面改变。而台湾方面目前则主张大陆应当无条件先行撤除导弹，这等于为两岸政治谈判设置了新的前提，其实是更增加了解决台湾方面安全关切的难度。

4. 两岸的政治差距问题。台湾的反对党和“人权”人士可能要求将大陆民主化的问题和西藏问题等列入两岸政治谈判的讨论范围，而北京则绝对不会同意。马英九先生当然明白不可能也没必要同大陆谈这些议题，但他在岛内起码要做出一个“维护普世价值”的姿态，这决定了他需要在此类问题上找寻既表达其立场又不过度刺激大陆的平衡点。同时，马英九在进入政治议题谈判之前，还必须考虑如何通过“立法院”审批和“人民公投”这两关的问题。这些都势必增加台湾方面进入政治谈判的成本。

就“阻力”而言，也有四股力量绊住了马英九当局的“马腿”：

1. 民进党的抵制。相对于国民党而言，民进党在岛内政治格局中的优势在于：其一，目前台湾社会强调的“民主”中的“民”，只能以台湾住民为基数而不能把大陆人口算进去，这就助成了民进党关于“台湾2300万人民是生命共同体”、“台湾人民拥有主权”的言论市场，相对压缩了“一个中国”的空间，从而迫使马英九乃至其后任何国民党领导人都必须把“一中”论述与“台湾”（人民、版图）挂钩。但无论马英九如何完善其论述，在岛内特殊的环境中都会显得不如民进党的论述严密。其二，大陆在否定“中华民国”和对台保持军事压力等重大问题上与台湾有结构性的对抗关系，这决定了“以大陆为敌”在台湾具有相当大的正当性，反之“与大陆和解”倒成为一件很有风险的事情。马英九选择了后者，但他又改变不了两岸结构性敌对的性质，这就注定了民进党去扮演监督者和“考官”的角色，而马相应地去扮演解释者和“考生”的角色。但马无论讲多少遍“台湾优先”，在很多台湾人看来，马对于台湾的忠诚仍不如民进党。其三，过去民进党在清廉方面的社会评价长期超过国民党，陈水扁案严重伤害了民进党在这方面的光环，但随着国民党重新执政而民进党渐渐走出陈水扁的阴影，越来越多的人开始怀念过去那个“清廉的民进党”。其四，由于民进党没有国民党那么多的历史包袱，年轻人在民进党内的“出头”机会要高于国民党。

2. 美国、日本的牵制。美国是中国解决台湾问题最大的外部阻力。美国目前对两岸关系的改善表示欢迎，但对两岸进入政治性、安全性的议题非常敏感，实际是要求台湾方面采取任何与大陆的和解行动都必须经美国同意，否则不许台湾方面越雷池一步。前不久美方智库人士对台湾退役将领频繁到大陆交流表示担忧，就是对台湾施压的具体表现之一。在南海问题和中日钓鱼岛争端激化的背景下，美国向台湾明确表示两岸关系的改善不应针对第三方，更是直接给台湾划出了底线，不许两岸联手共保南海和钓鱼岛的中国主权。

3. 国民党内"本土派"的压力。现在的国民党已经不是当年的国民党，"本土派"在党内占据优势，他们对统一没有任何使命感，甚至在心底是抵制的，他们最大的心声就是"台湾优先"，对两岸关系的战略策略，他们与民进党内的"务实派"其实差别不大。

4. 台湾的主流民意仍然在朝"台湾现行管治疆域是一个主权独立的国家"、"台湾2300人是主权实体"的方向移动，这使马的任何对"主权"模糊化的处理都可能被置于"主流民意"的对立面！而马为迁就民意而不断强调"主权"，其实就违背了他"寻求模糊方式"的初衷，反倒增加了两岸达成政治妥协的难度。

上述四个结构性的难题，六十年都没能解决，而四股阻力交织在一起，对马而言简直是排山倒海的压力。

马英九即使能连任，也只能干八年，在这样短的时间里，要克服以上诸种不利因素谈何容易？从最近的趋势来看，马英九因应政治需要和现实压力有可能还要再往后退，即对"一中原则"的坚持更含糊，对进入政治性谈判更拖延。这种趋势似乎与两岸关系的迅速改善有较大落差。

三、两岸政治谈判应坚持的原则与路径

1. "先经后政"的顺序仍然应当坚持。两岸经贸交流仍有大量工作要做，ECFA只是很粗的框架性协议，需要不断细化。已有的经贸交流形式和管道也须不断强化和调整：近两年来大陆的对台措施距离让台湾的多数人满意，还有进一步调整的空间。同时，我们也需要更关注两岸人民福祉的提升和两岸人民感情的交融，毕竟这些才是和平发展乃至和平统一的根本凭借，而不断推动两岸的经贸交流和两岸民间往来更上层楼，使之机制化、细致化，正是达致两岸不断强化共同利益纽带和不断增进理解

及感情的不二法门。其实经济和政治是不能断然分开的，在推动经济合作的同时也在增进政治互信，这本身就是为政治谈判创造条件。

2. 继续坚持的“一个中国”原则为两岸关系的政治基础。面对未来的两岸关系，我们在认知上必须做好这样的心理预期，即我们将遇到更多结构性障碍和现实压力的“反作用”，双方可能都不得不做出一些令对方不那么满意的事情。7月，吴伯雄荣誉主席在会见胡锦涛主席时，向胡主席转达了马英九的十六字箴言，即“正视现实，累积互信，求同存异，续创双赢”[9]，坚持“先经后政、先易后难”，就是“正视现实”的选择或曰具体体现，但“正视现实”应与“累积互信”同步进展。“累积”意味着首先是“保持”，然后还要“添加”，保持和添加什么？互信！互信什么？最关键的就是双方在“一个中国”问题上形成的政治互信。假设没有这样的政治互信或任由原有的互信不是逐步加强反倒是日渐衰落，那两岸关系的和平发展就可能演变成最后的反目成仇。

关于“一个中国”的问题，这些年争论太多，如去年在台北“两岸一甲子”会议上，台湾有些学者，包括一些过去坚决赞成一个中国的蓝营学者，希望大陆应尽量“一中不表”或“一中少表”，这是大陆绝对不能同意的。而且必然招致大陆的疑虑，不利于双方累积互信。一中问题至少目前可以有三种不同层次的提法：一是“一中各表”，在整个和平发展初级阶段，双方不可能就“谁是主权国家”、“谁是中央政府”等结构性分歧达成共识，只能以“各自表述”加“搁置争议”的方式处理：在今后两岸政治谈判乃至签订《和平协议》的过程中，“一中各表”也可能发挥其特殊功能，即制造出双方“互不同意但又互不冲撞”的模糊空间。8月11日，大陆海协会执行副会长李亚飞在台湾出席《两岸和平创富论坛》时将“九二共识”概括为是“两会各自以口头方式表述两岸均坚持一个中国原则的共识”，台湾方面将此概括为“各表一中”[10]，虽然“各表一中”与“一中各表”侧重不同，但毕竟这是大陆首次正式表示对台湾方面“各表”提法的认知。二是“一中共表”（“一中同表”），为了防范“一中各表”变成“两国论”式的、指鹿为马式的表述，即在“各表”的幌子下变成“你表一中，我表两国”，双方实有必要通过协商，找出一个对一中原则的“共表”方式。在1992年，大陆为搁置争议，主张“暂不讨论一个中国的内涵”，而今十八年过去了，两岸关系已经发生天翻地覆的变化，“暂不讨论”终究不是办法，还是要尽力寻求双方都能接受的更具弹性的表述方式，才能适应两岸关系的新格局，并为签订两岸和平协议奠定基础。三是“一中新表”。如大陆近来提出“一中框架”的概念，就比原来的“一中原则”的提法更有弹性和包容性：有学者从“中国人”或“中华民族”“中华民族的整体利益”的角度，或从“宪政主张”的角度，或“两岸共同价值观”的角度，来铺垫双方都能接受的表述方式，都是有建设性的思路。

3. 开拓更多合作领域，建构更多合作机制。和平和解的趋势必然导致两岸合作的加强，除了在既有的领域内以既有的方式继续深化合作外，更重要的是不断开拓新的合作领域、建构新的合作机制，下一步重点是推动两岸之间的文化交流，如出版、电影、电视剧等方面的合作，其他如“新闻交流”“中华文化的政治社会化”“辛亥革命”、环保、低碳经济、甚至南海开发等多重领域，两岸都有广阔的合作空间和多样的合作机会。

4. 适时开展政治议题的对话协商，至少学者和智库层次应先作准备。对于那些困扰两岸六十年之久的结构性争议，必须有相当长的时间研究，才可能找出化解之道。因此，两岸官方（包括两会）直接进入政治对话与商谈的时机固然尚未成熟，揠苗助长式的人为加快政治议题的对话固然应予反对，但为此进行必要的准备则不应该再人为的拖延。作为第一步，可以由学者和智库各自就相关问题研究或联合研究，以加强相互的了解、砥砺和启发彼此的思路，并通过与对方的论辩找出各自视野中的盲点。和平发展已经使两岸关系发生了历史性的转折，在新的形势下，我们必须研究新问题，如：台湾的政治地位如何表述；扩大台湾的涉外活动空间如何与坚持一个中国原则不矛盾；征服型统一与合作型统一如何区隔；合作型统一的意涵、路径、动力……是什么；如果将来是两岸共议统一，那“共议”机制如何建构、议题如何设定；和平、发展、统一三者间之关系；两岸关系的和平机制建构与“不武、不独、不统”是何种关系；除了以和平协议为基础的政治机制之外，这一“架构”应该或可能涉及其他哪些领域的机制建构；两岸和平机制中的谈判机制、经济合作机制、文化合作机制、军事互信机制彼此之间应该是什么关系；两岸和平机制如何与两岸统一的最终目标衔接等等这些问题，都需要我们用更宽广的胸襟、更解放的思维，去寻求新的方案和办法。

5. 在政治议题上需要双方相互妥协而不能仅仅是单方面让利，故双方都有必要降低期望值。两岸能够在两年多的时间内签订十五项协议，显示了双方都有合作的诚意而且都能关注对方的关切，但不容否认的是，大陆对于台湾方面的关切给予了更多的回应，这是能达成协议的重要原因。但这一点也带来一些副作用，在台湾似乎存在这样的误区，即认为大陆应当永远是让步的一方，在经济上要让台湾得到实惠，在涉外、军事领域乃至两岸政治关系的定位上，也都应该是大陆接受台湾的“喊价”。然而政治议题毕竟不同于经济议题，在经济议题上大陆可以让利，但在政治议题上，由于动辄牵扯到主权与领土完整的大是大非，大陆必须谨慎再谨慎，能“弹性处理”或妥协让步的空间其实是很小的。现在两岸都呼吁对方要“解放思想”，但双方都有必要降低期望值，都有必要重视对方坚持自己底线的立场。特别是台湾方面，绝不可低估大陆追求统一的决心和意志，如果把大陆“解放思想”的期待值设置为希望大陆有一天会承认“中华民国”或承诺“放弃武力”，或以任何方式明确地或含蓄地表态将放弃统一目标，那都是不现实的。

6. **建立单边或双边的危机管控机制。**两年来的经验证明，尽管整体上两岸关系的氛围很祥和，但双方之间的矛盾、摩擦将长期存在，甚至某种程度的冲突也难以避免：双方都免不了做一些对方不乐见的事，说一些对方不爱听的话；双方内部也都有人批评己方向对方让步太多。然而到目前为止，双方都小心地不去夸大对方的敌意，都谨慎地提醒自己，不要让一时一事的不快冲昏头脑，不要因小失大。今后应坚持这些成功做法，双方应进一步加强“危机管理”的意识，对可能引发冲突的各种可能情况未雨绸缪，并择机建立单边或双边的危机管控机制，以求把各种负面冲击的力度降至最小。

注释

1. 胡锦涛：《携手推动两岸关系和平发展，同心实现中华民族伟大复兴》，《人民日报》，2009年1月1日，第1版。
2. 苏起：《两岸需要同情的相互理解》，台湾《联合报》，2010年8月14日。
3. 《中美联合声明》，《人民日报》，2009年11月18日，第4版。
4. 郭正亮：《正视美国亲中的两岸危机》，台湾《中国时报》，2009年11月23日。
5. www. longl.com/archiver/2010-05-04.html.
6. 胡锦涛：《携手推动两岸关系和平发展，同心实现中华民族伟大复兴》，《人民日报》，2009年1月1日，第1版。
7. 同上。
8. 同上。
9. 《人民日报》，2010年7月14日。
10. 《九二共识　两岸互信的根基》，台湾《中央日报》（网路报），2010年8月14日。

两岸应正视结束敌对状态签订和平协议的问题

余克礼*

去年5月以来，两岸关系在两岸执政当局、执政党和两岸同胞的共同努力下，开始走出阴霾，逐步进入良性互动、和平发展轨道。两岸同胞期盼已久的两岸关系和平稳定与发展的局面基本形成。这一局面得来不易，值得倍加珍惜和维护。但是，这仅仅是两岸关系历经多年的波折后，向良性发展迈出的第一步，两岸关系要取得实质突破，实现全面正常化，还有更艰巨的路要走。当前，两岸应把握两岸关系和平发展主题，抓住机遇乘势而上，在顺利推进两岸经济性、事务性商谈的同时，应尽早着手就正式结束两岸敌对状态、签订两岸和平协议的协商谈判进行准备、创造条件，加速结束两岸敌对状态的步伐，为两岸关系更快更大的发展开辟广阔的道路。

一、结束两岸敌对状态、签订两岸和平协议，是突破两岸关系政治瓶颈、实现两岸关系全面常态化与和平发展的根本途径

从上世纪40年代末开始，两岸由军事交战、军事对峙发展到今天仍处于政治、军事、意识形态对立状态，这是中国内战和外国势力主要是美国插手台湾问题所造成的。国共内战所形成的两岸之间那种敌对关系、敌对思维、敌对意识形态，在两岸政治、军事、法律、社会、经济、文化、教育、新闻媒体、对外关系，甚至体育、卫生等

---

* 作者系中国社会科学院台湾研究所所长、研究员。文章发表于《台湾研究》2009年第3期。

等领域无不打下深深烙印。目前两岸关系虽然已经缓和、改善并在不断发展，但基本上都是属于非政治关系性质，若发展到一定程度就会碰到政治瓶颈，势必难以深化下去。两岸关系不能实现完全常态化，两岸和平稳定就没有保障，两岸关系发展就显得很脆弱，极易出现反复甚至倒退。因此，要实现两岸关系可长可久的和平发展，就必须面对敏感的政治问题。大陆国台办发言人李维一在新闻发布会上说得好，“两岸还存在政治、军事方面的矛盾与分歧，如果不解决，或解决得不好，有可能成为两岸关系瓶颈，甚至阻碍两岸关系发展，对这些难题不能回避。”[1]

几十年来两岸或兵戎相见，或剑拔弩张，或势不两立，皆肇因于两岸的敌对状态一直未能结束。今天，阻碍两岸关系全面常态化，制约两岸关系和平发展的主要症结，仍然是两岸还处在敌对状态之下。如果我们不正视、不面对、不处理这一问题，就无法从根本上消除长期笼罩在两岸同胞心中的种种相互不信任甚至仇恨的阴影与疑虑，两岸也很难建立起全面的政治互信。两岸同胞、中华民族已为两岸延续了六十年的敌对状态付出了巨大的代价，并且现在还在继续为此付出代价，这是全体中国人的不幸，也有愧于我们的列祖列宗。为了两岸关系和平发展，为了维护两岸同胞的切身利益和实现中华民族的伟大复兴，两岸应当捐弃前嫌，尽早进行协商谈判，从政治、军事、法律、意识形态等方方面面结束两岸敌对状态，彻底拆除阻隔在两岸同胞之间所有看得见或看不见的政治特别是军事安全方面的藩篱，真正消除彼此敌对心态，从根本上清除推进两岸关系和平发展的障碍。

二、两岸解决结束敌对状态、签订和平协议的条件已渐趋成熟

结束两岸敌对状态，签订两岸和平协议，实现两岸关系全面常态化，在两岸民众中有很高的共识，是两岸民众和全球华人华侨所热烈期盼的。并且，只要我们稍微回顾一下历史，就会发现这不仅仅是大陆方面一贯的政策主张，而且在台湾无论是国民党执政还是民进党在台上，其主要领导人在不同的场合出于不同的政治考虑也都有过类似的表示，似乎没有人公开唱过反调。

（一）大陆方面始终不渝地努力推动两岸在一个中国原则下，就结束两岸敌对状态、达成两岸和平协议进行协商谈判

早在1979年1月1日，全国人大常委会发表的《告台湾同胞书》就提出，应通过中

华人民共和国政府和台湾当局商谈结束两岸军事对峙状态。[2] 从上世纪90年代以来，无论台湾政局和两岸关系发生什么样的变化，大陆方面一直以最大的诚意，尽最大的努力，推动两岸在一个中国原则下，就结束两岸敌对状态、签订两岸和平协议进行协商谈判。1995年1月30日，江泽民发表题为《为促进祖国统一大业的完成而继续奋斗》的重要讲话中首次郑重提出，双方可先就“在一个中国的原则下，正式结束两岸敌对状态”进行谈判，并达成协议。[3] 2002年以来，以胡锦涛为总书记的新一届中共领导集体，面对陈水扁当局疯狂地制造“台独”分裂活动，为了维护台海地区的和平与稳定，在坚决反对“台独”的同时，仍然坚持大力倡导两岸在一中原则下就结束两岸敌对状态、签订两岸和平协议进行商谈。2007年10月，胡锦涛总书记在中共十七大政治报告中正式发出郑重呼吁，希望两岸“在一个中国原则的基础上，协商正式结束两岸敌对状态，达成和平协议，构建两岸关系和平发展框架，开创两岸关系和平发展新局面”。2008年12月31日，胡总书记在纪念《告台湾同胞书》发表30周年座谈会上的讲话中再次强调了这一重要主张。大陆方面推动两岸在一个中国的原则下，就结束两岸敌对状态进行协商谈判，达成和平协议的立场始终如一，态度是积极诚恳的。

（二）从90年代中期以来，台湾从主政者到社会主流民意都赞同或支持结束两岸敌对状态、签订两岸和平协议

1. 李登辉、陈水扁主政时基于自身的政治利益考虑，也曾不得不顺应民意多次表示两岸应终止敌对状态，签订和平协议

1996年初，李登辉在竞选台湾地区领导人时，为了争取选票，曾公开宣称，“海峡两岸所有民众都热烈期盼，必须终止两岸敌对状态，营造和平环境，开展互惠、互利、共同繁荣的关系”，“无论谁当选第九任总统，都应重视如何终止两岸的敌对状态”，他还信誓旦旦地表示要“推动这项影响两岸和平发展、亚太地区安定繁荣至深且巨的工作”[4]。同年3月26日，李登辉接受《华尔街日报》专访时又宣称，“从现在起，将努力建立（岛内）共识，以签订结束海峡两岸冲突的和平协定为优先政策”[5]。1997年5月，在“终止动员戡乱”结束6周年之际，李登辉透过“总统府”发表声明指出，“大陆应停止在国际上孤立‘中华民国’，以互示真诚，借以促成和平协议的签署”[6]。

2000年5月，主张“台独”的陈水扁、民进党上台后，虽然大肆推行“台独”分裂路线，但也不得不正视台湾民众希望结束两岸敌对状态，签订两岸和平协议，维护台海地区和平稳定的普遍呼声。从2000年当选到2004年连任前后，陈水扁曾多次表示要

签订“两岸和平协议”，“结束两岸敌对状态”。2000年即将上任前，陈水扁在接见日本众议员时表示，愿意在“两岸尊重对等”“以联合国和平方法解决争端”“对未来不预设方向”等三原则下，“与大陆重新展开对话，并可以在这个基础上签订任何协议与和平条约”[7]。2004年初，陈水扁在争取连任遇到空前困难时，为了争取选票一再宣称，将在连任后推动签署两岸和平协议；[8] 在连任“就职演讲”中又提出要成立“两岸和平发展委员会”，拟订“两岸和平发展纲领”[9]；在同年“双十”演讲中再次表示，“两岸应该正式结束敌对状态，并透过协商谈判，建立军事互信机制，同步检讨两岸军备政策，甚至共同研议形成‘海峡行为准则’作为台海永久和平的具体保障”[10]。

2. 国民党从在野到重新上台执政以来，明确主张要结束两岸敌对状态、签订两岸和平协议

中国国民党在摆脱李登辉、由连战担任党主席之后，摒弃了李登辉的分裂路线，基本上回到了蒋经国时期所坚持的一个中国政策和反对“台独”的立场。正是基于这一点，2005年4月，中国共产党总书记胡锦涛邀请中国国民党主席连战先生来大陆访问，正式结束了国共两党近六十年的恩恩怨怨，实现了两党关系的正常化。应当特别指出的是，在当时岛内“台独”气焰嚣张、两岸关系形势相当严峻的情况下，连战主席顶着巨大压力和胡锦涛总书记达成“两岸和平发展五点共同愿景”，对两岸关系发展产生巨大而又深远影响，实属难能可贵。它充分展现了国共两党领导人的伟大气魄、聪敏睿智和对维护两岸同胞及中华民族切身利益的高度政治责任感。“五点共同愿景”的第二点明确地指出，要“促进正式结束两岸敌对状态，达成和平协议，建构两岸关系和平发展的架构，包括建立军事互信机制，避免两岸军事冲突”。同年7月，马英九当选国民党主席。他在国民党8月召开的“十七全会”上，将“五点共同愿景”列为政纲；2008年5月，吴伯雄首次以执政党主席身份来大陆访问，与胡总书记都表示要继续依循并切实落实“五点共同愿景”。这表明“结束两岸敌对状态，达成和平协议”既是国共两党的重要主张，又是国民党大陆政策的一个重要组成部分。马英九一向重视两岸结束敌对状态、签订和平协议的问题。早在台北市长的任内他就曾表示，两岸签订和平协议，才能稳定台海局势，互蒙其利。[11] 2006年2月，马英九以国民党主席身份访英，在伦敦政经学院发表演讲时提出，“两岸和平发展的中程目标应在于：双方协商出一个可行的和平协议，并以此作为指引未来数十年间两岸和平互动的基本框架”[12]。在2008年的“大选”中，马英九将推动两岸关系和平发展、结束两岸敌对状态、签订两岸和平协议作为其重要的竞选主张。他多次重申，若执政将和对岸结束敌对状态，签订和平协议。上台执政后，他在接受媒体专访时表示，“任期内尽量完成与北京签署和平协议”[13]。

3. 结束两岸敌对状态、签订两岸和平协议，在岛内一直有很高的民意支持度

近二十年来，虽然两岸关系跌宕起伏，岛内政局风云变幻，但是求和平、求稳定、求发展一直是岛内的主流民意。岛内多家民调机构长期跟踪调查的结果显示，岛内民众对结束两岸敌对状态、达成两岸和平协议一直有很高的期待。早在1998年10月，台湾公共电视台的民调就显示，高达78%的台湾民众赞成两岸能在进入21世纪之前，签署结束两岸敌对状态的和平协议。[14] 2008年5月马英九执政之后，台湾《远见》杂志所做的民调亦显示，71.6%的台湾民众认为，应该签订两岸和平协议。

岛内政界、舆论界、学术界等对结束两岸敌对状态、签署和平协议普遍予以高度关注并多持赞同态度。2005年5月，亲民党主席宋楚瑜应邀来大陆访问，与胡锦涛总书记达成的“推动结束两岸敌对状态，促进建立两岸和平架构”的共识中就明确表示：两岸应通过协商谈判正式结束敌对状态，并在未来达成和平协议，建立军事互信机制，共同维护台海和平与安全，确保两岸关系和平稳定发展。[15] 这不仅仅是中国共产党与亲民党的共识，也反映了两岸同胞的心声。岛内绝大多数媒体一直对结束两岸敌对状态、签订两岸和平协议给予高度关注与期待。胡锦涛总书记关于台湾问题的“六点意见”发表后，《中国时报》《联合报》等都在第一时间对“在一个中国原则的基础上，协商正式结束两岸敌对状态，达成和平协议，构建两岸关系和平发展框架”的主张，进行全面报道、积极评论。《中国时报》发表的学者文章认为，“和平协议与军事安全互信机制的签订是台湾朝野所期待的”[16]。多年来特别是2008年“5 · 20”后台湾政局和两岸关系发生历史性重大转折，结束两岸敌对状态、签订两岸和平协议，已成为岛内学术界讨论的热门话题，各种有关两岸和平协议方案相继提出，讨论、研究此一重大议题的气氛越来越浓。

4. 民进党虽对签订两岸和平协议肆意扭曲，但基本上未公开反对结束两岸敌对状态

在这里有必要对民进党对结束两岸敌对状态、签订两岸和平协议的态度加以分析，以便让大家有所了解。总体上讲，民进党结束两岸敌对状态、签订两岸和平协议的态度是以服从服务于其政党利益的需要为出发点，而不是以台湾民众利益为出发点，所以其态度是处在动态变化之中的，也就是说是随着其政党利益的需要而进行不断的调整。在2000年未执政之前，民进党为了化解岛内民众对其上台执政会招致两岸军事冲突的疑虑，不断淡化其“台独”诉求。当时并没有公开反对过结束两岸敌对状态、签订和平协议，仅表示签订两岸和平协议仍为时过早云云。2000年到2008年执政期间出于政治需要，民进党也曾高唱过“两岸应该正式结束敌对状态”、要“推动两岸签署和平协议”之类的调子，没有公开反对、攻击过这一主张。2008年民进党丧失执政权，特别是受陈水扁贪腐弊案的巨大冲击，陷入了组党以来的最大危机。为凝聚包括“基本教义派”在内的基本力量，稳住阵脚，渡过难关，民进党一改执政时的态度，不顾台湾民众的利益，对马英九当局所有的两岸开放政策都加以攻击，自然签订两岸和平协议的政策主张也难以幸免，被民进党扣上了“卖台”、是要“实现终极统一”等大红帽子。今年5月8日，马英九接受新加坡《联合早报》专访时仅表示，如果在2012年连任，不排除与大陆就政治议题进行协商，民进党就群起攻之，称这是“要明目张胆地急着定下统一时间表”，“等于配合（大陆）执行统一时间表”等等。[17] 更有“独派”大老还叫嚣说“两岸签订和平协议，马英九要拿命来赔”。

从以上笔者用大量篇幅的考证、叙述中可以看出，从90年代中期以来，台湾无论是主政者还是执政的政党，都曾明确地主张应正式结束两岸敌对状态、签署两岸和平协议。今天执政的国民党、马英九当局将此作为其大陆政策的一部分，并且得到了岛内高达七成民意和大多数政党、政团的支持。目前仅有民进党、“台联党”及一些“独派”团体，基于其政党私利持反对或不支持的态度，何况他们的支持者中，有不少人在此问题上也未必与其政党的立场是一致的。因此，本人认为，目前岛内已基本具备研究、探讨、协商正式结束两岸敌对状态、签订两岸和平协议问题的环境。马英九执政当局应当顺应民意，拿出勇气和魄力，把握机遇适时地和大陆一起共同推进两岸政治协商与谈判，争取早日结束两岸敌对状态。

三、关于结束两岸敌对状态、签订两岸和平协议的几点思考

结束两岸敌对状态是两岸关系走向全面正常化、实现和平发展的必由之路，是无法绕过的。解决这一问题更是一项纷繁复杂的艰巨工程，需要高度的智慧与耐心，不可能一蹴而就。在这里笔者想就如何推进此项工作谈几点看法就教于各位专家学者。

（一）两岸双方都应以两岸人民的切身利益为重，以中华民族的根本利益为重，彻底放弃敌对思维、敌对心态和意识形态对立，以最大的诚意和决心来正视、面对并解决结束敌对状态、签订两岸和平协议问题

国际冷战结束近20年了，世界各国不同的社会制度、不同的意识形态，为了维护各自利益，寻求自身发展，增强自己的综合国力，都可以在经济全球化和区域经济一体化的大潮中，淡化意识形态对抗色彩，携手合作，共创多赢。奥巴马上台后，为了美国的利益也能勇于设法化解美国与古巴所结下来的几十年的怨结。两岸是同宗同祖、同文同种血脉相连的命运共同体，为什么彼此之间要化解误会、消除隔阂、摒弃敌意、结束敌对状态却如此之难呢？和平与发展仍是当今世界主流，海峡两岸却仍不能从冷战的阴影中走出来，还处在这样一种被人为扭曲与制造的敌对、对抗之下，实在是民族的不幸、人民的不幸。两岸都应当认真深刻地进行反思与检讨，再也不能自外于世界历史发展的潮流，而应当站在全民族发展的高度，本着理性务实的态度尽快捐弃前嫌，在尊重历史、正视现实的基础上，以远大的目光、丰富的智慧、坚毅的勇气、务实的思路，认真思考如何解决结束两岸敌对状态、签订两岸和平协议问题。

（二）摒弃"台独"分裂思维，努力建立两岸共识及岛内共识

两岸敌对状态至今还难以结束，除了国共内战的历史因素外，近20年来，由于岛内政局发生急剧深刻变化，又增加了"台独"和反"台独"所产生的新因素。这一因素的出现，使结束两岸的敌对状态变得更为复杂、更加不易处理。李登辉主政后期及陈水扁在台上8年，为了一己之私、一党之利，推行"台独"分裂路线，颠倒、混淆台湾民众对国家、民族的认同，操弄省籍、族群、统"独"矛盾，不仅仅造成了两岸之间种种新的敌对与对立，还造成了台湾民众彼此之间尖锐的对立与对抗，形成了很深的鸿沟。今天两岸要结束敌对状态、签订和平协议，不仅要建立两岸共识，而且更关键的是如何努力建立岛内共识。

台湾同胞不论是先从大陆到台湾的，还是后到台湾的，都是中国人，都与中国命运息息相关。岛内政党之间的政治之争、权力之争，无论哪个政党、哪个政治人物都不应当以国家、民族的认同作为政争的工具，更不能以牺牲两岸同胞特别是台湾同胞的根本利益、损害中华民族的核心利益为代价。世界上只有一个中国，中国主权和领土完整不容分割，维护国家主权和领土完整是全体中国人的共同责任。这是中国共产党、中国政府所坚持的基本原则立场，同时也应当是包括台湾同胞在内的所有中国人都必须认同和坚持的基本原则立场，也是不容挑战的。

岛内的“台独”思潮及其活动，在未来一段时间内可能不易完全化解，“台独”势力也还会继续存在，要完全消失可能需要比较长的一段时间。但是，台湾不应当、也不可能从中国分裂出去，这是所有的台湾同胞都必须面对的、也是不可能改变的现实。当然也不讳言，两岸要实现统一还需要较长一段时间，现阶段两岸关系是以和平发展为主。因此，结束两岸敌对状态、签订两岸和平协议，不是要马上实现两岸统一，当然更不是要将两岸暂时分离的状况固定下来、造成永久和平分裂的局面，而是为了确保两岸关系和平发展。因此，两岸在结束敌对状态、完全解除台湾同胞在军事安全及其他方面的种种顾虑后，台湾不论哪个政党执政、哪位领导人当权，都应摒弃“台独”，不得再有“台独”分裂政策。这应当是结束两岸敌对状态、签订两岸和平协议所要坚持的一条很重要的原则。

（三）为结束两岸敌对状态、签订和平协议营造氛围、创造有利条件

坚持“九二共识”是实现两岸关系和平发展的重要基础。正是因为有了这个基础，1993年两岸才开启了“汪辜会谈”，2005年国共两党才实现了关系正常化，并达成了“两岸和平发展五点共同愿景”。近十几年来两岸关系波折不断，根本原因就在于以李登辉、陈水扁为代表的“台独”分裂势力竭力否定“九二共识”，蓄意破坏大陆和台湾同属一个中国的现状，严重地损害了两岸同胞特别是台湾同胞的利益，使两岸关系一直处于紧张状态。

在两岸关系已呈现和平发展势头的今天，如何为结束两岸敌对状态、签订两岸和平协议营造良好氛围呢？

笔者认为还是要按胡锦涛总书记所提出的“建立互信、搁置争议、求同存异、共创双赢”十六字方针去做比较有效。“建立互信”是结束两岸敌对状态、签订两岸和平协议、推动两岸关系和平发展至关重要的前提。反对“台独”、坚持“九二共识”，是双方建立互信的基石。两岸只要在这个核心问题上立场始终保持一致，就可以理性务实的态度，正视、面对并妥善处理两岸之间存在的种种问题，包括历史遗留下来的和两岸关系发展过程中新产生的问题，并且更可以通过深化两岸经济合作、扩大两岸各项交流和推进两会协商，不断累积并扩大共识、增进互信、共创双赢，最终就一定会为结束两岸敌对状态、签订两岸和平协议创造水到渠成的良好环境。

（四）两岸应以多种方式、多种途径就结束两岸敌对状态、签订和平协议的重点难点问题进行沟通探讨，寻求共识，为正式协商谈判预做准备

海峡两岸分隔近六十年，由于种种因素在政治制度、意识形态、有关中国统一及台湾前途等问题上的分歧相当大。结束两岸敌对状态、签订两岸和平协议是一个庞大、复杂而又十分敏感、艰巨的系统工程。两岸要运用政治智慧，求同存异，寻找双方可以接受的方式和途径，从共同关心的问题上开始逐步展开，有序推进。当前，要未雨绸缪，为正式结束两岸敌对状态的协商谈判早做准备，应着手研究以下重点难点问题。

1. 关于两岸尚未统一的特殊情况下的政治关系问题。这是胡锦涛总书记去年12月31日重要讲话中首次提出来的。胡总书记指出，“为有利于两岸协商谈判、对彼此往来做出安排，两岸可以就在国家尚未统一的特殊情况下的政治关系展开务实探讨”[18]。对两岸尚未统一前的政治关系如何进行定位是当前两岸关系中比较敏感的问题，也是彼此分歧最大的问题之一，是两岸就正式结束敌对状态进行协商谈判首先必须解决的问题。胡总书记提出的这一建议是一矢中的，抓住了解决复杂问题的关键点。为了在这一问题上取得突破，5月26日，胡总书记会见中国国民党主席吴伯雄时指出，“双方要为解决这些问题进行准备、创造条件。双方可以先由初级形式开始接触，积累经验，以逐步破解难题”。国务院台湾事务办公室主任王毅在接受中央电视台记者专访时也曾明确表示，可以先由两岸专家学者就国家尚未统一前的政治关系展开学术交流。基于此，两岸学者应对这一问题积极展开深入研究，争取形成共同成果。

2. 关于台湾当局的政治地位，也就是如何解决“中华民国”的地位问题。这是台湾各界普遍关心的问题，大陆方面一直表示两岸可在一个中国原则的基础上与台湾方面讨论这一问题。但是，由于从李登辉到陈水扁都背离一个中国原则，不承认“九二共识”，使两岸失去了共同讨论这一问题的基础。马英九、国民党执政后，重新回到“九二共识”的立场，并且实行务实的大陆政策，使两岸有了理性探讨这一问题的空间。我相信只要两岸都有诚意推进两岸关系和平发展，都能站在全民族发展的高度上，都能以两岸人民福祉为重，在两岸双方的共同努力下，就一定能够找到解决问题的办法。

3. 关于结束两岸军事对峙状态，建立军事安全互信机制问题。这是台湾民众最关切的问题，也是结束两岸敌对状态过程中必须要解决的问题。因此，胡锦涛在“六点意见”中提出，“为有利于稳定台海局势，减轻军事安全顾虑，两岸可以适时就军事问题进行接触交流，探讨建立军事安全互信机制问题”。大陆方面已正式提出具体建议，可以先由专家学者就这一问题展开学术交流，也可以从两岸退役军人交流开始启动两岸军事问题的接触。总之，只要以双方都能接受的方式来认真研究探讨这一敏感问题，凭中国人的聪明智慧就一定能圆满处理这一问题。

4. 关于化解两岸政治意识形态对立的问题。很多人在研究如何结束两岸敌对状态问题时，比较少涉及到这一问题。两岸分隔近六十年，不仅形成了不同的社会制度与价值观，更由于两岸执政当局都曾实行反对、仇视对方的宣传教育政策，虽然大陆方面已在30年前就已开始调整并完全改变了这一政策，但是台湾从李登辉到陈水扁执政时，不仅没有改变反而把反共政策上升到全面的反对中国、仇视中国的政策，使两岸的政治意识形态在某种程度上更为对立。如果这一问题不在结束两岸敌对状态中得到化解，势必会影响到两岸同胞情感的全面融合。因此，有必要对此一问题做深入的研究，找到解决的有效办法。

5. 关于两岸和平协议框架问题。目前两岸学者在讨论结束两岸敌对状态与签订两岸和平协议的关系时，有各种各样不同的看法与意见。但是，笔者比较赞成两岸在就正式结束敌对状态达成共识的同时，应签订两岸和平协议，也就是说两岸和平协议是结束两岸敌对状态的最后体现形式。基于此，在讨论研究结束两岸敌对状态方方面面问题的同时，应认真研究、思考、设计两岸和平协议的框架问题。

总之，结束两岸敌对状态、签订两岸和平协议所涉及的问题很多，除了以上问题外，还有复杂的法律问题、敏感的涉外事务等问题都需要研究。两岸学者和有关职权部门，可本着先易后难、循序渐进、逐个展开、广泛交流、积极探讨、深入沟通、寻求共识、努力突破的原则进行，尽早为两岸正式结束敌对状态、签订和平协议进行协商谈判预做充分准备。

注释

1. 台湾《联合报》，2009年4月30日。
2. 《人民日报》，1979年1月1日。
3. 《人民日报》，1995年Ⅱ月31日。
4. 台湾《中央日报》，1996年2月11日。
5. 台湾《中国时报》，1996年3月28日。
6. 台湾《中国时报》，1997年5月2日。
7. 台湾《中国时报》，2000年5月6日。
8. 台湾《中国时报》，2004年2月4日。
9. 台湾《自由时报》，2004年5月21日。
10. 台湾《联合报》，2004年10月11日。
11. 台湾《联合报》，2000年12月9日。
12. 台湾《中国时报》，2006年2月14日。
13. 台湾《中国时报》，2008年10月19日。
14. 台湾《中央日报》，1998年10月15日。
15. 《人民日报》，2005年5月13日。
16. 台湾《中国时报》，2009年1月2日。
17. 《环球时报》，2009年5月11日。
18. 《人民日报》，2009年1月1日。

两岸和平协议的性质刍议

张文生*

【摘要】本文试图从宏观的角度对于两岸和平协议的性质做出分析。两岸和平协议本质上是国内两个政治实体之间的协议，而不是国与国之间的条约。两岸和平协议不是两岸统一协议，但不能排除两岸统一的政治指向。两岸和平协议是在国家尚未统一的特殊情况下的政治安排。两岸和平协议是两岸关系和平发展的框架协议，是两岸关系和平发展的制度化。

2005年4月29日，中共中央总书记胡锦涛与中国国民党主席连战会谈后发表了新闻公报，提出两岸关系和平发展的共同愿景，其中主张“促进终止敌对状态，达成和平协议”。2008年12月31日，胡锦涛在纪念《告台湾同胞书》发表30周年座谈会发表重要讲话，就推动两岸关系和平发展提出六点意见，其中再次提出：“结束敌对状态，达成和平协议”。胡锦涛表示：“我们再次呼吁，在一个中国原则的基础上，协商正式结束两岸敌对状态，达成和平协议，构建两岸关系和平发展框架。”[1]“签署两岸和平协议”也曾经成为台湾当局领导人马英九2008年竞选时的“五不五要”政见主张之一。2011年10月17日，马英九在竞选连任的过程中提出：“未来10年中，应该对两岸在循序渐进的情况下，审慎斟酌未来是否洽签‘两岸和平协议’。”[2]“签署两岸和平协

* 作者系厦门大学台湾研究院政治研究所所长、副教授。文章发表于《台湾研究集刊》2013年第2期。

议”的主张再次受到海内外舆论的关注。随着马英九的当选连任，海峡两岸适时开启政治谈判，签署和平协议，成为海内外中国人的共同心愿。然而，短期内两岸商谈并签署和平协议的时机并不成熟，学术界有必要加强对两岸和平协议问题的研究，本文试图从宏观的角度对于两岸和平协议的性质做出分析。

一、两岸和平协议本质上是国内两个政治实体之间的协议，而不是国与国之间的条约

在国际法上，条约是指“国家间所缔结而以国际法为准之国际书面协定，不论其载于一项单独文书或两项以上相互有关之文书内，亦不论其特定名称为何”[3]。依据这一概念解释，国际法上的条约只适用于国家之间的协定；而且必须以国际法为准。在国际法上，和平协议有些是通过战争手段达成的，有些是通过谈判方式达成的。英国国际法学者伊恩·布朗利指出：“采取何种方式进行条约谈判以及使条约发生效力，这都要根据缔约方自己的意愿并且一致同意来决定”[4]。显然，两岸和平协议不是国家之间的协定，不适用国际法的规范，但是作为双方合意的结果，两岸和平协议仍然需要根据海峡两岸双方的共同意愿来推动和签署。

两岸和平协议本质上是国内性质的协议。正如台湾前“陆委会主委”张京育指出的：“由于两岸关系特殊性，两岸和平协议就不可能是独立国家和独立国家协议，不属于国际协议，不具国际条约性质”[5]。这样的性质定位难免对两岸和平协议的内容与程序都产生直接的影响，而首要的是谈判主体的身份问题，其次是协议内容所遵循的规范与原则，最后是协议的生效程序问题。

1. 两岸和平协议的谈判和签署的主体应当是国内法上的主体而不是国际法上的主体

两岸和平协议的谈判和签署的主体的身份定位是两岸政治谈判面临的首要问题。谈判主体的身份性质的确定显得尤其重要，但有可能成为阻碍两岸政治谈判的重大障碍。两岸政治谈判的主体身份是平等的，但不能是国际法的主体，不是国家与国家之间的谈判，也不宜是政府与政府之间的谈判。但对于台湾来说，显然希望以国际法主体的身份来对等谈判，或至少比照国际法主体展开谈判，或具有部分国际法效力的交战团体的性质展开谈判。“如果叛乱到相当程度，合法政府无法对冲突引起的损害负责，应牵涉到国际法问题——承认叛乱分子为交战团体或叛乱团体，因而他们能享

受一部分国际法上的权利并负担一些国际法上的义务；在这种情形下，叛乱分子成为不完整的国际法人。”[6] 但是叛乱团体或交战团体是国际法上的定位，也不符合两岸关系和平发展的现状，两岸谈判主体的定位不必拘泥于既有的理论，可以超越，也可以创新。

谈判主体的身份性质影响谈判代表的选择与授权。两岸和平协议的谈判是继续授权两岸两会负责，抑或另组机构开启谈判，或双方各自任命特派代表负责谈判，如有些学者建议两岸各自组织两岸和平发展委员会展开谈判。两岸谈判代表也需要取得充分的授权，而授权是来自于两岸的领导人还是来自于两岸民意机构，也必须充分考虑，海峡两岸应当有相同而一致的授权机制。马英九当局提出“公投授权”的前提，这在大陆是不可能实行的。

谈判主体的身份性质涉及协议条款中如何表述双方的关系，其实质是对于两岸关系政治定位的表述。2012年3月，中共中央总书记胡锦涛在会见国民党荣誉主席吴伯雄时指出：“两岸虽然还没有统一，但中国领土和主权没有分裂，大陆和台湾同属一个中国的事实没有改变。确认这一事实，符合两岸现行规定，应该是双方都可以做到的。”[7] 此后，吴伯雄提出“一国两区”的两岸定位，以大陆地区和台湾地区的两个不同法域的概念表述双方，也契合台湾当局“一国两区”的两岸法理定位，如果只用于两岸谈判，其效用不引申到国际层面，在现阶段是双方都可以接受的“两岸谈判主体”的代名词。

谈判主体的性质也关系到协议的最终签署。以何种名义签署，如何落款，签署是否由双方领导人出席见证，都涉及到两岸双方的政治定位。马英九表示：“无论到哪里，我都是‘中华民国总统’”[8]。如果坚持政治上的名称，这实际上排除了两岸领导人出席见面的可能性。仅如前述，倘若只限于两岸间谈判，不妨以“大陆地区代表”、“台湾地区代表”定位双方和落款，这是较为务实的做法。

2. 两岸和平协议应当遵循国内法的基本原则

两岸和平协议是国内法意义上的协议而不是国际法意义上的协议。作为国内法意义上的协议，应当遵循国内法的原则与规范。根据《反分裂国家法》第七条的规定：“第七条 国家主张通过台湾海峡两岸平等的协商和谈判，实现和平统一。协商和谈判可以有步骤、分阶段进行，方式可以灵活多样。台湾海峡两岸可以就下列事项进行协商和谈判：（一）正式结束两岸敌对状态；（二）发展两岸关系的规划；（三）和平统一的步骤和安排；（四）台湾当局的政治地位；（五）台湾地区在国际上与其地位相适应的活动空间；（六）与实现和平统一有关的其他任何问题。”[9] 这一条规定为签署两岸和平协议提供了法源依据，尤其是明确地指出了“协商和谈判可以有步骤、分阶段进行，方式可以灵活多样”，为两岸和平协议的谈判提供了广阔的空间。

台湾地区的有关规定，对于两岸关系的规范，最为详尽和明确的是《台湾地区与大陆地区人民关系条例》（简称“两岸人民关系条例”），该法目的虽然是“规范台湾地区与大陆地区人民之往来”，但相关的条文仍然涉及到了两岸政治关系。正如国民党荣誉党主席吴伯雄指出的：“台湾推动两岸关系的依据是两岸人民关系条例，这是以‘一国两区’的概念作为法理基础，处理两岸事务的是大陆委员会而不是外交部；这足以说明，‘两岸不是国与国关系，而是特殊关系’。”[10] 在法理上，台湾也依然规定着“国家统一”的前景，不仅台湾现行的“宪法增修条文”序言载明是“因应国家统一前之需要”，而且“两岸人民关系条例”第一条也声明该法是“国家统一前”所适用的规范。

因此，大陆《反分裂国家法》第七条有关两岸政治协商与谈判的规定，台湾“两岸人民关系条例”对于“国家统一前”的两岸政治定位，是两岸签署和平协议可以参照的规范与原则。

3. 两岸和平协议是海峡两岸双方合意的产物

两岸和平协议是海峡两岸在结束战争状态、终结敌对状态之后的产物，必须通过两岸和平谈判来达成，是海峡两岸双方合意的产物。然而，2011年10月20日，马英九曾经公开召开记者会表示：“倘未来要推动‘两岸和平协议’，一定会先交付人民公投，公投未过，就不会推动签署‘两岸和平协议’”[11]。台湾当局把“两岸和平协议”与“公投”挂勾，这是一种危险的做法。

第一，“两岸和平协议”是双方合意，是双方共同行为的产物。“公投”是台湾单方面的行为，“公投”结果表达的是台湾单方面的意志，以单方面的行为和意志来制约双方的合意，这在理论上是相互矛盾的，在客观上也是不可行的。

第二，在台湾社会，“公投”议题在政治上带有浓厚的台湾“住民自决”的意涵。“公投”议题是民进党的强项，向来是民进党主导的议题。国民党试图接受“公投”议题或迎合“公投”议题，都将使国民党本身在政治上陷入被动局面。

第三，如果把“两岸和平协议”与“公投”议题挂勾，还必须区分“授权性公投”与“生效性公投”的不同情况。“授权性公投”是指在洽签和平协议之前将签署和平协议的议题交付公投，取得台湾民众的支持与同意。“生效性公投”是指在签署和平协议之后，将协议交付公民投票，取得民众的支持然后生效。应当说“授权性公投”与“生效性公投”的影响是不同的，前者是台湾的单方行为，对于两岸双方谈判的实质内容影响不大，后者则将决定协议的生效与否，具有关键性的影响。根据2011年10月22日马英九在记者会上的说法，似乎更倾向于前者即“授权性公投”，但仅仅举行“授权性公投”，民进党及其泛绿阵营能答应吗？2011年，民进党候选人蔡英文在竞选“总统”的文宣广告中明确提出：“蔡英文主张——两岸政治协商，事前授权，事后同意，人民公投决定”。利用“生效性公投”牵制两岸和平协议，这必然是泛绿阵营的目标，也给两岸和平协议的谈判和签署带来了巨大的政治障碍。

二、两岸和平协议不是两岸统一协议，但不能排除两岸统一的政治指向

两岸和平协议在性质上不同于两岸统一协议，两岸和平协议的签署不是两岸统一的最终完成，而是两岸关系和平发展的制度化、机制化的成果。《反分裂国家法》第七条指出：“协商和谈判可以有步骤、分阶段进行，方式可以灵活多样”。其中谈判和签署两岸和平协议就可以成为两岸统一的终局安排之前的阶段性或过渡性的成果，可以规范两岸关系和平发展进程中的制度性安排，而不涉及统一后的“一国两制”或其他模式安排。

两岸和平协议可以不涉及两岸统一问题，主要的原因是现阶段解决两岸统一的终局性安排的时机并不成熟。统一在台湾社会的政治基础薄弱，台湾多数人仍对于统一怀着浓厚的顾虑，在台湾的大部分民意调查显示，绝大部分台湾民众均主张两岸维持现状，尤其是广义的维持现状。2012年8月，台湾当局“陆委会”委托政大选研中心的民调结果显示，84.3%的台湾民众均支持广义的维持现状。在“维持现状”的民意背后是对于“两岸统一”的顾虑和抵触，2012年8月份，台湾指标民调对台湾民众统“独”立场的调查显示，赞成两岸最终应该统一的比例为18.6%，不赞成的高达66.6%；赞成“台湾最终应该独立成为‘新国家’”的比例高达55.4%，不赞成的比例为29.9%。

统独六分法民调（N=1072）

尽快统一	0.9%	0.9%
维持现状，以后走向统一	9.0%	84.3%
维持现状，看情形再决定“独立”或统一	31.9%	
永远维持现状	26.1%	
维持现状，以后走向“独立”	17.3%	
尽快宣布“独立”	7.0%	7.0%
不知道/无意见	7.8%	7.8%

资料来源：2012年8月16－19日台湾“陆委会”委托政大选研中心民调

但是两岸和平协议不涉及两岸统一的制度安排，并不等于排斥两岸统一的政治指向，也不能成为“台独、分裂”势力推进“和平分裂”的护身符。2011年10月，马英九提出“洽签两岸和平协议”的主张后，遭到泛绿阵营尤其是民进党和“台联党”的严厉指责。民进党攻击马英九“寡头独断”，为台湾定下“统一时间表”，和平协议将成台湾的“卖身契”，是“卖台时间表”；“台联党”则指责“和平协议将成为台湾的‘定时’投降协议”；李登辉也指责“台湾好像又回到独裁政府”。一时之间，绿营政治人物大举围攻马英九的“两岸和平协议”主张，贴上所谓“牺牲主权、投降协议、卖台协议、亡国协议”等等标签，极力挑起台湾社会的政治非理性，污名化“两岸和平协议”的理性设计。民进党以及其他“台独”势力对“两岸和平协议”群起而攻之，其目标不在于“和平”，也不在于“和平协议”，他们反对的核心是“一个中国”原则、是“九二共识”、是“两岸统一”，暴露出民进党等“台独”势力的赤裸裸的分裂主义的政治立场。

1998年，美国学者李侃如等曾经提出“中程协议”的构想，“双方同意，在此一个过渡时期，台湾和中华人民共和国皆存在于‘一个中国’之内，彼此的关系既不属于两个排它的主权实体，也不属于中央政府与地方省的关系，而是‘台湾海峡双边’关系，任何一方都不能挑战国家的基本统一”[12]。应当说，作为过渡性协议，“两岸和平协议”与“中程协议”的构想确有异曲同工之处。2011年6月23日，台湾《联合报》的社论认为：“和平协议就是中程方案”，并且指出：“如果两岸尚有四五年的机遇期，可从互称台湾当局、大陆当局起步，及早建立一个‘中程方案’，确立‘分治而不分裂’的和平发展框架；双方皆可借以累积善意，感化人心，‘以时间换取空间’，将两岸关系导向‘合理的过程’，以通往‘改善之目的’”[13]。

2005年，时任国民党主席的连战曾经提出："和平协议的重点在四个字'不独不武'。台湾方面宣布放弃台湾独立；而中共当局宣布放弃武力攻台。和平协议的时间可以是三十年，可以是五十年，时间经由磋商做最后的决定；简言之让两岸的冲突、一触即发的战争情势得到缓和，另一方面透过未来更长时间区域经贸的整合，逐步解决两岸问题"[14]。然而，马英九上任后，不断重申台湾当局现行的大陆政策是"在'中华民国宪法'架构下，维持台海'不统、不独、不武'的现状，并在'九二共识、一中各表'之基础上，推动两岸和平发展"。马英九当局如果把"不统、不独、不武"作为"两岸和平协议"的指导性原则，必然引起各界舆论对其"独台"倾向的批评。虽然两岸和平协议不是两岸统一协议，但是不能排除两岸统一的政治指向。台湾媒体指出："最重要的，和平协议既非两岸关系的终极结局，朝野从辩论中逐步建立共识，甚至避免政党轮替对两岸关系动荡的影响，才是朝野政党负责任的作为。"[15]

三、两岸和平协议是在国家尚未统一的特殊情况下的政治安排

虽然两岸关系有结构性的政治矛盾有待化解，有对立性的政治力量相互牵制，但是主导两岸关系的国共两党确立了开创"两岸和平发展共同愿景"的共识。尤其是中国共产党把"和平发展"作为领导国家的战略性选择，提出"中国将始终不渝走和平发展道路"、"牢牢把握两岸关系和平发展的主题"、"实现和平统一首先要确保两岸关系和平发展"等论断，这就为建构两岸关系和平稳定发展的互动架构提供了政治基础。2005年4月29日，中共中央总书记胡锦涛与中国国民党主席连战共同发布的"两岸和平发展共同愿景"中指出："促进正式结束两岸敌对状态，达成和平协议，建构两岸关系和平稳定发展的架构，包括建立军事互信机制，避免两岸军事冲突"[16]。2008年12月31日，胡锦涛在纪念《告台湾同胞书》发表30周年座谈会上的讲话中再次提议："结束敌对状态，达成和平协议"，并且指出："为有利于两岸协商谈判、对彼此往来作出安排，两岸可以就在国家尚未统一的特殊情况下的政治关系展开务实探讨"[17]。2012年11月，胡锦涛在中共十八大政治报告中重申："希望双方共同努力，探讨国家尚未统一特殊情况下的两岸政治关系，作出合情合理安排；商谈建立两岸军事安全互信机制，稳定台海局势；协商达成两岸和平协议，开创两岸关系和平发展新前景"[18]。

建构两岸关系和平稳定发展的架构，并不是两岸统一的终局安排，而是国家尚未

统一特殊情况下的两岸政治关系的安排，是国家统一前过渡时期的政治性和法律性安排。两岸关系和平稳定发展的架构应当包含国家尚未统一特殊情况下规范两岸政治、经济、文化、社会等各方面关系的综合性协议和单项协议，包括和平协议、军事安全互信机制、综合性经贸协议、共同打击犯罪协议等等。通过一揽子的协议建构起过渡时期的两岸关系和平稳定发展架构，使困扰两岸关系的结构性矛盾得以全面化解或局部化解，确保两岸关系沿着和平发展的正确道路推进，使海峡两岸各方面的交流和往来得以正常开展。

国家尚未统一特殊情况下的两岸政治关系，遵循“合情合理”的原则做出安排。合情即合于两岸的民情，合理即合于两岸的法理。国台办王毅主任指出：“合情，就是照顾彼此关切，不搞强加于人；合理，就是恪守法理基础，不搞‘两个中国’‘一中一台’。这体现了我们愿意正视分歧、逐步破解难题的决心和诚意”[19]。一方面，两岸和平协议既然是国家统一前的特殊情况下的过渡性安排，应当不强求改变台湾的现状，台湾将保留它现有的政治、社会和法律体制。另一方面，两岸和平协议的共同的政治基础和法律基础是“一个中国”框架，“一个中国框架的核心是大陆和台湾同属一个国家，两岸关系不是国与国的关系”[20]。海峡两岸应当尽最大努力与善意，寻求最基本的政治共识，双方可以从自身的法理基础出发，在“大陆与台湾同属一个中国”的一中框架认同上取得明确而稳定的共识，形成海峡两岸领土主权一体的稳定的政治认同。

两岸和平协议的签署应当争取台湾民意的认同与支持。中国大陆通过持续推进经济体制和政治体制的改革，不断发挥经济上、政治上的吸引力，通过硬实力、软实力和巧实力的强化完成两岸和平协议的谈判和签署进程。化解两岸政治认同的分歧与冲突，促进两岸政治认同的融合，是两岸关系和平发展进程中的重要任务。海峡两岸在持续推进两岸经济关系的正常化与机制化的同时，也将应当积极推动两岸文化和教育领域的交流，促进两岸民间社会广泛的人员交流，共同努力化解两岸政治认同的分歧，也为两岸解决政治上的难题奠定基础。

四、两岸和平协议是两岸关系和平发展的框架协议，是两岸关系和平发展的制度化

1949年以来，海峡两岸的关系经历了军事对抗、政治对立、缓和交流的多个阶段，

两岸人民均意识到战争不应当是两岸的选择，正如国民党荣誉主席连战指出的："两岸之间有一件事绝不能再发生，就是和平与战争的循环轮替，两岸只存在一条和平的单行道与不归路，台海没有和平，两岸就将失去一切。"和平是两岸人民的共同期盼，海峡两岸的政治分歧应当通过和平谈判的方式解决，即使是仍然固守"台独党纲"的民进党也不敢违背两岸人民追求和平的强大意愿。民进党执政时期，陈水扁也曾经表示"建立和平稳定互动架构""签署和平协议"等主张，但是民进党当局的"台独、分裂"立场阻碍了两岸和平局面的发展和稳定。

2008年以来，两岸关系走上了和平发展的正确轨道，海峡两岸在坚持"九二共识"、反对"台独"的共同政治基础上，遵循着"先经后政、先易后难、循序渐进"路径逐渐推进两岸的协商议题。随着时间的推移，随着条件的成熟，海峡两岸适时启动政治谈判，结束敌对状态，签署和平协议，建立军事安全互信机制，是两岸关系和平发展的必然方向和应然追求。2011年10月17日，马英九在"黄金十年"系列的第五场记者会中提出："未来10年中，应该对两岸在循序渐进的情况下，审慎斟酌未来是否洽签'两岸和平协议'"[21]。马英九的提议在选战对立气氛日益升高的台湾社会投下了一颗震撼弹，支持与反对的声音激烈对立，在选举激情、权力利益和意识形态的笼罩下，台湾社会已经难以理性客观的思维来面对谈判和签署两岸和平协议的现实需要。两岸和平协议的良好愿景依然必须克服重重困难，可谓任重道远。

在台湾社会，有一种论调认为，既然两岸是和平的，就没有必要签署和平协议。这是一种似是而非的论调。台海局势的和平，是两岸人民共同努力的结果；两岸和平的持续和巩固，同样也需要两岸人民的共同支持和维护；而签署两岸和平协议，正是两岸人民共同维护台海和平的手段和成果。和平协议是两岸关系和平发展的制度化保障，通过签署两岸和平协议，在台湾海峡两岸建立双方政治行为与军事行为的准则，从法律上和道义上约束双方恪守维护台海和平的行为规范，共同维护两岸关系和平发展的成果。通过签署两岸和平协议，确保两岸关系长期、稳定的和平发展，也是海峡两岸尤其是台湾社会、经济、文化持续繁荣的必备条件，是台湾"黄金十年"的"发展之钥"。

马英九当选连任后，台湾当局对于两岸政治谈判的态度出现了一定程度的变化，一方面，不再明确提"政治谈判""两岸和平协议"，而以"和平制度化""不武制度化"等取而代之；另一方面，将"两岸和平协议"的主张广义化，而将两岸经济性、事务性等一系列制度性协议也纳入广义的"两岸和平协议"的范畴。2012年1月20

日，“陆委会副主委”赵建民表示：“以往两岸密切交流却不制度化的现象，过去三年多已逐渐获得改正，盼在此基础上，两岸能从经贸协商制度化，延伸至两岸和平制度化，像是两岸互设办事处、国际上两岸ＮＧＯ组织能良性互动等”[22]。2月6日，“陆委会主委”赖幸媛在美国哈佛大学发表演说，提出：“未来4年，我们有责任巩固制度化协商，以及两岸协议所获致的成果，进一步把两岸‘不武’加以制度化，打造不可逆转的两岸和平局势”[23]。2月8日，马英九在国民党中常会表示：“即使没有签和平协议，还是可以透过别的途径，把两岸和平发展的现状制度化；现在双方签了十六项协议，每一项其实都是‘广义的和平协议’”[24]。2月20日，前“陆委会主委”张京育在中国文化大学发表演讲，认为：“两岸和平协议只是把现在的和平状态用制度化巩固”，“签署和平协议的目的是以和平方式巩固和平，透过两岸交流深化、广化达成的两岸交流成果，也是两岸关系的安全板”，并且认为“两岸和平协议和最终政治协议有关联，但不相同”。此后，海基会董事长江丙坤也认为“陆客自由行、陆资、金门大桥视为‘广义和平协议的一环’”[25]。5月20日，马英九在连任就职后的记者会上表示：“两岸签署十六个协议，基本上都是两岸和解制度化的一部分，因此目前并没有迫切性，要与中国大陆讨论签署和平协议的问题”[26]。8月20日，马英九接受日本放送协会（NHK）的专访，再次表示：“在和平发展的议题上，我们基本的态度就是‘先急后缓、先易后难、先经后政’，所以在长远的规划上有提到和平协议，但‘目前并没有迫切性’。”[27]

可见，马英九连任后在两岸政治谈判问题上调整了策略，可以说从就任台湾地区领导人之前的竞选承诺中退缩，满足于现有的两岸关系和平发展的成就，不愿去触及和处理敏感的两岸核心政治分歧，用“和平制度化”“不武制度化”“广义和平协议”等主张来稀释政治谈判的敏感性。然而，回避核心政治分歧基础上建构“和平协议”，能否确实解决两岸的和平问题，是值得质疑的。2012年9月7日，连战在APEC会议期间建议：“建构两岸关系和平稳定发展的架构，建议可由两岸学术界或智库等单位召开和平论坛，为此集思广益，创造条件”[28]；“两岸不妨由‘周边议题’以堆积木方式来推动‘和平协议’、建立‘政治互信’”[29]。连战的建议倒是现阶段推进两岸和平协议研究与商讨的务实的做法。

【中央高校基本科研业务费专项资金资助，

项目名称：增进两岸政治互信研究（项目编号：2010221078）】

注释

1. 胡锦涛：《携手推动两岸关系和平发展　同心实现中华民族伟大复兴——在纪念<告台湾同胞书>发表30周年座谈会上的讲话》，《人民日报》，2009年1月1日，02版。
2. 台湾当局“总统府新闻稿”，“马英九主持‘黄金十年’系列第五场记者会”，参见：http://www.president.gov.tw/Default.aspx?tabid=131&itemid=25592&rmid=514。
3. 转引自《奥本海国际法》第一卷第二分册，第626页。中国大百科全书出版社，1998年版。
4. [英]伊恩·布朗利著，曾令良、余敏友等译：《国际公法原理》，北京：法律出版社，2003年版，第672页。
5. 台湾《旺报》，2012年2月21日，A15版。
6. 丘宏达：《现代国际法》，台北：台北市三民书局，1995年版，第288页。
7. 《胡锦涛会见吴伯雄》，《人民日报》，2012年3月23日，01版。
8. 台湾《联合报》，2012年11月9日，A1版。
9. 中共中央台湾工作办公室、国务院台湾事务办公室编：《〈反分裂国家法〉及重要文献选编》，北京：九州出版社，2005年版，第3页。
10. 台湾《经济日报》，2012年3月23日，A10版。
11. 马英九就两岸和平协议议题召开记者会，2011年10月20日台湾当局“总统府新闻稿”，参见台湾当局“总统府网站”：http://www.president.gov.tw/Default.aspx?tabid=131&itemid=25626&rmid=514&sd=2011/10/17&ed=2011/10/30。
12. 赵勇：《“中程协议”述评》，《台湾研究集刊》，2000年，第1期。
13. 《和平协议就是中程方案》，台湾《联合报》，2011年6月23日。
14. 《连战：两岸应签和平协议　不独不武30—50年》2005年3月24日国民党中央党部新闻稿，参见：http://www.kmt.org.tw/Content/HTML/WhatNew/Comment/20050324_10_7721.html。
15. 《寻求两岸和平早就是朝野共识》，台湾《中国时报》，2011年10月24日，A17版。
16. 《中国共产党总书记胡锦涛与中国国民党主席连战会谈新闻公报》，《人民日报》，2005年4月30日，01版。
17. 胡锦涛：《携手推动两岸关系和平发展　同心实现中华民族伟大复兴——在纪念《告台湾同胞书》发表30周年座谈会上的讲话（2008年12月31日）》，《人民日报》，2009年1月1日，02版。
18. 胡锦涛：《坚定不移沿着中国特色社会主义道路前进　为全面建成小康社会而奋斗——在中国共产党第十八次全国代表在会上的报告》，《人民日报》，2012年11月18日，04版。
19. 王毅：《在‘九二共识’20周年座谈会上的讲话》(2012年11月26日)，参见国台办网站：http://www.gwytb.gov.cn/wyly/201211/t20121126_3391669.htm。
20. 贾庆林：《在第八届两岸经贸文化论坛开幕式上的致辞》（2012年7月28日），《人民日报》2012年7月29日，02版。
21. 马英九主持“黄金十年”系列第五场记者会，台湾当局“总统府新闻稿”，2011年10月17日，参见台湾当局“总统府网站”：http://www.president.gov.tw/Default.aspx?tabid=131&itemid=25592&rmid=514&sd=2011/10/17&ed=2011/10/30。

22. 《陆委会副主委赵建民：两岸和平可制度化》，台湾《中国时报》，2012年1月21日，A16版。
23. 台湾《旺报》，2012年2月8日，A17版。
24. 马：《没和平协议两岸和平仍可制度化》，台湾《中国时报》，2012年2月9日，A4版。
25. 台湾《旺报》，2012年2月21日，A15版。
26. 台湾《旺报》，2012年5月21日，A4版。
27. 台湾《旺报》，2012年8月22日，A18版。
28. 《胡锦涛总书记会见连战》，《人民日报》，2012年9月8日，第2版。
29. 台湾《旺报》，2012年9月8日，A4版。

剖析美国对两岸协商谈判的政策立场

李　鹏*

【摘要】协商谈判已经成为两岸关系和平发展的重要途径和必由之路。在两岸协商谈判的历程中，美国的角色和立场不能忽视。美国在“鼓励但不介入”两岸协商谈判的政策背后，有着深层次维护美国自身利益的考量。美国的立场虽然无法改变台湾问题是中国内政的本质，无法改变两岸通过协商谈判解决问题的趋势，但却可能影响两岸协商谈判的进度。两岸协商谈判过程中要注意减少美国的消极影响，鼓励美国发挥积极作用。

2008年5月以来，两岸关系实现了历史性转折，取得了突破性进展，其中一个重要表现就是两岸两会协商谈判的恢复和推进。2008年6月，胡锦涛总书记在会见台湾海基会董事长江丙坤时指出，协商谈判是实现两岸关系和平发展的必由之路。[1] 12月31日，在纪念《告台湾同胞书》发表三十周年的讲话中，胡锦涛再次强调，我们应该把深化交流合作、推进协商谈判作为推动两岸关系和平发展的重要途径。[2] 可以说，推动、促进和深化两岸协商谈判，将贯穿于整个两岸关系和平发展与祖国和平统一的进程之中。台湾问题的本质上是中国内政，两岸协商谈判也纯属中国内部事务，但作为对台湾问题有重要影响的外部因素，美国也一直对此予以高度关注。深入分析美国对两岸协商谈判的政策立场及其实质，不仅有利于促使美国对两岸协商谈判发挥积

---

* 作者系厦门大学台湾研究院教授、院长助理。文章发表于《国际问题研究》2011年第2期。

极作用，而且可以促进两岸关系和中美关系的良性互动，为两岸继续推进协商谈判进程营造良好的外部环境，不断开创两岸关系和平发展的新局面。

一、两岸协商谈判历程与美国的立场回顾

自中美建交以来，美国对两岸协商谈判的立场经历了从“不鼓励、不介入、不调停”到公开表达“欢迎”“鼓励”或“乐见”的转变。1979年元旦，中国全国人大常委会发表《告台湾同胞书》，公开呼吁两岸“通过商谈结束军事对峙状态，为双方的任何一种范围的交往接触创造必要的前提和安全的环境”[3]。而台湾当局明确提出“不接触、不谈判、不妥协”的“三不”政策予以回应。当时，与台湾当局刚刚“断交”的美国不仅没有对这一政策表示反对，反而在中美《八一七公报》发表前夕，向台湾当局做出“六点保证”，其中就有“不充当大陆与台湾之间的调停人”“不对台湾施加压力，促使其与大陆进行谈判”等内容。由于台湾方面的拒绝和美国的不支持，在1987年开放交流之前，两岸除了在1986年“华航”与中国民航代表在香港就“华航货机事件”进行过纯事务性商谈以外，并没有其他实质性的商谈。在这一时期，虽然美国内部有少数官员和学者希望台湾当局改变“三不”政策，希望两岸进行直接接触和对话，希望美国从中扮演积极的角色，但这些声音都没有成为美国的政策主流，也没有得到台湾方面的积极响应。[4]

两岸真正产生接触和谈判的需求，是在1987年台湾当局开放台湾居民赴大陆探亲，两岸开始民间交流交往之后。为了解决两岸交流交往中衍生的现实问题，上个世纪90年代初，两岸分别成立“海基会”和“海协会”，并开始进行接触、对话和商谈。1992年到1995年，两会举行了包括“汪辜会谈”在内的一系列事务性商谈。对此，美国一再表达了“欢迎”的立场。1994年9月，美国助理国务卿洛德在记者招待会上表示，海峡两岸正在举行非常高级别的会谈，他们正在取得进展，我们欢迎他们能够达成任何协议，只要是通过和平方式达成且令双方满意，我们都欢迎这一对话。[5] 如果说1995年之前美国对两岸协商对话的“欢迎”和“赞成”，更多地是对两岸已经对话开展的一种被动因应的话，那么李登辉访美导致台海形势突变后，美国才真正意识到两岸对话对维护台海地区和平稳定的重要性。

李登辉访美迫使中国政府在对美和对台两个方面开展了包括军事演习在内的一系列反分裂反“台独”斗争，两会之间的接触自然也被迫中止。美国开始调整其“不

鼓励、不介入、不调停”的政策，转而敦促和鼓励两岸之间进行对话。1995年8月，美国助理国务卿帮办魏德曼在国会做证时就表示，中国最近中止了海峡两岸非官方对话的高层会谈，表示这与李登辉访美有关，我们敦促尽快回复这些会谈。[6] 1996年3月，洛德助理国务卿在国会做证时，进一步表示“唯有恢复北京与台北之间直接的积极对话，问题才能得到和平、持久的解决”[7]。1997年后，美国“促谈”的意图更为明显。美国学者李侃如（Kenneth Lieberthal）和何汉理（Harry Harding）分别所提的“中程协议”和“临时协议”中，都有两岸通过对话协商，高层举行定期的会谈，来达成协议的内容。学界的建议对当时的克林顿政府产生了一定影响，美国国务院多名官员公开表示，希望两岸通过持续对话来降低紧张关系，解决两岸之间的分歧。克林顿政府当时就明确提出解决两岸问题的三个支柱，即“一个中国、两岸对话、和平解决”。

自此以后，美国官方和学界对两岸协商对话和谈判给予了更多的关注。面对20世纪90年代后期以来台海地区持续紧张的局势，美国对两岸对话和协商的态度显得较为迫切，频繁敦促两岸“不失时机、不拘形式、不设前提”地开展对话。两岸关系情势越紧张，美国敦促两岸对话的动机就越强烈。在1999年李登辉提出“两国论”、2002年陈水扁抛出“一边一国论”、2003年提出“公投制宪”、2007年后推动“入联公投”期间，美国都无一例外地发表了类似“鼓励两岸对话化解误会”“欢迎任何能促进两岸对话、降低紧张及增进相互了解的步骤”等政策表态。对于两岸协商对话的形式，美国并没有定见，只是更为强调大陆要与台湾“民选政府”和“民选领导人”进行对话。对于海协会和海基会之间的协商、两岸民间行业协会就春节包机等事宜达成协议，2005年大陆邀请连战、宋楚瑜等访问大陆，美国也都视为两岸迈向对话的行动。美国政府认为，相信对话可以降低两岸紧张，对于那些能够增加对话、支持对话，并且能够和平解决两岸紧张形势的步骤，我们都表示赞同并予以欢迎。[8]

在一味敦促两岸恢复对话的同时，美国对于两岸未能恢复协商的原因，却采取了刻意回避视而不见的态度。众所周知，两岸对话和谈判之所以中断，迟迟无法恢复，根本原因在于李登辉和陈水扁当局不断背离并拒绝接受一个中国原则，否认“九二共识”，严重破坏了两岸商谈的政治基础。而美国的基本立场是两岸对话不应该预设前提，不赞成大陆将“一个中国”原则和“九二共识”作为两岸协商谈判前提的做法。2005年6月7日，美国助理国务卿希尔在参议院外交委员会做证时就指出，两岸对话就是对话，北京应该与台湾民选出来的“政府”对话，不应该预设前提。这一立场与陈水扁当局遥相呼应，如出一辙。当陈水扁当局提出“一个中国不是原则、前提，而作为一个议题来谈”；“两岸可以‘九二香港会谈’为基础，做为进一步推动协商谈判的准备”；“两岸可以不预设任何前提，不预设两岸未来的基础上恢复协商对话”等论调时，美国并不认为他是在玩弄文字游戏，是在为两岸对话设置障碍，反而认为这是陈水扁“善意”的表示，美国多次就此表态，持续敦促两岸“把握机会开展对话，以和平解决双方歧见”。但毕竟两岸是否可以开展对话，并不是美国所能够直接掌控的，他们只能根据形势的发展不断重申政策立场，对两岸恢复协商没有实质性帮助。

2008年3月，马英九当选台湾地区领导人以后，美国再次认为这是两岸恢复对话的契机。5月23日，美国助理国务卿希尔就表示，台湾新任领导人就职，是两岸互相接触的机会，两岸应该开展更积极的对话，以及更密切的经贸关系。过去一两个月来，美国已经看到两岸对话的迹象，美国希望看到未来有更多类似的发展。[9] 2008年6月两岸恢复协商对话以来，共达成了十四项协议和一项共识。对此，美国基本上都是公开表达“欢迎”“支持”“乐见”“深受鼓舞”“不会担心”等立场。2009年11月，在奥巴马总统访华后发表的《中美联合声明》中，美方表示欢迎台湾海峡两岸关系和平发展，期待两岸加强经济、政治及其他领域的对话与互动，建立更加积极、稳定的关系。2010年6月，两岸签署《两岸经济合作框架协议》（ECFA）以后，美国国务院代理副发言人杜桂德在例行记者会主动表示，两岸签定ECFA，代表大陆与台湾持续强化对话交流，美国表示欢迎，对于近来两岸正面发展，美国深受鼓舞。[10] 但在“乐见”两岸已经取得协商谈判成就的同时，美国对两岸在和平发展新形势下，是否和如何开展政治和军事安全领域的对话却始终态度暧昧，显示出其背后有着更深层次的考虑。

二、美国关注两岸协商谈判的政策实质

从以上对两岸协商对话历程的回顾中我们可以看出，近三十年来，不管是“不介入”“不鼓励”，被动“支持”还是积极“欢迎”两岸进行对话，美国对两岸对话、协商和谈判的关注从未减少。只要深入分析美国政府长期以来在两岸对话、协商和谈判问题上的表态，结合美国一些学者的解读，我们就可以发现，美国对两岸协商谈判的关注主要体现在两个方面，一是关注两岸协商谈判本身的进程，包括协商谈判的时机、原则、前提、形式、内容、进度、结果等等；另一方面，美国更为关心的是，美国在两岸协商谈判中能扮演怎样的角色，发挥怎样的作用。在两岸关系发展的不同阶段，虽然有时候美国公开表达的立场似乎没有太大变化，但在具体政策行为上，美国政府

往往会根据台海形势的发展变化，以及两岸协商谈判的具体进展情况进行调整，因此时常会出现政策立场与实际行动“言行不一”的情况。这些调整变化和“言行不一”的背后，实际上已经暴露出美国关注两岸协商谈判背后的政策实质。因此，我们分析美国的政策立场的实质，不能仅仅只是看美国的官员和代表性学者公开发表了哪些看法，而是要结合两岸关系的局势发展、美国长期的台海战略考量、美国的具体政策行为等来综合考量。

长期以来，美国对两岸协商对话存在着一种矛盾心态，一方面，美国希望两岸通过协商对话缓和局势，化解分歧；另一方面，美国又担心两岸协商谈判会损及美国的利益。这种矛盾心态反映在美国对两岸协商谈判问题的政策立场上就存在明显的两面性特征。在两岸关系紧张时期，美国期待两岸进行对话，但却无法直接推动两岸恢复对话；在两岸关系改善时期，美国乐见两岸对话，但又担心无法掌握两岸对话的进程。美国希望在两岸协商谈判中扮演一定的角色，发挥一定的作用，不被完全排除在两岸协商谈判的进程之外；但同时美国又声称自己不想介入其中，不想成为两岸对话的监督者、仲裁者或参与者。于是，“鼓励但不介入”便成为美国对两岸协商谈判的原则，即美国“不提建议，不参与调停，只是鼓励对话”，扮演一个促进两岸沟通和对话的“中介角色”[11]。

美国之所以“鼓励”两岸进行对话、协商和谈判，与美国长期鼓吹的台湾问题必须无条件“和平解决”的立场密切相关。大陆学者林冈认为，美国对两岸关系发展及台湾问题的最终解决以和平为最高原则，美国之所以鼓励两岸对话，也是担心两岸一旦发生战争将给美国带来政策上的选择困境，为台湾问题的和平解决增添了新的变数。[12] 美国认为，两岸之间的过度紧张，甚至出现军事冲突或战争的危机，并不符合美国的战略利益。因此，两岸之间的协商对话，从短期来看，能够有效地降低和缓和台海地区的紧张局势，避免此地区出现一场美国不愿意卷入的军事冲突。从长期来看，两岸对话有助于巩固台海地区和平稳定局面，有利于促进台湾问题最终以不损害美国利益的和平的方式解决。正是基于这样的考虑，美国才乐见两岸进行包括经济、政治、军事领域的对话。

但是，美国在声称“鼓励”两岸对话的同时，并不希望因此对台湾方面形成促谈的压力。在两岸协商谈判的过程中，台湾方面多数时候表现得比较消极，担心因此掉入大陆的“一中陷阱”。美国对两岸协商对话“不预设前提”的看法，一方面是呼应和缓解台湾方面的疑虑，也与美国长期以来在台湾问题坚持“维持现状”的政策和在台湾政治定位问题上的模糊立场一脉相承。美国虽然口头上不断声称坚持“一个中国”的政策和中美三个《联合公报》，但对于何为“一个中国”政策的具体含义，对三个《联合公报》如何理解，美国向来都没有说清楚、讲明白。大陆学者王帆认为，美国虽然承认中华人民共和国政府作为中国唯一合法政府，但并没有承认北京对台湾的主权诉求，因此，在美国的一个中国政策中，包含着台湾地位未定论。[13] 而且，美国“维持现状”政策的一个重要内容就是对台湾问题的最终结果不预设立场，而“一个中国”原则等于是预设了两岸未来只能是走向统一的立场。2008年8月，当马英九当局希望与大陆讨论台湾国际活动问题时，传出“美国在台协会理事主席”薄瑞光等向台方传达“二不”：不能暗示中华人民共和国对台湾拥有主权，以及台湾国际活动不能由北京来最终同意。[14] 这表明，美国支持两岸协商对话，仅仅只是希望两岸维持“不统不独”的局面，稳住台海地区和平局面，而并非希望看到中国的和平统一。

如果说美国“鼓励”两岸协商对话反映的是美国长期战略考虑，那么美国声称“不介入”两岸协商对话，则更多凸显的是美国的现实利益考量。“不介入”并不表明美国甘心只是做一个“旁观者”和“知情者”，而更多的是基于两岸关系的现实和美国利益最大化的考量。中国政府一贯坚持台湾问题是中国内部事务，反对外国势力干预台湾问题，两岸协商谈判自然更不可能容忍外国势力插手。况且，两岸协商谈判牵涉到一系列复杂的情感、法理、历史、现实等问题，美国如果贸然介入，可能两岸都不买账；此外，美国介入两岸谈判还可能将“美国国内政治牵扯进两岸协商谈判的进程”[15] 中。因此，美国认为“介入”两岸谈判会使问题的解决更趋复杂，最后的结果极有可能是美国吃力不讨好、里外不是人。但是，对于到底怎样做才是真正的“不介入”，美国的态度并不明确。从狭义上理解，不介入是不直接参与和插手两岸协商谈判，但如果从广义上理解，施加各种见解影响同样是一种介入的表现。在声称“不介入”的同时，美国认为自己依然可以发挥“促进者”、“平衡者”的角色，美国学者谢淑丽还曾经提到美国愿意作为两岸和平方式解决的“贡献者”。台湾学者李铭义认为，美国是基于对自身利益的认知，在“促进者”“平衡者”和“不介入”的三种角色之间交互运用。[16] 由此可见，在两岸协商谈判的过程中，美国没有也不可能做到完全“不介入”，只是其介入的方式不那么直接和明目张胆而已。

两岸协商谈判不仅有过程效应，也会产生结果效应。如果说美国“鼓励”两岸对话强调的是过程，那么美国一面声称“不介入”，一面又试图施加影响，其实就是在意两岸协商谈判的结果效应。在2008年5月马英九上台以前，两岸关系持续紧张，两会商谈中断了近十年之久，美国自然只是希望两岸恢复对话，并不担心对话的结果。2008年6月两会恢复协商并达成一系列协议以来，美国在公开表示“欢迎”“乐见”立场的同时，对两岸协商的进度、内容、结果也相当关注，明里暗里也采取了一些试图影响两岸协商谈判进程的动作。2008年3月29日，“美国在台协会理事主席”薄瑞光拜会“立法院长”王金平时透露，他在与马英九会面时提到，两岸对话可分三阶段发展，第一阶段先处理包机议题，第二阶段在经济、贸易、投资等经贸合作事项更开放，第三阶段再触及两岸和平协议、减少军事威胁与参与国际组织等敏感议题。[17] 这当时就被很多台湾学者认为是美国在为两岸的协商谈判事先“下指导棋”。除了明示之外，美国还利用学者放话、对台军售等不断向两岸释放讯息，对两岸协商谈判施加影响。2008年6月以来，美国一面放出风声说可能会冻结军售，表示乐见两岸建立军事互信机制，一面却继续鼓吹大陆对台湾的“军事威胁并未减少”，并在今年1月正式批准向台湾出售武器。台湾学者陈一新就一针见血地指出，美国在对台军售问题上大做文章，只是要凸显华府才是两岸谈判议程与时间表的真正老板。[18] 实际上，美国批准对台军售的时机，就是在2009年11月两岸在台北举行“两岸一甲子”学术研讨会，讨论政治、军事和对外关系议题，各界开始关注两岸是否开启进行政治对之后不久，其试图影响两岸政治对话进程的意味非常明显。

由此可见，美国“鼓励”和“乐见”两岸对话是有限度的，“不介入”两岸对话是有前提条件的。也就是说，只有在两岸协商谈判不伤害美国利益，以及在美国能够了解和掌握两岸协商谈判进程的情况下，美国才会“鼓励和不介入”两岸协商谈判。而迄今为止的两岸协商基本上都集中在经济和社会领域，对美国利益的直接影响有限，美国也乐得做顺水人情，对两岸协商表示欢迎和肯定。但是，过去两年多两岸协商的经验也让美国感觉到两岸关系发展速度前所未有，美国似乎只是一个旁观者的角色，有大陆学者甚至观察到“美国插手两岸事务的影响力确实在减弱”[19]，这也引起了美国不少人的忧虑。因此，美国的“不担心”只是暂时的，即便美国不担心台湾当局会不考虑美国的利益，也会担心台湾方面顶不住大陆的压力，因此才不断通过对台军售、公开放话等方式表达对台湾当局的支持，来增强台湾方面与大陆谈判的“信心”。一旦两岸有开展政治对话的苗头，美国对维护在台海地区战略利益没有把握、不太放心时，它就会毫不犹豫地出手“介入”。只不过其介入方式不是直接反对两岸政治对话，而是通过对台湾当局施压和对台军售来影响两岸政治对话的进程。台湾亚太和平研究基金会董事长赵春山2009年8月曾在一个研讨会上透露“台湾高层的想法”，即两岸启动和平协议或军事互信机制谈判前，台方必须完成“三项准备”，其中就包括：要考虑到“台海问题牵涉到复杂的国际关系，特别是美国、日本，在台海地区都有重大利益”，两岸开启政治对话，“必须要让相关国家了解”，“不会伤害他们的利益”[20]。当前台湾当局不断强调“两岸政治对话时机不成熟”，这些很难说与美国的立场没有任何关系。正因为如此，台湾国民党籍民意代表林郁方2010年8月在访美后就表示，美国对于两岸关系，嘴巴上会讲希望两岸多多对话，改善关系，让两岸和平稳定，这是他们的原则没错，但若真要谈敏感的议题，美国的紧张和焦虑马上就会涌现出来。[21] 因此，美国在两岸协商谈判问题上到底会秉持怎样的立场，完全取决于美国对其国家利益的判断，而不会真的考虑到两岸关系和平发展的需要。我们不能仅凭美国的自我认定，就简单认为美国真的“鼓励”两岸对话、真的“不介入”两岸协商谈判。

三、美国政策立场对两岸协商谈判的影响

随着两岸关系和平发展新局面的不断拓展，两岸的协商谈判的进程也会不断深入。不仅两岸经济社会文化交流中的一些问题会逐渐透过协商得到解决，国台办主任王毅2010年10月19日访美时还明确表示，“两岸关系中存在一些多年积累的难题和政治分歧”，“早晚也需要两岸双方在条件成熟时，通过平等协商加以妥善处理”[22]。在未来两岸推进协商谈判的过程中，美国不可能不企图“介入”，不可能不施加影响。特别是触及到一些关乎到美国利益的两岸政治难题时，美国的影响和介入的动机也会更强烈，力度也会更大。但是，美国“想介入”“想影响”与它“能否影响”“如何影响”是两个不同层次的问题，美国在两岸协商谈判中的角色和作用依然会受到各种因素的制约。

第一，美国的立场无法改变台湾问题是中国内部事务的性质，永远只是两岸协商谈判的外部影响因素，绝不可能成为决定性因素。

两岸自身的立场是美国能否介入，或能在多大程度上介入两岸协商谈判的决定性因素。吴心伯教授认为，“美国出于自身利益的需要，在短期内难以放弃对台湾问题的介入”[23]，但美国主观上希望介入两岸事务并不等于就能够改变台湾问题的性质，也不等于就一定能够达到它所期待的效果。2009年6月，国台办主任王毅在华盛顿会

见美国政要时再度重申，台湾问题本质上是中国内政，应由海峡两岸通过协商共同解决。[24] 中国政府在此问题上的严正立场，是美国无法直接插手两岸协商谈判的根本原因。在李登辉和陈水扁当政时期，曾多次企图借助美国的力量将台湾问题国际化，但由于大陆的立场坚定，他们的企图都未能得逞。2008年1月，马英九在当选前接受台湾《联合报》采访时指出，未来两岸协商不需要、更不必要美方介入，两岸可以自己解决自己的问题。[25] 由此可见，无论是大陆政府还是台湾方面，当前都不会接受美国“介入”两岸协商谈判。只要两岸继续秉持这样的立场，美国就永远只是影响两岸协商谈判的外部因素，不会产生决定性的作用，这也是美国不得不声称“不介入”的一个重要原因。

第二，美国的立场和动作可能会在一定程度上影响到两岸协商谈判的进度，但不会改变两岸通过协商对话解决问题的大趋势。

在看到美国难以对两岸协商谈判产生决定性影响的同时，我们也不能轻忽美国某些影响的客观存在。长期以来，美国就是影响台湾问题最主要的外部因素之一，在两岸协商谈判的问题上，美国不可能不通过各种方式来施加影响。不可否认，由于台湾当局长期依赖美国的支持，同美国保持着所谓的“特殊实质关系”，不得不在两岸关系与对美关系之间寻求“平衡”，会影响到他们在两岸协商谈判中的考虑。2008年8月，马英九在“访视”台外事部门时明确表示，对美关系毫无疑问是台湾对外关系中最重要的一环。我们现在要告诉美方的就是希望发展出“没有意外的关系”。他希望在改善两岸关系的同时，让美方也产生互信，产生对台湾的信赖；并多次向美方强调，改善两岸关系不会影响台湾与美方在安全与军事方面的关系。[26] 因此，台湾方面在与大陆进行协商谈判时，虽然不希望美国介入，但也不可能不考虑到美方的某些关切，不会不受到美国所传递的某些政策信息的影响。甚至也不能排除美国在认为两岸谈判已经威胁到其现实利益的时候，通过对台军售、提升美台关系等方式来直接影响两岸协商进度。但美国在进行“介入”时，也不得不顾及这样就会违背他们鼓励两岸对话的基本立场，而两岸对话的中止会给美国在台海地区的利益带来的长期风险。况且，两岸协商谈判有着自身逻辑和内在需求，什么时候需要协商谈判、在什么条件下协商谈判、协商谈判哪些内容，能够达成那些协议，美国很难有具体的影响。因此，美国的立场可能在某一时刻可能会对两岸谈判进度产生滞碍作用，从长期两岸关系发展的历史来看，两岸通过协商对话解决问题的趋势不会改变。

第三，美国能否在两岸协商谈判中发挥积极影响，取决于两岸关系形势发展和中美关系的互动变化。

从上面的分析中可以看出，美国无论是“鼓励”还是“介入”影响两岸协商谈判，都是出于自身利益的考量。国台办主任王毅访美时就对美方表示，台湾问题是中美关系中最敏感的问题，美方在台湾问题上发挥积极作用，有助于实现两岸关系与中美关系的良性互动。[27] 如果让美国相信两岸协商谈判符合美国的根本利益，有助于中美关系的大局，美国在此问题上是可以发挥积极作用的。实际上，在过去几年陈水扁当局进行鼓吹“公投制宪”、推动“入联公投”时，中美双方就形成了某种积极互动的格局，美国发挥了一定的积极作用。在两岸协商谈判过程中，大陆坚持这是中国内部事务，并不意味着在两岸协商过程中大陆会忽视美国的存在，会损害美国的利益。对于美国合理的利益关切，两岸在协商谈判过程中不可能不有所顾及；对于双方的一些利益分歧，也并非不能通过沟通的方式来寻求合理的解决办法，达成一定的共识。美国最终能否发挥积极作用，将取决于两个因素，一是两岸关系的发展，二是中美关系的互动变化。过去的经验表明，两岸关系和中美关系的顺畅发展，在一定程度上能够减少美国介入台湾问题的机会和意愿。如果两岸在协商谈判过程中出现波折，或者一些结构性政治难题长期不去破解，就可能给美国介入留下可乘之机；而中美关系发展遇到障碍，互动出现问题，往往容易刺激美国有些人利用台湾问题牵制中国的意图。因此，良好的两岸关系和中美关系是影响美国是否和多大程度介入两岸谈判的重要因素。

四、结语

随着两岸关系和平发展的不断深入，无论是《两岸经济合作框架协议》等一系列协议的落实和深化，还是为两岸开启政治对话创造条件、预作准备，都需要通过继续推进协商谈判来实现。虽然美国只是影响两岸协商谈判的外部因素，但其“介入”或影响这一进程的意图不容忽视。针对美国因素，两岸在协商谈判过程中要趋利避害，不仅要努力避免美国的消极影响，更要想办法促进美国发挥积极作用；只有这样，才能够为两岸协商谈判创造一个良好的外部环境，实现两岸关系的稳定发展，不断拓展两岸关系和平发展的新局面。

【本文系教育部人文社会科学重点研究基地2009年度重大项目“台湾参与国际活动问题研究”（2009JJD810014）的阶段性成果。】

注释

1. 《胡锦涛总书记会见台湾海基会董事长江丙坤》，新华网，http://news.xinhuanet.com/newscenter/2008-06/13/content_8363682.htm，2008年6月13日。
2. 胡锦涛：《携手推动两岸关系和平发展 同心实现中华民族伟大复兴》，《人民日报》，2009年1月1日。
3. 《全国人大常委会告台湾同胞书》，《人民日报》，1979年1月1日。
4. 对两岸接触有积极看法的美国学者和官员哈里·哈丁、鲍大可认为，台湾与大陆应加强接触以减轻双方紧张局势；1985年10月16日，美国国防部长温伯格表示，"如果台湾与中国大陆能达成某种协议，对大家都有好处"，等。可参阅刘国奋：《美国对两岸谈判的政策变化》，《当代亚太》，2000年，第5期，第32—33页。
5. 《洛德助理国务卿在新闻发布会上的讲话（节录）1994年9月8日》，新华社，华盛顿，1994年9月8日电。
6. 《魏德曼在众议院国际关系委员会做证》，美新署，华盛顿，1995年8月4日电。
7. 美国驻华使馆新闻文化处：《外交政策背景资料》，1996年3月20日。
8. 《美国欢迎国民党主席连战访问大陆并支持两岸对话》，中新社，华盛顿，2005年4月26日电。
9. 《美助理国务卿：马英九上任 两岸互表善意契机》，（香港）中评社，香港，2008年5月23日电。
10. "两岸签署ECFA 美国国务院主动表示深受鼓舞"，转引自新浪网新闻中心，http://news.sina.com.cn/o/2010-07-01/084320587317.shtml。
11. 李铭义：《两岸政治对话之美国因素》，台湾《中国事务》，2001年，第6期，第101页。
12. 林冈：《美国对解决台湾问题的政策取向》，《美国研究》，2008年，第3期，第67页。
13. 王帆：《美国的台海维持现状政策探析》，《太平洋学报》，2005年，12期，第40—41页。
14. 《美表态：不能暗示中国对台湾有主权》，新加坡《联合早报》，2008年8月28日。
15. Nancy Bernkopf Tucker, "China-Taiwan: US Debates and Policy Choices", Surrvial, Vol, 4, Winter, 1998-99, p.85.
16. 李铭义：《两岸政治对话之美国因素》，台湾《中国事务》，2001年，第6期，第99页。
17. 转引自陈一新：《美国对两岸"外交休兵"的看法与反应》，林碧炤主编：《两岸"外交休兵"新思维》，（台湾）财团法人两岸交流远景基金会，2008年版，第177页。
18. 陈一新：《美国对两岸"外交休兵"的看法与反应》，林碧炤主编：《两岸"外交休兵"新思维》，（台湾）财团法人两岸交流远景基金会，2008年版，第190页。
19. 《郭震远称美国插手两岸事务影响力减弱》，（香港）中通社，2010年6月1日电。
20. 《马政府提两岸政治对话三前提》，香港《大公报》，2009年10月17日。
21. 《林郁方：美国嘴巴上讲希望两岸多对话》，台北：（香港）中评社，2010年8月2日电。
22. 《王毅：谋求两岸关系的稳定发展》，转自国务院台湾事务办公室网站，http://www.gwytb.gov.cn/gzyw/gzyw1.asp?gzyw_m_id=2550。
23. 吴心伯：《台湾问题：中美互动的新态势》，《国际问题研究》，2006年，第5期，第9页。

24. 《王毅会见美政要 美方乐见两岸建军事互信机制》，转自国务院台湾事务办公室网站，http://www.gwytb.gov.cn/zyjh/zyjh0.asp?zyjh_m_id=1804。

25. 《马英九：未来两岸协商自己解决 不需要美方介入》，新华网台湾频道，http://news.xinhuanet.com/tw/2008-01/03/content_7357848.htm。

26. 《马英九阐述"活路外交"的理念与策略》，台湾当局"大陆委员会"网站，http://www.mac.gov.tw/big5/mlpolicy/ma970804.htm。

27. 《王毅会见美政要 美方乐见两岸建军事互信机制》，转自国务院台湾事务办公室网站，http://www.gwytb.gov.cn/zyjh/zyjh0.asp?zyjh_m_id=1804。

两岸军事互信机制：理论建构与实现路径

陈先才*

【摘要】国民党在岛内重新执政后，两岸关系和平发展的局面正在不断形成，随着两岸互信的不断积累和共识的不断增加，两岸之间建立军事互信机制的可能性也在增长。对于海峡两岸来说，两岸军事互信机制的建立不仅可以增加双方的政治互信，而且有利于长久维护台海地区的和平与稳定。

国民党在岛内重新执政后，两岸关系朝着良性的方向发展，两岸关系和平发展的态势正在形成。尽管目前“法理台独”的现实压力有所减弱，但台湾分离主义势力仍有一定的社会土壤，两岸面临的结构性矛盾依然存在，两岸未来在政治、经济、文化及社会诸领域出现一些摩擦的可能性无法排除，激进“台独”势力强烈抵制两岸关系改善的可能性仍然存在。两岸在诸多领域的共识与互信并没有完全建立起来，两岸关系的脆弱性特征非常明显。因此，把握好当前两岸关系和平发展中的历史契机，积极推进两岸军事互信机制的建构，其本身就是增进两岸互信的重要环节。尽管军事互信机制不是确保台海和平的灵丹妙药，但它却是避免两岸相互毁灭、降低两岸战争风险的“减震器”。更为重要的是，随着两岸关系进一步发展，双方共识的不断增加，它必然有利于两岸政治互信的增加，在政治互信不断增长和两岸共识不断积累的双重

* 作者系厦门大学台湾研究院助理教授，法学博士，国家“985工程”台湾研究创新基地成员。文章发表于《台湾研究集刊》2009年第1期。

驱动下，两岸进行军事互信机制谈判的可能性也大大增加。

一、两岸军事互信机制的理论架构

（一）军事互信机制的概念

军事互信机制又称信心建立措施，最初由欧洲安全与合作会议发展而来，是在1973年赫尔辛基召开的欧安会筹备议程预备会议上提出来的。1992年，欧安会各成员国达成了维也纳文件，从而标志着军事互信机制走向成熟。军事互信机制应该说是当代国际危机管理理论与实践的产物。第二次世界大战结束以来，美苏两国曾多次走到世界大战的边缘。特别是1962年的古巴导弹危机，差点引发了美苏之间的一场核战争。古巴导弹危机结束后，当时的美国国防部长麦克纳马拉说了一句话："今后的战略可能不复存在，代之的将是危机管理。"[1] 他的意思就是说，对于一场很难有胜利者的毁灭性战争而言，指导打赢这种战争的战略是毫无意义的，唯有阻止其爆发的危机管理才是实践所需要的。

在长期的危机管理实践中，人们普遍认识到，建立军事互信机制是实现控制危机、防止战争爆发的重要途径之一。事实上，20世纪六七十年代以来，在美国与苏联、北约与华约及其他一些国家之间，相继建立起了不同程度和形式的军事互信机制，包括首脑热线、军事交流机制、边界互信措施等，这些军事互信措施在很大程度上发挥了重要的作用。例如美国战略预警系统曾数次虚警，最严重的时候，预警苏联核导弹来袭，美国最高当局下达了核反击的预先号令，"民兵"进入发射准备程序，载着核巡航导弹的B—52升空。所幸，美方的预警查证系统及美苏热线及时发挥了作用，避免了美苏之间爆发核战争的灾难发生。

冷战结束后，随着国际局势的变化，国际社会对军事互信机制更为关注和重视。2002年美俄签订的《美俄削减进攻性战略武器条约》本身就是美俄两国维护国际安全，加强军事互信的体现。军事互信机制有广义和狭义之分。广义的军事互信机制包含许多政治、经济与环境的内容，这些与安全没有直接的关系，但其对增进区域信心及安全的间接作用，可能超过那些特别为促进信心与安全而设计的措施。狭义的军事互信机制指为直接增加军事、安全互信而采取的措施。[2] 由于两岸关系不是国家之间的关系，狭义的军事互信难以涵盖两岸关系的全部内容，因此应取其广义。

（二）军事互信机制的内涵

军事互信机制是为了增强各方在心理和信念上安全感的系列措施，其主要目的是增加军事活动的可预测性，使军事活动有一个正常的规范，并可借此确定双方的意图。[3] 其具体内容包括军事信息的交换、军事行动或危险事件的报告与澄清、军事接触与交流、部分军事行动的事先通知、部分军事行动的开放、每年军事行动时间表的交换、军事行动限制措施及查证、军事热线的设置等。从广义来说，两岸军事互信机制的内涵还应该包括两岸的政治谈判、台湾政治地位的确定等诸多方面的内容。

一般而言，建立军事互信有两种途径，一种是从建立政治领域的信任开始，然后再推广到军事领域。另一种则单纯建立军事领域的信任。其中，政治互信是军事互信的基础，军事互信是政治互信的延续。考虑到两岸关系的特殊性和高度敏感性，两岸之间建立军事互信非朝夕就能完成，而是需要双方不断通过互信和共识的增加与积累来逐步实现。就两岸而言，两岸可以先在经贸领域进行融合，达成制度化的安排措施，推进两岸经济的一体化进程；经济上的相互依赖必然会促使两岸在政治上进行适当的安排，推动两岸在政治上的整合之路；在政治整合的过程中，就可以同时安排两岸在军事领域里的信任措施建立。因此，对于两岸关系来说，先经济，后政治；先政治，后军事应是一条比较适宜的可行路径。

（三）军事互信机制的功能

一般而言，军事互信机制主要有两大功能，一是在和平时期它能够增强双方的互信与共识，推进双方政治互信的积累和增加。对两岸关系来说，军事互信机制将有利于两岸在政治互信方面取得进展，为两岸政治对话营造良好的氛围。另一方面，在危机阶段，军事互信将有助于双方在军事方面加强沟通，起到降低危机情势的作用。

首先，军事互信机制有利于推进两岸政治互信。当前两岸关系正朝着和平发展的方向迈进，但两岸关系中的结构性矛盾仍然存在，无法回避。长期以来，两岸关系之所以大起大落，当然与台湾当局顽固推行“台独”分裂活动有着直接的关系，但与两岸之间在政治上的互信没有建立起来也有着一定的关联性。事实上，正是由于两岸之间没有政治上的丝毫互信，两岸之间发生任何一点小插曲都可能影响两岸关系的正常发展。如果两岸在军事互信机制方面取得进展，将有助于推进两岸政治互信机制的建立，也有助于推进祖国和平统一进程。

其次，军事互信机制有利于加强两岸在军事领域的互信。长期以来，两岸在军事上是对峙状态，双方以台湾海峡为界进行了长达六十年的军事对峙。特别是在台海危机情势紧张的时候，双方更是剑拔弩张。这严重影响到两岸关系的发展和双方互信的建立。此外，由于美国长期以来不断向台出售武器，在一定程度上也影响到两岸互信的建立。当前，随着国民党在岛内重新执政，两岸关系和平发展的态势正在形成，两岸关系的积极改善和继续向纵深领域扩展，将大大有利于两岸军事互信机制的建立。两岸军事互信机制的建立，将大大有利于双方在台海危机期间降低冲突的风险。与此同时，双方还可以就美售台武器问题进行谈判与磋商，从而降低相互敌对的心理，不断减少外部因素对台湾问题的干扰和介入。

最后，军事互信机制有利于两岸结束敌对状态。目前两岸的敌对状态仍然在某种程度上维持着。这种敌对状态是上个世纪40年代末国共内战的产物。在当前两岸关系和平发展的新时期，这种敌对状态显然不利于两岸关系向前发展，也不符合当今时代的需求。因此，积极构建两岸在军事领域的互信机制，通过双方在军事上的互信和共识的建立，为尽早结束两岸敌对状态创造条件。

二、两岸军事互信机制建构面临的机遇和挑战

（一）两岸军事互信机制建构的历史机遇

首先，长期以来两岸双方都希望建立起军事互信机制。

台湾方面希望建立军事互信机制，以确保台湾的安全。从20世纪90年代中期开始，台湾岛内一些军政人士、专家学者就开始提出在两岸建立热线，结束敌对状态等军事互信方案。1996年12月，台湾当局召集的“国家发展会议”的研究报告就指出，两岸架设热线并互派代表，是结束两岸敌对状态并签署和平协议的要件之一。1998年台湾“行政院”负责人萧万长表示，就两岸整体关系的现状和未来发展而言，台湾赞同与大陆交换军事演习信息，建立互信机制以避免因误判而引发战争。他称，台湾当局和大陆交换演习资讯并实现演习透明化，不止可以降低敌意，更可以维持两岸与亚太地区的和平稳定。[4] 一般认为，这是台湾当局对军事互信机制的首次官方表态。1998年台湾的《“国防”报告书》中，首次把建立两岸军事互信机制作为“国防政策”中的重要军事政策提出。民进党上台后，陈水扁也逐步提出“建构台海军事安全互信咨询机制、建立两岸军事缓冲区”等建议。2000年8月出版的陈水扁上台后的第一版《“国防”报告书》中，把建立两岸军事互信机制提升为最高层次“国防政策”之一。2002

年版《"国防"报告书》进一步增加篇幅，把两岸军事互信机制问题作为"国防政策"和"国防"重要施政提出，并首次进行了系统阐释。就台湾军方而言，他们对两岸军事互信机制也持相当肯定的态度。早在20世纪90年代，罗本立任"参谋总长"时期，台军参谋本部就曾进行过建立两岸军事信任措施方面的研究。台湾历任"国防部长"也都提出过两岸军事互信的建议。[5] 2002年版台湾《"国防"报告书》则首次将"建立两岸军事互信机制"列为重要篇章，且被视为"国防部"积极推动的政策之一，并规划出近程、中程和远程三个阶段来建立两岸信任措施。

中国大陆长期以来坚持两岸之间建立军事互信机制。2004年前，中国大陆在两岸关系和台海安全的实践中，虽然没有明确提出军事互信机制的建议，但一直强调沟通、对话与互信在两岸互动中的重要作用，并多次呼吁在"一个中国"原则下就两岸结束敌对状态举行谈判。1995年"江八点"在谈到两岸和平统一谈判时，第一步就是双方就结束两岸敌对状态进行谈判。[6] 2004年，国台办、中台办发表"5·17声明"，提出"恢复两岸对话与谈判，平等协商，正式结束敌对状态，建立军事互信机制，共同构造两岸关系和平稳定发展的框架"[7]。这是大陆在两岸关系中首次提出建立军事互信机制的内容。此后，在2004年的《中国的国防》白皮书、"胡四点"、国共两党共同发表的"两岸和平发展共同愿景"中都提到若台湾当局坚持"九二共识"，两岸可商谈正式结束敌对状态、建立军事互信机制等问题。特别是胡锦涛主席在纪念《告台湾同胞书》发表30周年的讲话中，明确表示大陆方面愿意与台湾方面就军事问题进行接触、交流，探讨建立军事安全互信机制问题。这说明当前中国大陆在两岸军事互信机制建立问题上持高度积极的态度。

其次，国际社会对两岸建立军事互信抱有较大的期望。

美、日等国出于台海局势稳定的目的，也希望两岸加强交流，通过对话解决争端，从而在两岸之间建立起某种互信机制。1996年"台海危机"后，美国开始认识到两岸建立某种沟通机制的重要性。1998年美国国防部主管亚洲事务的前助理部长坎贝尔就呼吁两岸可以逐渐建立军事互信机制，以期减少台海两岸的误判并促进台海地区的稳定。[8] 他在"战略与国际研究中心"所主办的一个研讨会上表示，1996年"台海危机"期间他发觉台北与北京之间"竟然完全没有高层的沟通管道"。为此他强烈建议两岸双方应建立某种机制以发挥"危机沟通"的功能。[9] 事实上，在克林顿总统的第二任期内，美国直接提出的"中程协议方案"就具有信心建立措施的内涵。1998年2月，美国密歇根大学教授李侃如首次提出"中程协议"的概念。其重点是：在"一个中国"原则下，台湾不宣布“独立”，大陆不以武力攻占台湾。台湾可以保留军队，台海维持50年和平。[10] 随后多位美国学者或退休官员多次提出两岸间应以维持现状为基调建立一个中程协议。1999年3月，美国助理国务卿斯坦利·罗思在威尔逊中心演讲时第一次以官方身份提出中程协议设想。他建议台海两岸可在一些较困难的议题上通过谈判，并纳入“信心建立措施，获致中程协议”。美方对中程协议的具体意见包括：大陆“不武”，台湾“不独”，两岸“三通”，台湾“外交空间”扩大，50年过渡，军事领域信心建立措施安排，“第二轨道”对话，双边机制设立以及监督协议的履行等。[11] 2001年后，随着小布什上台，美国不再热衷于中程协议方案。在推动两岸互信的问题上，美国只是强调两岸通过对话交流解决争端，而且日、美开始以联合的姿态出现。2004年赖斯访问日本，美、日表示要共同努力促进两岸对话。[12] 2005年2月，在日、美2+2会上，日、美提出“中国增加军事透明度”的内容，并将之视为敦促两岸实现军事互信的重要组成部分。

最后，国民党重新执政后两岸建立军事互信机制的条件不断成熟。

国民党在岛内重新执政，两岸关系和平发展的态势正在形成，两岸关系进入了一个新的历史契机。马英九上台以后，“海协会”和“海基会”成功复谈。“两会”北京会谈签署了包括周末包机和大陆居民赴台旅游等重要协议，“两会”台北会谈签署了包括两岸海运直航、空运直航、邮件及食品安全等四项重要协议。这些协议的签署对于推动两岸关系向前发展起到了直接的作用，使两岸关系不断得到改善，两岸政治互信不断积累和增加。特别是马英九公开宣示两岸关系不是“国与国”之间的关系，而是地区与地区的关系，表明了马英九当局放弃了李登辉、陈水扁执政时期的“台独”分裂路线。这对于两岸关系的改善和向前发展无疑具有重要的积极意义。随着两岸政治互信的不断积累，这必然为两岸建立军事互信关系奠定良好的基础。

（二）两岸军事互信机制建构的现实挑战

首先，两岸在军事互信机制建立的目的与意图上存在差别。尽管当前两岸关系和平发展的态势正在形成，但这并不表明两岸在军事互信机制方面存在着完全的共识。当前两岸在建立军事互信机制方面的共识，就是希望通过这种军事互信机制的安排，减少未来两岸之间的军事摩擦，特别是降低两岸发生冲突的潜在危险。这是两岸双方都需要的。但事实上，两岸在军事互信机制建立的目的和意图方面仍然存在着重大的差别。台方虽然希望两岸建立起军事互信机制，但其更深层的意图还在于希望借此达成确保其安全，消除大陆“武力攻台”风险的机制化安排。台湾当局并没有把推进两岸军事互信与政治互信紧密联系起来。因此，从某种程度上说，台湾当局的意图有一种工具化的色彩，即把两岸军事互信机制视为加强其安全的工具，而不是目的。相反，中国大陆则是希望通过两岸军事互信机制的建立，能够有力推进两岸政治互信的积累和增加，推进两岸和解，甚至推动两岸最终朝着和平统一的方向迈进。显然双方在军事互信的目的和意图方面的期待存在一定的落差。

其次，台湾分离意识是两岸军事互信机制建立的重大障碍。马英九上台后，国民党执政当局摒弃了民进党时期“法理台独”的政策路线，但是我们也要看到，台湾的分离主义势力仍然有一定的社会土壤，“台独”分裂势力在岛内仍然有一定的民意基础和影响政局的能力。这些都是两岸军事互信机制建立的巨大障碍。对于中国大陆来说，建立军事互信机制的一个根本前提就是必须坚持“一个中国”基本原则，离开这一原则，则两岸军事互信机制的建立无从谈起。两岸建立军事互信机制从本质上说是一个政治问题，必须在“一个中国”原则下进行。两岸建立军事互信应该是两岸政治谈判的结果，是两岸关系进入和平发展阶段的主要表现和重要成果之一。显然，在目前岛内蓝绿政治对立，特别是“台独”分裂势力破坏两岸关系改善和发展的图谋未变的情势下，两岸军事互信机制的建立仍然是困难重重。

最后，外部势力仍然对两岸建立军事互信机制有负面影响。

当前外部势力仍然介入到台湾问题中，特别是美、日等国在台湾问题上仍然执行两面政策和抱有某种不良的获利心态。一方面，美、日等国不希望两岸发生冲突和战争，因为这样会直接影响和冲击到它们在台海地区的战略利益和经济利益。但另一方面，它们也不希望两岸关系走得太近，不希望两岸达成真正的和解和走向最终的统一，而是希望维持两岸分离的现状，这样才能维持其在海峡两岸获利的目的。尽管日、美希望两岸能够通过和平对话来解决双边分歧，但冷战后日美同盟的不断强化，其推行的台海政策极大地阻碍着两岸互信的建立。其突出表现为美、日的台海双重遏制政策。事实上，美、日的双重遏制政策加剧了两岸之间的敌意。对于两岸关系来说，军事互信机制成功实施的一个重要前提就是双方都认为可以减少不确定性，避免产生冲突以及使双方关系更具预测性，以符合各方的最大利益。[13] 但美、日双重遏制政策的效果却使两岸之间的不确定性不断增加。日美同盟的核心内容就是维持台海两岸的军力平衡，这无疑加剧了两岸之间的军备竞赛，破坏了两岸建立军事互信的可能性，成为影响两岸军事互信机制建立的另一战略险情。例如，2008年10月3日，美国政府宣布向台出售6项军事设备，总计有330枚爱国者三型防空导弹及相关设备、30架阿帕奇武装攻击直升机、F16及F5E/F等多型战斗机补给零件、4套E2预警机升级套件、32枚鱼叉式反舰导弹及两套仿真器，以及182枚反坦克导弹，价值总额高达64.63亿美元。[14] 美国不断加大对台军售动作，无疑对两岸建立起军事互信机制造成了重大的破坏作用。

三、两岸军事互信机制建构的实现路径

（一）两岸军事互信机制建构的前提条件

由于海峡两岸长达六十年的分治状态，使两岸在政治、经济、社会、法律等制度层面形成了巨大的差异，也使两岸民众的生活方式有着很大的不同。长期的隔离状态，使两岸民众缺乏了解和互信，特别是岛内民众在很大程度上对大陆还存在一定的疑虑心态和不信任感。因此，在当前两岸关系和平发展态势不断形成的历史新时期，两岸在军事互信机制的建构问题上，如果过多地强调前提条件和原则性的框框，则可能会影响到两岸军事互信机制的最终建立和良性运转。当然，两岸也不可能为了军事互信机制的建立而放弃一些必要的前提条件。两岸军事互信机制建立的前提条件就是必须坚持两岸同属一个中国的基本原则。这是根本的前提条件，也是不容回避的重要条件。在这个前提条件下，两岸完全可以就军事互信机制建立的相关问题进行研讨和协商。

在当前两岸关系发展中，两岸同属一个中国的前提条件主要包括以下几个方面的内涵：一是两岸之间的军事互信活动不仅在两岸之间，而且在国际社会中都不能损害到“一个中国”的基本架构和基本原则；二是两岸军事互信机制是两岸在军事领域进行合作的特殊的表现形式，它仅适用于台湾和大陆之间；三是两岸都有始终共同维护整个中国的国家安全、主权及领土完整的基本义务。也就是两岸军事互信必须要确保大陆和台湾的安全，要确保不让外来势力侵犯整个中国的安全、主权及领土完整，确保中国的统一地位不受到任何侵犯。

（二）两岸军事互信机制建构的主要内容

两岸军事互信机制建立的内涵相当多，概括起来主要应包括以下11个方面：

第一，对台湾军队的军购问题要有明确的安排。在两岸军事互信建立过程中，必须要对台湾的军购问题进行相关的规定。台湾的军购问题长期以来一直是两岸之间进

行军备竞赛的重要助推器。军购问题本身就是一个重大而敏感的问题，它直接涉及到海峡两岸军力对比，更事关两岸军事互信的信任基础问题。

第二，结束两岸之间的敌对状态。两岸敌对状态是半个多世纪以前国共内战的产物，不符合当前两岸的主流民意要求两岸关系和平发展的普遍愿望。因此，两岸应该通过谈判正式结束长达六十年的敌对状态。

第三，必须要有反对“台独”分裂活动的鲜明立场。两岸军事互信机制的建构是在“一个中国”的基本前提下进行的，因此，反“台独”必然成为两岸军事互信机制建构的一个重要内容。台湾当局必须停止一切形式的分裂活动。任何分离的举动和步骤，都将直接违背“一个中国”的基本原则，这与两岸军事互信格格不入。它包括坚决反对“法理台独”“修宪制宪”“台独公投”“文化台独”“去中国化”等诸多方面的内容。

第四，双方共同维护整个中国的领土及主权完整，包括在钓鱼岛及南海诸岛的主权维护中采取共同的立场，一致维护整个中国的权利。特别是在应对外来势力染指中国的领土、领空、领海等权益的企图时，双方要共同抵御外敌入侵。双方在这方面必须要有共同的政策声明和应急措施。

第五，健全两岸军事互信中的危机管理机制。两岸军事互信机制必须要有健全的危机管理机制，这将有利于确保军事互信机制运作的顺畅，以及双方矛盾的化解等。

第六，两岸军事互信机制要排除外部势力、国际组织与集团的介入和影响。要杜绝和防范把两岸军事互信机制“国与国”化的色彩，特别是要防止把国际上的军事互信机制套用到两岸问题上，引入外国势力，引入国际组织与集团干预，其实质是推进两岸军事关系“国与国”军事关系化。因此，海峡双方都不能与任何外国结成事实上的军事同盟关系。

第七，军事互信机制并非以裁军为前提，但要增加双方特别是台湾方面的安全信心。由于两岸军事互信机制是针对两岸之间的一种特殊的安全方面的安排措施，它首先应该是一种能够增进两岸之间互信的有效制度安排，但由于两岸关系并非两个国家之间的关系，而是一个国家内部的关系，因此，裁军不是两岸军事互信建立的必要前提条件，但中国大陆有必要采取相应措施，让台湾降低对其安全的顾虑和担忧。

第八，两岸军事互信机制的建立，不能以终止和减少大陆在东南沿海军事活动为主要目标。台湾方面要考虑到大陆作为一个世界性的政治、经济大国的现实，其国家利益的诉求是全方位的，多向度的。中国大陆既有维持区域安全的考量，又有维护全球层面安全的需求。应该说大陆在东南沿海的军事部署与军事活动的根本目的并非针对台湾，而是维护整个中国的国家安全和国家利益。在两岸军事互信机制建构的协商中，大陆有必要向台湾方面予以说明，台湾方面也要体谅到这一点。

第九，双方可以考虑共同设立厦金特别和平区。将厦门和金门作为两岸军事互信建立的先行先试区，在这个区域内双方可以建立起完全的信任措施，严格限制危险性的军事活动，并设立紧急通讯联络线路。

第十，双方还要在军事互信机制方面的验证措施上达成共识。双方如何确保验证措施的有效性和权威性，是减少双方疑惑，增加两岸军事互信的重要一环。

第十一，两岸军事互信机制的其他内涵，包括两岸军事交流团互访，高层军事领导定期会晤，两岸军舰互访，合作开发外太空，两岸军校间交流、共建，联合军演，共同保卫钓鱼岛等领土，两岸共同派遣军舰在全球各地为两岸商船的安全护航等。

（三）两岸军事互信机制建构的路径选择

鉴于两岸关系的历史和现实，特别是两岸关系的复杂性和敏感性，两岸军事互信机制建构的路径主要涉及两个方面，一是政治路径，二是军事路径。

政治路径：主要指两岸要真正建立起军事互信机制，就必须有高度的政治互信。事实上，两岸政治互信是两岸军事互信建立的重要前提。军事历来服从和服务于政治的需要。军事互信必须建立在政治互信基础之上。军事互信机制必然包含建立双方高层沟通管道，这就要触及到政治层面和政治机构。海峡两岸要建立军事互信，必须进行政治谈判。如果没有政治层面的互信，这一谈判的主体问题就难以解决。没有政治机构的谈判，何来军方谈判？因为军事互信机制不能依靠两岸军方的私相授受。政治上的问题解决了，军方专家才能讨论具体问题。在当前形势下，两岸之间要形成这种政治互信，就必须在以下几个方面不断努力：一是两岸在坚持“一个中国”的原则下进行政治对话与谈判，最终达成两岸和平协议，为两岸军事互信机制建构营造良好的政治氛围。因此，“一个中国”原则是两岸军事互信机制建构的基本前提。离开这个前提，则两岸军事互信机制的建构无从谈起。二是当前两岸可以就“一个中国”原则达成框架性共识，至于“一个中国”的具体内涵可以暂时搁置起来，暂不涉及。三是两岸必须共同维持当前两岸关系和平发展的局面。两岸关系和平发展是两岸军事互信机制建立的重要前提。只有两岸关系和平发展，才能为军事互信机制的建立营造良好的氛围，为军事互信机制的建立提供某种可能性条件。四是两岸军事互信还必须要有强烈吸引海峡两岸各方参与的兴趣，或者说要有吸引两岸决策最高层参与的强烈意愿。对于台湾来说，两岸军事互信机制必须能够确保台湾的安全，要降低台湾当局对大陆可能武力攻台的担忧。而对于大陆而言，两岸军事互信机制则必须要有确保台海的和平稳定和防范与遏制“台独”分裂活动的潜在威胁之功能。

军事路径：主要是指两岸之间的军队要在军事领域进行广泛的联系与合作。建立两岸军事互信机制，还必须要加强两岸军队的交流与合作，特别是两岸军事院校的交流与合作，在两岸军队之间设置军事热线，增加两岸军事行动的透明度，加强两岸军事情报交流机制的建设，建立两岸不同层级军事领导人互访制度，双方互相邀请对方参观相关军事演习活动等。除了双方在军事领域的具体信任措施安排外，台湾地区军队的战略目标以及台湾军队购买武器等问题也要纳入协商范围之中。此外，对于两岸的军队而言，特别是台湾地区的军队必须在反对“台独”等问题上有明确的态度，也就是说两岸军队在反对“台独”的立场上不仅要旗帜鲜明，而且还要有切实可行的应对措施。

（四）两岸军事互信机制建构的措施步骤

两岸军事互信机制建立的措施和步骤主要有以下几点。

首先，近期规划。两岸军事互信机制建构的近期规划就是要消除部分台湾民众对大陆的疑虑，增进两岸之间的互信和共识，维护两岸之间的和平。笔者综合两岸学者提出的种种建议，认为可以考虑采取以下措施：一是大陆方面可以对东南沿海地区的军事部署进行某种程度的调整，包括在台湾方面关心的导弹问题上，做出有利于两岸关系和平发展的安排；二是台湾方面要停止与任何国际敌对势力进行分享大陆情报的活动，要终止针对大陆的与外国在装备、人员和情报交流方面的活动；三是大陆和台湾共同维护和保障台湾海峡海域的航行和军事安全，避免发生“擦枪走火”事件；四是双方可以考虑发表涉及台海区域的军事文书，可以预告演习，或邀请对方派人观摩；五是双方要建立热线联系管道，防止非故意的军事意外或冲突发生；六是展开军事学术研究交流，实现军事人员之间的互访；七是商议签订海上安全协定、海上共同救援通报协定；八是设立核查机制，互派观察员、设置预警站等，包括两岸逐渐增加军备透明度，落实海上人道救援协议，慎重选择军事演习区域和时机，并事先通告对方，加强双方进行军事合作的平台建设和制度建设。

其次，中期规划。两岸要增加信任，共同维护整个中国的国家安全，并保证两岸关系的和平稳定与和平发展。具体措施包括：在维护两岸关系和平发展的大背景下，一是两岸均不针对对方采取军事行动；二是建立两岸领导人热线机制；三是两岸的中低阶层军事人员进行交流互访，相互派员观察军事演习、参访特定的军事基地；四是建立两岸军事高层人员安全对话机制，定期举行军事协商会议；五是两岸海军舰艇互相访问；六是划定两岸非军事区，建立军事缓冲地带，交换军事资料，落实检验制度；七是大陆逐步减少针对台湾的进攻性武器的部署，台湾不再购买威胁大陆的武器系统，双方坚持两岸关系是中国内政的基本原则。

最后，远期规划。通过近期和中期两个阶段的发展，两岸军事互信机制的远期目标就是要努力为两岸关系和平发展营造良好的氛围和环境，通过两岸在政治及军事领域互信的不断增加，积极推进两岸和平统一进程向前发展。

四、两岸军事互信机制建构的历史意义

通常来说，在国际社会建立军事互信机制，它是国家之间为增进相互了解、减少猜疑，从而缓解紧张局势并防止战争意外爆发而采取的一种预防措施，[15] 它同时也是国家之间的政治互信在军事领域的具体体现。而两岸军事互信机制则是在一个国家的内部，在台海两岸之间建立的包括改善安全环境在内的某种预防措施。因此，两岸军事互信机制与国际社会不同国家之间建立的军事互信机制有着本质的差别。这是我们研究两岸军事互信机制建构不能忽视的重要一环。

从两岸关系的现状与发展来看，两岸军事互信机制建构的意义主要表现在以下几个方面：首先，它有利于降低两岸爆发冲突的危险。长期以来，由于政治上的对立和军事上的对峙，台海地区一直是亚太区域可能爆发冲突和战争的高危险区域之一。如果两岸能够建立起军事互信机制，形成一套军事预警或紧急应对机制，两岸通过交流和沟通来避免军事冲突或减少误判，将能大大降低两岸冲突的风险，也有利于两岸在危机期间降低危机情势。其次，它有利于维持台海地区的稳定和现状。目前两岸双方都希望维持台海现状，这符合当前各方的最大利益。两岸建立军事互信机制，可以使台海地区的安全和平得到较大的保障，从而达到稳定台海局势的目标。再次，它有利于新时期争取台湾民心工作的开展。长期以来，由于台湾当局的恶意宣传，台湾民众对大陆在台海地区的军事部署普遍持相当负面的态度，如果两岸能在军事互信机制建立方面取得进展，将使广大台湾同胞感受到大陆的爱心和祖国的温暖，从而产生

共同富强国家、复兴中华民族的责任感、使命感，这必然有利于争取台湾民心工作的开展，有利于祖国统一进程的向前迈进。最后，它有利于将两岸关系牢牢稳固在“一中原则”的框架之下，有利于遏制“台独”分裂势力的活动，也有利于封堵外部势力干涉台湾事务的企图。

注释

1. C. Bell, The Conventions of Crisis, London: Oxford University Press, for the Royal Institute of International Affairs, 1971, p.2.
2. M. Susan Pedersno and Stanley Weeks, “A Survey of Confidence and Security Building Measures”, in Ralph A. Cossa, ed. Asia Pacific Confidence and Security Measures, Washington D. C. The Center for Strategic & International Studies, 1995, pp.82-83.
3. John. J. Holst, “Confidence Building Measures: A Conceptual Framework”, Survival, Vol.25 January/Feburary 1983, p.2.
4. 台湾《联合报》，1998年4月18日。
5. 李鹏：《台海安全考察》，北京：九州出版社，2005年，第163页。
6. 江泽民：《为促进祖国统一大业的完成而继续奋斗》（1995年1月30日），见《一国两制与台湾》，北京：华文出版社，1996年，第85—93页。
7. 《就当前两岸关系问题发表声明》，《人民日报》，2004年5月17日。
8. 台湾《中国时报》，1998年4月24日。
9. 台湾《工商时报》，1998年5月22日。
10. Kenneth G. Lieberthal, “Cross-Strait Relations”, Paper Presented at the “International Conference on the PRC Ater the 15 Party Congress: Reassessing the Post-Deng Political and Economic Prospects”, February 19-20,1998. http://www.future-china.org/spcl-rpt/unfy-tm/c88120601.htm.
11. 林正义：《台海两岸信心建立措施》，http://www.inpr.org/publish/pdf/m11-6.pdf。
12. Meeting Held by Prime Minister Junichiro Koizumi and Minister for Foreign Affairs Yoriko Kawaguchi of Japan with Assistnat to the President for National Security Affairs Condoleezza Rice of the United States of America. http://www.mofa.go.jp/region/n-america/us/meeto407-2.html。
13. Chris Fugarino & Donald S. Zagoria, Breaking the China-Taiwan Impasse, Westport, CT, 2003, p.158.
14. 新华社，2008年10月4日，华盛顿电。
15. Michael Krepon, et al., eds. A Handbook of Confidence-Building Measures for Regional Security, Washington D. C. :The Henry L. Stimson Center,1998.

台湾的“国际空间”及参与国际组织活动问题

饶戈平*

台湾的“国际空间”问题向来是一个敏感度很高的政治议题。它既涉及到台湾在国际法上的地位，涉及到中国的主权、领土完整和统一，也涉及到两岸关系，涉及到台湾在一个中国框架下的政治定位，触及到大陆和台湾方面各自的政治底线，在两岸关系中倍受重视。

所谓台湾的“国际空间”问题，从简单的字面意义上理解，主要是指台湾方面要求更多地参与国际社会的活动，尤其是想更多地参加各类国际组织，借以在国际社会立足和发展。在大陆方面，台湾“国际空间”问题始终被视为一柄双刃剑，存在着两重性。一方面，该问题的适度解决有其合理必要的成分，倘若不解决或解决不好难免影响两岸关系和平发展；另一方面，该问题又始终被台湾地区的政治内斗所操弄，成为“台独”分裂势力去中国化、谋求“两个中国”“一中一台”“台湾独立”的工具，存在着现实和潜在的危险性与破坏性。

长久以来，台湾“国际空间”问题一直是两岸关系中的一大博弈点。如何应对、处理台湾“国际活动空间”问题，是两岸和平发展过程中不可回避的重要问题，尤其是对大陆方面政治意志和政治智慧的考验。

---

* 作者系北京大学法学院教授。文章发表于《北京大学学报（哲学社会科学版）》2012年第5期。

一、台湾的“国际空间”问题具有双重性特点

1. 台湾谋求“国际活动空间”客观上存在着一定合理性

当今世界绝大多数国家接受海峡两岸同属一个中国的法律事实，承认作为国家主体的大陆地区对外代表中国，不认可台湾地区享有独立的国际法主体资格。两岸分离分治六十多年，隔海相望的台湾事实上已成为国际社会中一个被相对疏离、相对排斥的地区政治、经济实体。然而，台湾的存在也是一个不容否认的事实。作为中国的尚未同大陆地区统一的一个组成部分，台湾的面积、人口和经济实力在国际社会中不可忽视，台湾存在着持续有效管理的独立的政治体制与法律制度；台湾社会的对外开放度相当高，其外向型经济在全球化时代有着相当大的国际依赖性；台湾事实上与世界许多国家与地区保持着多方面的联系，甚至保有有限的“邦交国关系”与国际组织成员资格。[1] 但是台湾对外发展的空间始终受到其法律地位和名分的限制，台湾事实上长期游离于国际社会主体之外，有着强烈的被压抑、被歧视、被边缘化感受。要求拓展“国际空间”在台湾社会有着广泛的民意基础，成为台湾朝野官民共同的政治意愿。在现阶段，台湾发展“国际空间”的诉求，主要表现为谋求台湾更多地参与各类国际组织、特别是政府间组织的活动，以寻求更多的国际资源和平等发展的机会。客观地说，从台湾地区本身发展的角度看，从善意维护两岸和平发展关系的角度看，适度解决台湾“国际空间”问题有其合理、必要的一面；解决得好，台湾受益，两岸关系受益，有利于促进国家的和平统一进程。

2. 台湾拓展“国际空间”活动潜存着危险性和破坏性

在正视台湾“国际空间”诉求一定合理性的同时，也必须看到这一诉求背后始终存在或隐藏着危险性和破坏性的一面。台湾方面坚持认为“国际空间”是窒碍台湾生存发展的重大因素，是大陆方面围堵打压造成的结果。要求扩展“国际空间”的潜台词就包含着借以冲破台湾在现行国际法上的束缚，要在国际社会为台湾“正名分、保尊严、争机会”，最终达致国际社会平等成员的目的。岛内蓝绿双方对两岸关系的政见或许大相径庭，但在争取台湾“国际空间”这点上有其利益和诉求高度重合之处，两营在选战和执政过程中都在利用这一问题大做文章，使之成为台湾政治竞技场上一个恒久的议题。

台湾“国际空间”问题潜存的危险性和破坏性，在于它始终同岛内的“统独之

争”密切相关，随时可能危及中国的主权、领土完整和统一。它既可能被用作操弄民意、煽动敌视大陆情感的一张赌牌，加剧岛内“去中国化”的步伐，毒化、阻碍两岸关系和平发展；也可能被用作在国际社会大打悲情牌、争取同情和支持、为“台独”分裂势力张目的一个筹码，以服从于“两个中国”“一中一台”“台湾独立”的政治目的；还不排除可能借助两岸关系和平发展的缓和局势，力求扩大台湾的“国际活动空间”，实际上强化、固化两岸“分离分治”的并立状态，以服从于“不独、不统”的政治策略，加大国家和平统一的难度。台湾围绕“国际空间”的一举一动都可能引发岛内的民粹骚动，引发两岸关系的政治风波。台湾“国际空间”问题的双重性特点，使得这一问题的处理异常复杂，充满了风险和变数，俨然是一个烫手的山芋，在两岸关系中滚来滚去，久不得决。

3. 将台湾“国际空间”问题纳入两岸和平发展战略中考量

站在大陆方面的立场，台湾的“国际空间”问题事关两岸关系的全局，而不仅仅是哪一方面的事情，不是简单地单方面索取或给予满足的问题。判断和解决台湾“国际空间”的合理性必须以有利于两岸人民的共同福祉、有利于国家和平统一的整体目标为依归。只能在坚持一个中国的原则下，根据两岸关系的实际情况与国际环境的许可，对台湾的涉外活动问题予以合理的有条件的适度的解决。既要防止和避免借台湾“国际空间”问题的适度解决使两岸分离的局面固定化、长期化，更不允许借“国际空间”问题的适度解决助长台湾从中国分裂出去的政治倾向。

强调台湾“国际空间”问题只能是合理的、有条件、有限度的解决，首先是因为台湾在国内法和国际法上的地位所决定的。两岸的宪法都认同一个中国，都规定台湾属于中国的一部分；现今国际社会的绝大多数认定台湾不是一个主权国家，不具有通常的国际法主体资格。不论基于什么理由，台湾都不可能取得如同主权国家一样的“国际空间”，而只能在现行法律允许的限度内，在符合其身份、地位的前提下，有限度地参与国际活动。其次，大陆方面事实上只是认同在经济社会和文化交流方面适度协助台湾扩展其“国际活动空间”，严格排除了政治、军事等涉及国家主权事务的领域。第三，在大陆方面坚持一中原则同台湾方面要求主权国家的完全的“国际空间”之间没有调和的余地；倘若逾越了一中原则的底线，就无从谈起台湾的“国际空间”。因此台湾方面期待或要求类似国家一样的“国际空间”显然是缺乏法律根据的，是不现实、不可行的。

实事求是地说，现阶段台湾“国际空间”的适度解决只能是一种策略性、权宜性解决，而不可能是根本性、整体性解决。在两岸统一完成之前，台湾“国际空间”的适度解决都只能是两岸谈判协商的结果，是一种阶段性政治妥协的产物；都只能是部分地满足台湾的“国际空间”需求。说得透彻一点，这种解决属于一种过渡性质的权宜性安排，并非长久之计，台湾“国际空间”问题的真正解决和圆满解决只能是在两岸完全统一之后，而不可能在此之前。可以预见，两岸围绕台湾“国际空间”问题的较量将是长期的、反复的和曲折的。

大陆方面在应对台湾“国际空间”问题的过程中，并非只是出于被动应付的地位，不能仅仅是单方面地示好或配合，而是有必要、有能力把握主导权、主动权，运用政治智慧和斗争技巧，把这一问题纳入到两岸和平发展的整体战略，在两岸和平发展的全过程中来考量和实施。大陆方面的两岸和平发展战略应该是一个高瞻远瞩、具有主动性、前瞻性和全局性的战略安排，应该是一个务实、多样、有效、可控的行动指南，应该是一个有明确导向的和平发展、促成两岸最终统一的蓝图，其中包括现阶段合理应对台湾“国际空间”问题的原则与策略。应该站在这一高度，审时度势，因势利导，把合理解决台湾“国际空间”问题的过程，转化争取台湾民心、加强两岸互信、促进两岸和平发展的过程，转化为强化一中原则、反独促统、有利台湾政治生态转化的过程。

二、解决台湾“国际空间”及参与国际组织活动问题的原则与策略

对于台湾方面解决其“国际活动空间”问题的要求，大陆方面不宜采取一律回避、拒谈或简单批驳的做法，而应择其合理部分正面回应和善意对待，公开、妥善地表达理解心、同情心。这也是我们释放政治善意、改善两岸关系、争取台湾民心的一张牌。在坚持合理解决台湾“国际空间”及参与国际组织活动问题的原则立场的同时，可以采取灵活、多样的应对策略，而对其不合理部分则予以揭露和理性驳回。

1. 坚守两岸同属一个中国的原则立场，协助和配合赞同“九二共识”的台湾当局合理解决台湾“国际空间”问题

坚持“九二共识”就是坚守一个中国原则，这是两岸关系和平发展的政治基础，也是解决台湾“国际空间”问题的前提条件。两岸围绕台湾“国际空间”问题的斗争

焦点就是维护还是损害一个中国原则，就是如何在两岸同属一个中国的前提下适度解决台湾的“国际活动空间”问题。任何背离一中原则、奢谈台湾“国际空间”的主张都无从摆到两岸谈判桌面。大陆方面只能同认同“九二共识”的台湾当政者谈判这一问题，协助解决这一问题。这一原则立场以国家整体利益为重，理应长期坚持下去，既不受台湾政党轮替的影响，也不限定适用于特定的台湾政党，用以打击和制约岛内的“台独”分裂势力，鼓励和支持岛内赞同一中原则的政治力量。大陆方面策略的改变、方式的灵活是必要的，但切不可仅仅因为顾及到两岸关系的改善与和平发展，在台湾“国际空间”问题上就轻易动摇或改变自己始终坚持的一中原则，切不可在两岸关系及在国际社会上留下这样的疏漏、留下别人可乘之机。

2. 坚守现行国际法和国际组织章程，合理解决台湾拓展“国际空间”的诉求

台湾当前拓展“国际空间”的诉求，主要体现为要求更多地参加政府间国际组织、特别是联合国系统国际组织的活动。实事求是地说，这种诉求能否实现，既不会取决于台湾方面一厢情愿的主观意愿，也不是由代表中国的大陆政府可以单方面拍板奏效的，而是首先取决于国际组织的章程，取决于现行国际法规则。

政府间国际组织是国际多边合作的法律载体，这类国际组织都有关于成员方加入条件与程序规则的专门规定，其中最通常和起码的要求是申请者必须具有主权国家的资格，在这一点上，联合国系统国际组织的要求尤其严格。以台湾目前在国际社会的非主权国家地位，能够被允许参加的国际组织数目是非常有限的。正是国际社会的这一道法律门槛把台湾挡在绝大多数国际组织之外，而并非大陆方面从中作梗、有意刁难所致。大陆方面其实无须首先发声、做反对台湾加入的恶人，只需宣示和坚守国际组织的现行章程，台湾方面就应该知趣地在绝大多数政府间国际组织面前望而却步。

当然，也有少数政府间国际组织，甚至包括联合国系统的一些专门机构，允许接纳非主权国家的地区实体作为会员、准会员或观察员。对于这一类组织，大陆方面不具有反对台湾以非主权地区实体身份加入的法律根据，而可以考虑在坚持一个中国原则下，视两岸关系实际情况，经与台湾方面谈判协调，经与有关国际组织协商，协助台湾以适当名义参与其活动。

就当前台海两岸和平发展的关系而言，对于台湾参与国际组织的活动，大陆方面不妨采取“现状基本维持不变，拓展则需酌情处理”的总的对策方针。

3. 处理台湾参与政府间国际组织活动的策略考虑

就其参与政府间国际组织的情况而言，据台湾当局官网公布的统计表明，迄今为止，台湾方面已在32个国际组织拥有完全会员地位，在16个国际组织拥有观察员地位，在两个国际组织分别拥有通讯会员和准会员资格。[2] 在期望扩展其“国际空间”的设想中，台湾方面当前的首要目标是瞄准联合国系统一些不限制非主权国家的地区实体参与的专门机构。[3] 应对台湾方面申请参与这类国际组织的活动，大陆方面在坚持一中原则和国际法的前提下，可以考虑采取如下策略手段：

1）坚持台湾必须以合适的名义与身份参与国际组织活动

国际社会的绝大多数国家承认台湾是中国的一部分，不是主权独立国家，因此即使大陆方面不反对台湾参与某些国际组织的活动，也必须在这些组织内坚守一个中国原则，坚持台湾只能作为中国的一部分或一个地区，以适当身份、名义参与其活动。即以目前国际实践中通常采用过的“中国台湾”“中国台北”“中华台北”的名义，或以经两岸协商采用、并征得国际组织同意的其他名义加入。在台湾新加入国际组织的问题上，要通过名义、身份问题的把握，把台湾的地位紧紧地与“中国”绑在一起，强化台湾是中国的一个组成部分的宣示。不论台湾实际上取得多大的“国际活动空间”，它都只能以中国的一个地区而不是主权国家的身份活动，不得损害一个中国的整体利益。反过来看，台湾以中国一部分的名义参与国际组织的活动越多，也就在越大的国际范围内重申和强化了一个中国原则。

2）无须主动提出协助或配合台湾当局解决“国际空间”问题的方案，而宜以静待动、后发制人

不论是台湾地区的政治局势还是海峡两岸关系都始终处在不断的变化当中，这种状况将长期存在。大陆方面能否及如何协助台湾方面合理解决其“国际空间”问题，要视具体情况而定，而不能成为自己单方面的义务或一厢情愿的示好举动。因此大陆方面似无必要预先做出某种承诺，主动提出解决台湾“国际空间”的具体方案，毋宁采取以静待动、后发制人的策略，让对方首先提出要求和办法，我方再权衡利弊、伺机回应，以定取舍，其中可以包括善意支持和具体协助的措施。这一策略有利于大陆方面把每一次对台湾的善意回应和协助都当成引导和制约对方、促进两岸关系发展的政治筹码，也给自己预留出最大限度的政治空间和主动权。

3）不搞一揽子方案，坚持个案处理，分阶段、分步骤解决

每一个国际组织接纳新成员的条件和程序都不一样，台湾方面期望参与的国际组织也都情况各异，不可能存在一个可以普遍适用于台湾参与国际组织活动的固定模式。大陆方面在政策设计时既无必要也无可能提出一个一揽子解决方案、提出一个时间表和路线图，而应当实事求是地坚持个案处理，分阶段、分步骤解决的策略。也就是要针对每一个国际组织的具体情况和台湾方面的要求进行个案研究，权衡利弊，灵活多样地确定不同的解决方案，保持合理的政治节奏和时间间隔。这一策略可以有利于大陆方面稳妥从容地处理每一个具体问题，增加更多的政治筹码；可以避免简单划一处理的后遗症，最大限度地减少可能出现的政治风险；还可有助于大陆方面有理、有利、有节地掌控与适当放缓解决台湾“国际空间”问题的过程。

4）处理台湾参与非政府国际组织活动的策略考虑

据权威的国际协会联盟（UIA）发布的《国际组织年鉴》（2010/2011年版）统计，截止到2011年6月底，全世界共有各类国际组织和机构63，397个，其中非政府组织和机构有55，853个，占国际组织总数的88.1%。而台湾参与的各类国际组织和机构的总数也已多达2839个。[4] 台湾地区参与非政府国际组织的数量多、范围广、经验丰富，其参与的时间有些甚至比大陆还要早一些。据保守的推算，台湾以各种名义、身份参加的国际非政府组织或非官方会议至少不低于2000个。

非政府国际组织通常由各国或地区的自然人或法人之间订立协议而成立，属于民间性质的非赢利的国际合作团体。其构成是国际性的，其职能范围是跨越国境的，在政治上、经济上一般不依附于各国政府，其合法活动也不受政府干预。在所谓“市民社会”呼声日高的今天，非政府组织已成为全球化时代国际社会民间交流合作的主要载体，但是它们至今尚未被普遍承认享有国际法主体资格，一般也不受国际法的规范。非政府组织的活动并非都与政治无关，但一般不涉及国家间政治、外交关系，在成员资格问题上也不刻意对其身份提出国际法上的要求。

大陆和台湾方面的民间团体或个人事实上都已分别参与了大量的非政府国际组织，虽然不能完全排除其中有各自政府在背后的支持，但不存在以官方身份在组织内活动的可能。大陆方面虽然始终坚持一个中国原则，但对台湾方面参与、扩展非政治领域的非政府国际组织活动大多采取不持异议或默认的态度。两岸在过往的几十年里，在非政府国际组织活动中有过交集、碰撞和冲突的经历，也有过避让、妥协和共存的先例。

在海峡两岸尚未完全统一的情况下，双方的民间组织分别或共同参与非政府国际组织的现象将长期存在，不能排除两岸在这一领域存在着竞争和较量。特别是在两岸缺乏沟通和互信的情况下，过往在非政府组织中的对峙或有我无你的局面难免长期持续下去。对此现象，处理得好则双方受益，处理不好则可能两败俱伤。两岸排他性地分别参与国际组织的情况似互不相干、无缘际会，理当寻求其他途经协商处理，这里暂且不论。倘若在两岸民间组织共同参与的非政府组织中双方能够做到默契共存、良性互动，适度合作，不但可以相安勿扰，分别满足和发展各自的涉外活动空间，而且有可能在国际舞台上携手合作，共同致力于两岸人民的福祉，为两岸和平发展增加良好气氛，推动双方的政治互信与政治协商。在这方面两岸既有必要也有可能通过协商谈判，营造出一个共存双赢的局面。

参与非政府国际组织活动的议题政治敏感度较低，两岸的利益冲突点较小，大陆方面在现阶段两岸官方的非正式接触中，不妨考虑率先提议并促成双方就共同参与非政府间国际组织活动问题达成共识，确立“默契共存、良性互动、适度合作”的基本理念。“默契共存”就是理性看待两岸关系的现实，互不触及政治敏感问题，善意理解和对待对方在国际组织内的存在；“良性互动”就是打破双方成员在国际组织中老死不相往来的旧习，互释善意，建立起个人间的友好接触和交往；“适度合作”就是在国际组织的活动中，在有利于对方人民和两岸共同利益的问题上互为奥援，酌情合作。应该说在当前两岸关系和平发展的情况下，存在着达成这一理念的可能。当然，这一理念建立的前提条件，应该是假定双方在加入同一组织时已经就一中原则达成了默契，已经具有了“两岸一家、同舟共济”的共识，都不致对对方的身份、名义表示异议。倘真能如此，不单两岸关系幸甚，台湾也可借此获得更大的“国际活动空间”。

注释

1. 台湾目前仍以“中华民国”名义同23个国家维持着外交关系，参加了32个政府间国际组织并保有正式会员身份，参加了18个政府间国际组织及其下属机构，持有观察员、准会员和通讯会员身份。参见台湾“外交部”网站，http://www.mofa.gov.tw。
2. 台湾“外交部”网站，http://www.mofa.gov.tw，访问截止日期2012年4月30日。
3. 例如，从各组织约章上考察，允许非主权地区实体成为会员的联合国系统专门机构有：万国邮政联盟，国际电信联盟，世界气象组织；允许非主权地区实体成为准会员的联合国系统专门机构有：联合国教科文组织，联合国粮农组织，世界卫生组织，国际海事组织；允许非主权地区实体成为观察员的联合国系统专门机构有：联合国工业发展组织，国际农业发展基金，世界知识产权组织，世界卫生组织。大陆政府均已代表中国加入了上述组织。
4. Union of International Organizations, Yearbook of international Organizations, 2010/2011, 47th ed., K.G. Saur, 2011, p2983-4.

台湾的“国际空间”问题
——政策回顾与对策

李义虎*

【摘要】台湾的“国际空间”问题或曰对外交往问题既是处理两岸政治关系的关键性议题，也是岛内“台独”势力直接操弄、塑造悲情意识凝聚民意的一个有效的工具。在两岸关系大发展、大交流的新形势下如何解决它，已经成为两岸互动最为敏感的问题之一。解决台湾“国际空间”问题主要体现为台湾参与国际组织和“邦交国”关系两方面。祖国大陆应从战略高度上认识解决“国际空间”问题的必要性和重要性：应当灵活务实、循序渐进，找出双方都能接受的办法。

台湾的“国际空间”问题或曰对外交往问题，之所以是个问题且具有重要性，一是因为20世纪70年代两岸外交大逆转后台湾的“国际人格”一落千丈，因而使得当时政权在岛内实施统治的合法性受到质疑，民众心理也由此受到冲击，有了“亚细亚孤儿”“国际弃婴”的悲情意识；二是自20世纪90年代以来，与70、80年代问题的影响仅仅限于岛内的情况不同，“国际空间”的话题在两岸关系发展中占有了重要地位，不仅双方在此问题上的攻防成为衡量两岸关系好坏的主要指标，而且岛内“台独”势力直接操弄此议题，进而成为他们塑造悲情、凝聚民意的一件有效的工具。当然，上述两点是我们关注此问题的主要历史背景，我们更关注在新形势下如何来解决这个

* 作者系北京大学国际关系学院教授，北京大学台湾研究院院长。文章发表于《国际政治研究》2012年第2期。

问题，因为在时下的两岸互动中它显然已被列入改善关系的内容，并可能成为海协会与海基会商谈中重要而敏感的议题。解决这一问题既要稳妥，又要积极，主要是要找出双方都能接受的办法。

一、政策回顾：问题的重要性

1. 20世纪90年代以来两岸官方的政策性宣示

在台湾方面《国统纲领》《台海两岸关系说明书》、“李六条”和《“透视一个中国问题”说帖》，均将大陆不封杀台湾的“国际空间”并对此问题予以解决作为改善和发展两岸关系的三个主要前提之一。这些文件或讲话实际上形成了整个1990年代台湾当局大陆政策（甚至统一政策）的主要内容。如《国统纲领》在其设置的两岸关系进程三个阶段的近程中即规定：在互惠中不否定对方为政治实体、以和平方式解决一切争端及在国际间相互尊重，是两岸关系在近程即“交流互惠阶段”的三项基本原则。只有大陆方面在这三个问题上做出让步，两岸关系才有可能进入到中程阶段（中程阶段才解决“三通”的问题）。[1]《台海两岸关系说明书》和《“透视一个中国问题”说帖》等专门用一章来说明台湾当局在这方面的立场，[2]也可见其重要性。[3]

在大陆方面，早期大陆多从两岸内部的角度看问题，不刻意去说“国际空间”的话题。“一国两制”方针即主要从给台湾方面多少“高度自治”权利的角度，涉及到“国际空间”问题，如在回归后台湾可享有一定的外事交往权利，包括开展经济文化关系及其签约的权利。1993年8月，中国政府公开发表的白皮书《台湾问题与中国的统一》，由于意识到这个问题的重要性，才专门以第五部分说明和分析“国际空间”问题，以及中国政府所须采取的政策立场。[4]而比较明确地提出大陆方面在“国际空间”问题上的立场，以及愿意与台湾方面在这方面进行沟通的政策性宣示是“江八点’。“江八点”区分了两种“国际空间”即政治主权性的“国际空间”和民间性的经济文化空间，并表示对于台湾谋求第二种空间不持异议。值得注意的是，“江八点”当时提出了解决“国际空间”问题的两项原则，即一个中国和须依据有关国际组织章程。[5]

2. 近期两岸当局的政策检视

在2008年的就职讲话中，马英九强调了解决“国际空间”问题的必要性。有两段话比较重要，一段是“我们要让台湾成为国际社会受人敬重的成员。我们将以‘尊严、自主、务实、活泛’作为处理对外关系与争取国际空间的指导原则。‘中华民国’将善尽她国际公民的责任……承担我们应负的责任”。另一段是“未来我们也将与大陆就台湾国际空间与两岸和平协议进行协商。台湾要安全、要繁荣、更要尊严！唯有台湾在国际上不被孤立，两岸关系才能够向前发展。……两岸不论在台湾海峡或国际社会，都应该和解休兵，并在国际组织及活动中相互协助、彼此尊重。两岸人民同属中华民族，本应各尽所能，齐头并进，共同贡献国际社会，而非恶性竞争、虚耗资源”[6]。

在马英九大陆政策的程序表上，“国际空间”问题原本不在前列，其顺序是：两岸经贸关系的正常化、两会复谈、和平协议及“国际空间”，即“国际空间”议题排在第四位。但近来由于两岸关系的快速发展，该问题可能会前置，成为下一阶段两岸关系中的重要问题，马英九在自己上一任期施政中曾专门提出“活路外交”，即可见其用心。在前一段台湾选举期间，马曾表示过两岸关系缓和后台湾的“国际空间”比之过去大为改善，并作为竞选所打“政绩牌”之一；不过，他仍然特意说明今后“国际空间”问题的重要性，即需要在双边关系拓展的同时要更注重多边关系的效应。因此，该问题是马第二任期内“回应选民”的一个重要事项，也将成为今后两会协商谈判中的重要议题。近四年来，经济性议题是两会协商议程上的主谈对象，在今后一段时间里，投保协议及陆资问题仍会是优先项目；但当这些问题谈得差不多时，“国际空间”问题自然会排序靠前。尤其是每年到了9月联合国会期和5月世界卫生组织（WHO）会期，“国际空间”是避不开的问题，需要通过协商谈判来找到某种解决的出路。台湾“陆委会”负责人曾经指出，下一阶段两会协商谈判不排除其他任何议题，包括“国际空间”问题。

在大陆方面，近年来，随着两岸关系较大幅度的改善，大陆领导人也多次就解决“国际空间”问题做过善意的表示，并将之作为两岸和平发展的重要内容。胡锦涛总书记强调，关于台湾同胞参与国际活动的问题，我们了解台湾同胞在这个问题上的感受，“两岸和平发展共同愿景”中已经明确，‘促进恢复两岸协商后，讨论台湾民众关心的参与国际活动的问题，包括优先讨论参与世界卫生组织活动的问题”。确信只要双方共同努力，创造条件，通过两岸进行协商，这些问题会找到解决办法。[7]“胡六点”进一步以“维护国家主权，协商涉外事务”为题，专门论述了大陆方面对台湾“国际空间”问题的基本立场。胡锦涛总书记指出，“我们一贯致力于维护台湾同胞在国外的正当权益，……重视解决与之相关的问题。两岸在涉外事务中避免不必要的内耗，有利于增进中华民族整体利益。对于台湾同外国开展民间性经济文化往来的前景，可以视需要进一步协商。对于台湾参与国际组织活动问题，在不造成‘两个中国’‘一中一台’的前提下，可以通过两岸务实协商做出合情合理安排”[8]。应该说，大陆方面显然认知到“国际空间”问题在两岸关系和平发展中的重要性，包括对台湾岛内民心的影响，因而对此问题做了相当有诚意的政策性宣示，并在近年来协助台湾解决了一些实际的问题，并且，也不排除在今后四年中再次协助台湾方面解决一些“国际空间”问题。

二、近来问题的重要性和敏感性

四年来，两岸关系进入了难得的平稳发展的时期，不断有利好利多消息出现，在经济交往合作、文化教育交流及人员往来等方面都已获得诸多成果：两会恢复商谈，“陈江会”已经举行7次，双方达成16项协议和2项共识。特别是全面直接“三通”的实现和《海峡两岸经济合作框架协议》（ECFA）的签署，使两岸经贸关系步入正常化和制度化发展的轨道，并为未来两岸关系的整体发展奠定了坚实基础。但是，在这些好消息的背后，我们仍然会看到“国际空间”问题的影子，这是一个尚未解决并可能影响到双方互动的因素。从2008年日本共同社不实报道国台办主任关于世界卫生组织（WHO）问题谈话引起的风波，到奥运前夕有关“中华台北”的名称事件，再到2010年东京国际电影节事件，都彰显了“国际空间”问题具有相当的敏感性，处理不当会引起台湾民众的情绪波动，加深两岸之间的猜忌，甚至可能被民进党等捡来口实、借题发挥。[9]

这些不大不小的风波提示我们，它们虽然只是短暂引起了彼此间不愉快的感觉，其后很快被平息下来，但仍凸现“国际空间”是两岸双方面临的一个重要而敏感的问题，在某些时候其脆弱度是比较高的。不去解决，它就会以不定时的方式引起两岸在政治关系上的麻烦。

“国际空间”问题之所以重要，且具有相当的敏感性，是因为它涉及到以下几对关系：

1. “国际空间”与“台独”的关系

李登辉主政12年和陈水扁主政8年，“国际空间”问题确实被拿来作为推动“台独”的工具性手段。例如，李登辉访美事件和2002年瑙鲁与我建交，都是他们提出分裂主张的刺激性因素，因为其后就有“两国论”和“一边一国论”对一个中国原则的公然挑战。而在一般的政治操作中，他们也常常用此借题发挥，塑造悲情，凝聚“台独意识”，扩大“台独”阵容。1997年，时任台湾当局“外交部长”的章孝严就公开表示过对台湾“国际空间”萎缩导致台湾部分民众“台独意识”加强的隐忧，他担心“邦交国”数目会下降到20以下，这样就可能出事，因为“台独”可能因此找到合法理由，台湾民众由于认为大陆故意封杀台湾，就会有更多的人走到“台独”一边。在同一讲话中，他虽然表示了对“务实外交”的忧虑，但对如何维持“务实外交”与两岸政策的平衡，觉得确实是个难题。当时，他就此还提出了与其前任钱复先生不同的观点，[10] 即对外政策的位阶高于大陆政策。[11] 但他提出的一对关系，即“国际空间”问题与“台独”的关系，确实值得思考。因为如果台湾在“邦交”上被逼零，“中华民国”的“国际人格”丧失殆尽，就可能在政治上完全切断其与中国大陆的联系。这个道理有些像1958年金门危机的例子，当时大陆如果真的拿下金门马祖，[12] 所谓“中华民国”在地理上只剩下台湾本岛，也就是台湾在地理上被逼零，那就可能切断其与中国大陆在地理上的联系，日后岛内有人搞“台独”就可找到直接而有力的理由。而当时美国要求蒋介石主动放弃外岛，则是企图在地理上逼零台湾的做法，而这在政治上实际就是搞“两个中国”和“一中一台”。正是因为毛蒋同时看出问题的症结所在，所以才有毛“把金马留在蒋手上为好”的话，也才有两人的高度默契。以此观之，当年留下金马，是给“中华民国”保留一个地理框架，今天台湾当局能有20几个“邦交国”，也是使其维持“宪政框架”的必要性所在，而维持“宪政框架”则是在法理上遏阻“台独”的一道防线。[13]

2. “国际空间”与民意的关系

台湾民众对“国际空间”问题有极强的敏感性，尤其是一旦有所谓大陆“打压”的情况出现，他们的情绪就有可能出现极大的波动，认为北京不具善意，搞“强权政治”，从而加剧悲情意识和对大陆抵触情绪。前面所举李登辉访美事件和瑙鲁建交事件这两个典型例子，说明它们确实对岛内部分民众有负面影响，“两国论”和“一边一国论”提出后的民意调查均显示，约有70%以上的民众表示支持。虽然台湾民调结果的可信性颇受质疑，但至少可以认为，“国际空间”问题是刺激这类民调上升的不可忽视的因素。有大陆学者指出，“特别是我与瑙鲁建交，非典期间两岸在国际上的斗争，极大加深了岛内民众对我的敌视，成为陈水扁依靠与我对抗获取胜选的社会基础”。他强调，在岛内特定的政治生态下，打击台湾“国际空间”与“台独”声浪升高之间确有直接的联动关系。特别是世界卫生组织问题的反作用对我尤大。[14]

此外，马英九的一段论述也可帮助我们理解此问题。他说《马关条约》割台、“二二八事件”、1971年台湾退出联合国，是台湾人最大的三个伤痛，也因此才有“台湾认同”与中国分离的意识产生。台湾民主化后，前两个问题没有了，只剩下“国际空间”问题。“台湾主体性必须受到尊重，化解台湾这股闷气。”台湾需要在‘外交”上得到更多的认同，如果中共连这个空间都不给，会“把所有台湾人逼反，如果情势不安定下来，会一夕数惊”[15]。马英九的话我们并不认可，甚至还可能反对，但其中的一些有关“国际空间”问题与民意的论述值得我们思考。

3. “国际空间”与政策的关系

从“汉贼不两立”到蒋经国的“实质外交”、李登辉的“务实外交”及陈水扁的“烽火外交”，可以看出，两岸关系不好的时候，台湾当局的政策位阶是对外政策高于大陆政策；而两岸关系改善或比较好的时候，政策位阶是大陆政策高于对外政策。前者如1995年台海危机和2000年陈水扁执政后；后者的例子有两个时期，一个是20世纪90年代初期到中期，两岸互动较好的时期，另一个就是目前马英九上台后，马当局公开表示大陆政策位阶高于对外政策。由这种政策的变化轨迹可看出，“国际空间”问题既可能是引起两岸紧张和危机的原因，又可能是两岸紧张和危机的直接结果。如果“台独”政策加上双方在“国际空间”问题上的争执，则肯定会引爆两岸重大危机。而如果一旦大陆方面在“国际空间”问题上主动示好，或台湾方面表示愿意通过协商谈判的方式解决问题，则形势就可能缓解，甚至会推动两岸关系的发展。

三、关于对策的推论

由上面的分析可以看出：

1. “国际空间”问题显然是20世纪90年代两岸关系中的一个引起双方不愉快的问题，1995年夏天李登辉访美，以及台湾其他“务实外交”不断升级的举动，甚至导致了两岸间的政治危机（当然，与此同样的例子还发生在陈水扁执政时期，大陆与瑙鲁建交至少是直接刺激“一边一国论”出笼的事态性因素）。台湾方面多从“生存”、

"尊严"的角度想问题，认为大陆可以放一马；大陆多从一个中国原则的高度想问题，认为"务实外交"挑战的是一个中国原则。在20世纪90年代中期之后，大陆方面确实想通过协商谈判解决这个问题。

2. 从近四年来的情况看，台湾方面的政策是：（1）不搞"法理台独"，强调"中华民国宪政体制"；（2）大陆政策位阶高于对外政策，不搞"烽火外交"，两岸在国际上和解休兵；（3）当然不排除在其误认为"国际空间"得不到解决时，会在一定范围内制造"两个中国"的问题。大陆方面的政策是：在坚持一个中国原则的情况下，（1）强调和平发展是两岸关系的主题，其他政策均应紧扣而不应干扰这个主题；（2）大陆发出了明确的政策信号，"国际空间"问题将进入两岸协商的范畴，而不再仅仅是台湾单方面的愿望或要求。

3. 就此，根据双方在相关问题上的基本政策，这里做出若干对策推论：

第一，应从战略高度上认识解决"国际空间"问题的必要性，所谓战略高度是指两岸关系发展要紧紧围绕和平发展主题，采取建设性的行动构建两岸和平发展框架，开创两岸关系发展的新局面的高度，也是指努力争取台湾民心的高度。因此，该问题事关大局，而不应以斤斤计较、事事盘算，或意气用事的方式对待这个问题。后者实际上是一种权谋意识，而不是战略意识。

第二，"国际空间"问题应纳入两会下一阶段协商的议程，大陆方面事前准备好商谈的预案。从现在起，也要给台湾方面感觉到该问题会进入解决过程的观感，而不要给他们总是解决不了的感觉。

第三，解决"国际空间"问题主要体现在"邦交国"问题和台湾参与国际组织问题上。在"邦交国"问题上，首先是认识和观念问题：（1）要从争取民心的战略角度加以认识，多做争取民心的事情；（2）中国现在已经是一个大国，邦交关系的多少，并不影响中国的大国地位，相反如果不能解决台湾问题，却有可能损及中国的大国地位，因为能否实现统一是衡量一个国家是否大国的主要标志之一；（2）"邦交国"数目问题，也有些像电影《南征北战》的例子，有时主动放弃两三个县城，打破一些坛坛罐罐，并不见得是坏事，这可能恰恰是为最后胜利，包括重新拿回那些曾经主动放弃的地方，创造了物质上、精神上和人心上的条件。而台湾问题的解决，和平统一的实现，精神和人心方面的条件要远重于物质条件。其次是方法问题，鉴于台湾的"邦交国"数目是个敏感问题，故"邦交"的增减变动既需要双方有约在先，纳入双方协商的范畴，也需要大陆"穷寇勿追"。当然，以后的"邦交国"问题有两个现象可能值得注意：一是双方过去抢的“邦交”，现在不抢了，真的做到“和解休兵”；二是有个别国家找上门来要与大陆建交的，大陆总是“谦让”也不是办法。有些时候，大陆可以适当“fair play”一点，有些时候则或可让台湾方面自己去“斩桃花”，有些时候则应该有所取舍。

第四，国际组织问题比“邦交国”问题更为复杂，既需要固守底线，又要给一些出路。循以往惯例，台湾以“中华台北”“中国台北”或“中国台湾”名义参加了一些国际性活动，在“国际空间”问题上也已形成“奥运模式”与“亚银模式”。今后，虽然不见得每例都依此办理，但现在可从法律、政治学和国际关系方面专门研究一下这两个例子，并据此做出新的可为双方接受的方案。同样，在认识和观念上也要改进。今后不必要再出现“中华台北”或“中国台北”的争议，而应在称谓上理顺。所谓“中华台北”总比“两个中国’“一中一台”要好。

【本文是国家社科基金重点课题
“一国两制台湾模式”的部分阶段性成果（项目编号为07A22003）】

注释

1. 参见《国家统一纲领》，肆、进程。
2. 见《台海两岸关系说明书》，第四部分“影响台海两岸关系的内外环境因素”；“李六点”讲话第四点；《“透视一个中国问题”说帖》，第二部分。
3. 对于台湾方面在政策上高度关注“国际空间”问题，台湾一些有代表性的泛蓝学者多有体认。这里仅举两位学者有代表性的观点。邵宗海“从国统纲领来看，海峡两岸要进入中程阶段的官方接触，必须要北京先履行近程阶段的三项善意回应条件：那就是对台北不否定为政治实体，不杯葛外交空间以及不使用武力”。参见邵宗海《两岸关系：两岸共识与两岸歧见》，台北：五南图书出版公司1998年版，第19页；陈德升认为，政治矮化、经济拉拢、军事威胁和外交孤立，是两岸关系发展的四大障碍，只有扫除这四大障碍，两岸关系才有可能进入良性互动的阶段。其中“外交孤立”是大陆对台湾不善意的主要表现之一。参见陈德升：《两岸政经互动》，台北：永业出版社1994年版，第6页。此外，张亚中、杨开煌等也持同样看法，可参见这些学者在其著作中有关“国际空间”问题的分析。参见张亚中：《两岸统合论》，台北：生智文化事业有限公司，2000年版；张亚中：《两岸主权论》，台北：生智文化事业有限公司1998年版；杨开煌《纵论两岸寻双赢》，台北：历史智库1996年版。以上这些学者的看法在岛内是很有代表性的，值得注意的是，这里所列举的均是泛蓝学者的观点，他们的看法多靠近统派的立场。
4. 中华人民共和国国务院台办、新闻办：《台湾问题与中国的统一》，第五部分“国际事务中涉及台湾的几个问题”，1993年8月31日。
5. 江泽民：《为促进祖国统一大业的完成而继续奋斗》，《人民日报》，1995年1月31日。可参见该讲话的第二点。
6. （台湾）“中央社”，2008年5月20日。
7. 新华网，2008年5月28日。
8. 胡锦涛：《携手推动两岸关系和平发展，同心实现中华民族伟大复兴》（单行本），北京：人民出版社，2009年版，第9页。
9. 2008年奥运会前，关于“中华台北”与“中国台北”名称的使用问题，国台办发言人已对其产生的缘由和背景做了详细的说明，消除了台湾方面的误解。但值得注意的是，在奥运期间，新华网再次不慎使用“中国台北”称呼，又引起岛内一阵不大不小的波澜。
10. 钱复先生认为，大陆政策的位阶应该高于对外政策。
11. 《联合报》，1997年5月17日。
12. 从另一方面讲，让台湾主动放弃这样的地方正是美国政府不断劝说蒋介石的原因，其目的当然是想借机制造“两个中国”或“一中一台”。
13. 按照“中华民国宪法”，其“宪政框架”即“宪法一中”。
14. 李逸舟：《大功初成，巩固前进》（自行刊印文稿），2008年7月，第49页。
15. 同上，第76页。

试论2008年以来的台美关系及其与海峡两岸关系的互动

严安林*

【摘要】台湾与美国的关系一直是亚太地区的重要关系之一，也一直是影响中国大陆与美国关系及海峡两岸关系的重要因素。2008年5月马英九就任台湾地区领导人以来，台美关系在高层互信、军事关系等方面发展迅速，但值得注意的是，台美关系的新进展是与海峡两岸关系的和平发展相同步。因此，探讨台美关系新进展、未来发展走向及其与海峡两岸关系和平发展以及中国大陆与美国关系间的互动颇有意义。

台湾与美国的关系是亚太地区的重要关系之一，过去六十年的台美关系尽管发展曲折，但一直是影响中国大陆与美国关系及海峡两岸关系的重要因素。2008年5月马英九上任以来，台美关系在高层互信、军事关系等方面发展迅速，但值得注意的是，台美关系的进展几乎是与海峡两岸关系的和平发展相同步。因此，探讨未来台美关系的可能发展及其与两岸关系的互动，对于推进两岸关系和平发展的巩固与持久乃至于中国的完全统一无疑具有重要的现实意义。

---

* 作者系上海国际问题研究院台港澳研究所所长、研究员。文章发表于《南京社会科学》2011年第8期。

一、2008年以来台湾与美国关系的新进展

民进党执政8年期间，中国大陆、美国与台湾之间的“大三角关系陷于有史以来对台湾最恶劣的阶段。连最重要的盟友美国都对台湾愤怒、警告、疏远。”[1] 马英九上任后，台湾与美国双方都致力于修补被陈水扁破坏的双边关系，重建互信，从而使马英九的两岸政策在美国得到了“广泛的支持”[2]。2009年4月，在《与台湾关系法》30周年活动上，美国前官员表示目前美国、中国大陆与台湾的关系是近六十年来最好的。5月，在马英九上任一周年之际，美国多位众议员肯定马英九“过去一年在强化台美互信、增进两岸对话与交流各方面的成就”[3]。2010年1月马英九以“方向正确、互信稳固、互动频繁”12字形容台美关系。[4] 台美关系新进展主要表现在：

（一）政治互信开始建立

马英九上任后致力于推动台美互信关系的建立，发展“没有意外的关系”。2009年3月18日，薄瑞光在与马英九见面时，使用“温暖的感觉”“高度的尊重”等词汇来形容台美关系，向外界“传达台美恢复互信的重要讯号”[5]。1月5日马英九称“台湾与美国高层的互信，其实非常好”。2010年1月30日马英九提前2小时获知美方的军售决定。美方通过“美国在台协会”（AIT）通知台湾外事部门，再向马英九报告，所以，马英九说“这笔军售案并非意外，对台湾而言，这当然是台美关系很好的发展”[6]。

（二）AIT新馆，美在台创首例

2009年6月22日，“美国在台协会”内湖新馆举行揭示典礼。“台北办事处处长”杨苏棣称筹建新馆代表台美关系更加紧密，由于这是美国第一次在非“邦交国”兴建永久馆址，苏起认为这代表台美关系已经“走过低潮，迈向稳定”[7]。“美国在台协会”是美国国会通过的《与台湾关系法》的产物，所以，卜睿哲撰文认为，《与台湾关系法》授权成立AIT以与台湾维系实质关系，对台美得以提升共同利益至关重要，这是《与台湾关系法》最成功而从来没有人谈过的部分。[8] 新任“台北办事处处长”司徒文也认为：“这栋建筑，代表了美国对台湾的承诺”[9]。

（三）人员互访频繁

2008年5月20日，美国总统布什派前白宫幕僚长卡德率领5人庆贺团抵台北参加马

英九"就职典礼"。2009年1月20日，美国总统奥巴马就职，台方派出20人庆贺团。据马英九办公室公布材料，马英九接见最多的就是来自美国代表团、政府官员、企业界人士、智库学者以及非政府组织代表等。马英九向美方传递如下信息：台美关系已超过半个世纪，弥足珍贵，期盼美国扮演关键性力量，在既有互动良好关系下，进一步拓展双方合作事宜；台湾将是"和平缔造者"而非"麻烦制造者"，他将以维护台湾自主性与尊严为基础，尽力改善两岸关系，创造对等沟通与和平协调平台。

（四）台美军事关系的新发展

马英九上任后，台美军事关系发展迅速。一是美军赴台救灾，这是1979年中美建交后首次动用直升机进入台湾进行"人道主义救援"，马英九称是"台美双方恢复互信很重要的信号与象征。"[10] 2009年12月14日，台军方秘密邀请"八八水灾"期间参与救灾美军官兵代表10余人到台湾，颁赠"八八水灾救灾纪念章"约600枚给美军官兵，这也是1979年台湾当局与美"断交"30年后首度颁赠纪念章给美军。"[11] 二是2010年1月台湾军方运输机到海地救灾"过境"美军基地，这是美自1979年与台当局"断交"以来首次允许台军机"过境"加油，台军机首度飞经美国本土，且获得美军后勤支援，"反映双边关系有所改善"[12]。三是台美军方实质性接触、交流与情报交换等持续推进，2009年6月4日杨苏棣在离任时公开承认：多年来，台美双方已在不具有正式"外交"关系情况下，"双方在军事上已经有非常良好的沟通机制"，"特别是高敏感的军事领域，双方已有非常好的沟通与合作模式。"[13] 四是美国对台军售，2008年10月3日，布什政府宣布向台湾出售64.63亿元武器。2010年1月30日，奥巴马政府宣布新一波对台军售，总额达到63.92亿美元。

（五）马英九"过境"美国

自2008年5月马英九正式就任台湾地区领导人，至2010年3月，在近2年时间里，马英九先后出访中南美洲四次，南太平洋一次，也因此在美国有关城市及关岛"过境"了10次。马英九基本上遵循了"单纯""自然"等低调的"过境就是过境"的原则，但也不可否认的是，马英九在美国本土的5回10次"过境"，其实也是一次比一次"隆重"，活动也是一回比一回安排得多，"过境"美国层次也在不断地得到提高。

二、未来几年台美关系的基本走向

（一）台美政治关系持续平稳发展

台湾第一位民进党籍‘驻美代表”吴钊燮于2008年8月2日在离开美国前曾表示，美国是台湾最重要的朋友，对美关系应定位在最高位阶，“外交大战略应把美国摆在首位，而不是其他国家或其他地区”[14]。吴钊燮谈话意在批评马英九团队“重两岸、轻美日”。由于政治立场所然，吴钊燮的观点不免偏颇。其实，综合观察马英九上任以来整个对外关系，对美工作一直是摆在首位的重点。

这也是连美方频频给予台美关系新进展肯定的缘由。如薄瑞光就肯定马英九处理美国、台湾与中国大陆三边关系的政策，称马英九团队“务实与重建互信的态度，让美方对美台合作极为乐观，美方会鼓励两岸持续沟通交往，但也会遵守台湾关系法对台的军售承诺。”[15] 可以预料，在奥巴马政府四年期间甚至更长时期内，美台在高层互信、军事关系、一定层次的官员互访及若干的双边交往方面都将有一定程度的新进展。

（二）军售还是美国手中一张“牌”

美台商会会长韩儒伯（Rupert J. Harn mond-Chambers）在2010年1月1日的2009年年终报告中提出了2010年商会将着力促请美国政府对台实现四大优先议题：一是在不设定条件下，完全恢复美台TIFA谈判；二是终止军售包裹式通知国会的做法，改为分项随时通知；三是接受台湾购买66架F—16C/D型战机的申请书；四是恢复内阁级官员访台。[16] 美台商会主席是前世界银行总裁、美国前国防部副部长沃尔福威茨，成员是数10家与台湾有生意往来的公司，包括洛克希德马丁、波音及雷神等。应该看到，美台商会对对美国对台政策有一定的影响力。美国未来对台军售因受到多方面因素影响，未必完全按照韩儒伯设定的方向走，但对台军售作为美国应对台海两岸关系一张“牌”的主动权。是美方所不愿意放弃的。美方将牢牢地把握“军售牌”。美国国防部助理部长葛瑞格森公开声称：两岸关系改善本身是好事，美国与中国互动良好也是好事，但这与美国是否出售武器给台湾没有直接关系。[17] 试图把两岸关系、中国大陆与美国关系及台美关系中的“军售”做适度的切割，其深层意图无非是要凸显台美军售中美方的主导权。

（三）台美高层人员互访有望突破

台湾当局一直在谋求台美高层互访有所突破，陈水扁当政时期是如此，马英九上任后也有这样的倾向。只是没有民进党当局那么明目张胆。华府消息人士称，美方也希望与台方高层建立对话机制，奥巴马政府正寻求新模式，要与台湾进行高层次、定期对话。[18] 作为第一步，美方倾向于将陈水扁当政时期中断的美国政府负责贸易、农业、交通与能源内阁官员恢复访问台湾。2009年9月初“立委”林郁方等访美时，美方告知“正在审慎评估恢复现任部长级官员访台时机”[19]。

三、影响台湾与美国未来几年关系的若干因素

（一）中国大陆与美国战略关系格局的变化

在美国、中国大陆与台湾的三角关系中，三角并非是等边的三角形，美国与中国大陆关系更加重要，据主导性地位，这是由中国大陆日益发展的综合实力、美国国家利益的需要与美国处理国际事务离不开中国大陆的配合与支持分不开的。美国虽然是世界上独一无二的超级大国，但中国大陆与美国关系的战略格局已经并将继续发生质的变化，中美双方的战略合作在不断深化，双方同意共同努力为21世纪建立一个积极、合作和全面的中美关系。2009年11月15—18日，美国总统奥巴马访华，双方发表《中美联合声明》，标志着中美关系的发展进入一个新的历史阶段。《中美联合声明》涵盖了政治、经济、安全等广泛的领域，而涉及台湾问题的主要有如下几方面：

其一，“双方强调台湾问题在中美关系中的重要性。中方强调，台湾问题涉及中国主权和领土完整，希望美方信守有关承诺，理解和支持中方在此问题上的立场。美方表示奉行一个中国政策，遵守中美三个联合公报的原则。”[20] 这里，美国重申奉行一个中国的政策，遵守中美三个联合公报，没有提到“与台湾关系法”。

其二，双方重申“互相尊重主权和领土完整，认为这一原则是指导中美关系三个联合公报的核心。双方均不支持任何势力破坏这一原则的任何行动。双方一致认为，尊重彼此核心利益对确保中美关系稳定发展极端重要”[21]。这里美国明确表态不支持“台独”分裂势力分裂中国的行为。对中国来说，所谓的“核心利益”就是捍卫国家的主权与领土完整，表现在现实层面上就是坚决不容许“台独”“藏独”与“疆独”势力分裂国家。为此，台湾媒体也承认：公报中这样表述的意思就是“美方尊重中方的核心利益，而台湾正是中方的核心利益所在”，既然如此，“中方反对的，美国也

就反对，不论‘台独’‘两个中国’或‘一中一台’‘台湾加入联合国’等，统统免谈，也就是声明所表述双方均不支持任何势力破坏这一原则的任何行动。克林顿11年前在上海说的‘三不’，如今奥巴马在北京将之列入了联合声明。”[22]

其三，“美国欢迎海峡两岸关系和平发展，期待两岸加强经济、政治及其他领域的对话与互动，建立更加积极、稳定的关系。”[23] 美国在20世纪80年代的对台私下的“六项保证”之一是“不促谈”，但是这次的声明有“期待两岸加强经济、政治及其他领域的对话与互动”的表述，“不但显示美国肯定中国‘两岸和平发展’论，也隐含美国期待两岸走向政军谈判，已经超越里根以来的‘不促谈’基调”[24]，“促谈之意已很明显”[25]。尤其是，“在多极化的世界里，美国可以承认中国的经济和政治实力，而不损害美国在该地区的领导地位。事实是，今天的问题，包括伊朗和朝鲜核问题、气候变化及全球经济复苏等问题，在没有中国的参与下，很少能成功地解决。”[26] 正是因为这样，所以，台湾学者的评论尤其客观：“美国外交战略的改变，是因为世界变了，尤其是中国变了，中国变富变强了，因此美国不得不变。”[27] 美国著名学者李侃如称：“这次奥巴马与胡锦涛讨论的议题，与过去美中两国领袖所讨论的议题有很大不同：过去是讨论两国之间的问题，但今天所讨论的是全世界的问题。美国确实是不得不把中国视为共同管理全球议题的伙伴。”[28] 为此，奥巴马也公开表示，美国不谋求遏制中国，美国没有必要担心中国的快速发展，美国人不应当惧怕一个强大的中国，“我们欢迎中国在世界舞台上扮演越来越重要的角色，在不断发展经济的同时中国的责任也在增大。”[29]

（二）台湾对美政策受制于美国与中国大陆的关系

奥巴马执政之初，主要延续小布什第二任期的对台政策。“这一政策的基本内涵是，以保持台海局势的相对和平为直接目标，以反对两岸‘单方面改变台海现状’为措施，实现维护美国对两岸关系的介入和影响。”[30] 正是在此目标下，美国寻求与中国加强战略合作，因为“美国并没有受到正在崛起的中国的威胁。而将在保持与日本等传统盟友紧密关系的同时，寻求增强与中国的关系。”[31] 主要原因在于美中经济合作已经达到十分重要、十分紧密的程度，美中已经成为毫无疑问的经济战略伙伴，进一步强化美中经济合作，对于实现奥巴马的执政目标具有非常重要的现实意义，对扩大美国对中国的出口、加强美中金融合作等的意义和影响都是不言而喻的。从而台湾学者不得不承认：“对台湾而言，美国的台海政策实质上已经改变了。这不是一般学者津津乐道的所谓有没有提到台湾关系法的问题，而是美国总体全球战略的根本思想转变的问题。台湾已经不再是美国在亚洲的重要国家利益所在。”[32]

在此情形下，无论是马英九当局对美政策还是台方的对美工作乃至于台美关系，都受到美国与中国大陆关系的战略框架的影响与制约。葛永光称：“受制于现行的国际权力结构和美国的国家利益考量，台美关系的发展当然有其局限性”[33]。吴钊燮公开承认：“在美中关系愈形密切的过程中，我们也可以看到台美关系发展的结构性限制”，台美之间没有领袖层级的互访，对话管道也有诸多限制。双方的领导人与关键决策者无法建立个人的情谊，“这种限制使得台美之间的距离相对的越来越遥远，这对于台美关系的长期发展趋势并非有利。”[34]

当然，包括台湾的军事政策事实上也服从于美国的对台军售政策，台湾的安全甚至也服从于美国的安全战略，等等。总之，台美关系中“美主台从”的基本格局，决定了马英九当局的对美政策必然受制于美国的对台政策。

（三）台美间既有的与未来将产生的问题

台湾社会民粹主义的盛行，民进党为“反对而反对”的政策导向。以及选票至上的频繁的选举活动，对台美关系都将产生不小的影响，比如本来根本不是问题的“美牛进口案”就是因为选举而成为了一个问题，甚至影响到台美之间的互信与经贸关系的进程。台湾媒体承认：美国牛肉事件，其实对美台军售依然也产生了“不着痕迹的教训”。据报道，在台湾“立法院”有关美国牛肉“修法”之前，台方得到的信息是美方会在2009年底前，公布爱国者三型与“阿帕奇”攻击直升机两项军售案的发包讯息，但最后的事实证明，美方只宣布了爱国者三型飞弹，阿帕奇被“搁下”了，其中关键人物是“美牛事件”中台方得罪了最关键的参议员鲍卡斯，他是美国最资深的参议员之一，当年老布什出售台湾F—16战斗机，鲍卡斯是关键推手。[35]

台湾政坛上的政治恶斗与蓝绿两极化对立的现象，都是对台美关系产生影响的重要因素，对此，在台美关系间一直发挥重要影响的卜睿哲就公开撰文点出了“台湾民主的品质将攸关美台关系的发展”的论点，他提出，“希望台湾的民主不会成为美台安全伙伴关系的紧张与冲突来源”，“若台湾可以改善民主政治体制，就比较不会从事一些可能引发与美国冲突的政策”[36]。

美国极右派人士与势力对马英九当局两岸和解政策怀疑与反对，也有可能对未来台美关系产生一定程度的影响。他们担心两岸走得太近，担心马英九当局“追求经济提升以及因应台湾企业界的压力，急速与北京统合的结果可能伤及美国的区域利益”[37]。

四、台美关系、中国大陆和美国关系及两岸关系的互动格局

2009年4月12日，美国国务院前亚太助理国务卿罗德（Winston Lord）在“台湾关系法卅周年国际学术研讨会”上称，两岸现况已可“称得上是六十年来最稳定与最有希望的时刻”[38]。马英九也表示：台湾不会成为中国大陆与美国关系绊脚石，也不必担心美国会出卖台湾，“因为目前大陆、台湾、美国三角的关系，是六十年来最好的时候”[39]。马英九所谓“最好的时候”其实是指中国大陆与美国关系、台美关系以及海峡两岸关系这三者同步处于向前发展的状态甚至是相互促进而不是以牺牲某一双边关系来换取另一双边关系的进步。目前是否已经是“最好的时候”也许见仁见智，但马英九的说辞却点出了这三角互动关系的状态。

（一）台美关系基础的改变及其缘由

郭震远教授曾提出马英九执政以来，在美台关系改善、美台互信恢复的过程中，美台关系实际上正在渐渐发生十分重大的改变——美台关系基础的改变，即1949年后六十年中，美台共同对抗大陆一直是美台关系的基础，但如今美台关系“将越来越明显地成为美台双方处理与大陆关系时，争取自己更有利地位的筹码，这将是美台关系新的基础。”[40] 郭教授的观察及其结论是相当深刻且富有意义的，但郭教授将美台关系基础的改变归结为“两岸之间近六十年的对抗基本终结”。应该说，这当然是其中原因之一，但其实还有一个主要原因，那就是中美关系的基本格局的改变，这才是真正使美台关系基础产生重大改变的要因。经过30年的改革开放，中国大陆的综合实力得到极大的提升，尤其是在国际金融与经济危机中的杰出表现，不仅让中国大陆成为全球经济恢复的信心所在与重要动力，而且也开始改变中美关系原先的基本格局，中美由过去的战略竞争者转变为战略合作者，正是中美关系中的这一战略格局的改变，使陈水扁当局不断挑衅中国大陆、制造两岸紧张与僵持的“台独”政策成为美国需要与中国大陆合作的障碍，成为“麻烦制造者”。而马英九当局提出并推动的两岸和解政策，之所以为美国政府（无论是布什政府还是奥巴马政府）所肯定与支持，便是因为马英九当局的两岸和解的政策符合美国对台海政策的基本框架，符合中国大陆与美国关系战略格局。

（二）台美关系与中国大陆和美国的关系

首先，台美关系受制于中国大陆与美国关系的制约与影响。面对未来，2010年“将是美中关系史上最重要的一年”，美国驻华大使洪博培认为，“经济上，美中必须共同行动。安全问题上，美中也必须共同行动。在核不扩散等问题上，美中仍必须共同行动。环境和气候变化等问题，美中也必须共同行动。过去，从来没有那么多影响全球的重要议题需要美中两国商讨解决。现在，任何一个重要的全球议题，实际上都有赖于美中两国。”[41] 在此情形下，台美关系的发展无法避免地受到中国大陆与美国关系的制约与影响。卜睿哲承认：对台美共同的战略观的维系的干扰，除了台湾的“民主化”外，就是中国大陆的崛起，“美国与中国分享的共同利益日渐增加”，从而“使美国与台湾无法保有战略一致”，尤其是在民进党执政的2003－2008年间。[42] 而奥巴马访问北京，预示着“美国的对台政策确实改变了”，而且“这是一个长期趋势的改变”，因为，“台湾已经不再是美国在亚洲的重要国家利益，至少美国已经不愿付出较高的代价去捍卫。”[43] 美国内部出现的开始有对售台武器进行反思的主张，便是这一态势的反应，如前参谋长联席会议副主席、退役海军上将欧文斯就发表文章称，“美国必须开始把中国当朋友看待”，30年前订定的《台湾关系法》对美国的伤害大于好处，军售台湾也并非美国的最佳利益。[44]

因此，台湾《联合报》社论认为，“美国的两岸政策已经进入‘脱台倾中’的架构之中”[45]，而且“值得注意的是，美国政府的此种转变，恐不能只视为一个临时的转折，而是一路逐渐演化下来的大趋势。其中有世界全局的观点，有中国和平崛起的因素，有美国调整其世界角色的自我定位，以及也有台湾过去20年台独操作的失败记忆，再加上奥巴马自身又是美国转型的代表人物。”[46] 特别是中国大陆与美国关系“相对权力的改变，使得依附美国维持台湾利益的成效面临被蚀化的危机”[47]。在过去的30年中，美国拥有国际权力优势，台湾透过影响美国决策与利益设定，来弥补台湾与大陆对抗中的能量的不足，但在中国大陆与美国的权力结构产生位移的情况下，台湾依靠美国的善意难以再保持过去的安全与利益了。这是不以人的意志为转移的客观事实。

其次，台美关系对中国大陆与美国关系也还有反作用，仍然有牵制力。只要海峡两岸还没有统一，台湾问题仍然是中美关系的重要问题，台湾问题将仍然是引发中美关系紧张的主要问题：只要海峡两岸还没有统一，美国就一定会争取与保持对两岸关系的介入与影响，这是中美关系中结构性的矛盾与冲突的主要根源。而美国介入的重要手段就是军事的手段，特别是台美军事关系的发展，突出的问题是美国的售台武器问题，美方对台海的政策企图是“促谈”与“军售”两不误，即在对台“军售不变情况下，两岸关系和美中关系仍能持续稳定发展”[48]。

第三，台美关系对中国大陆与美国关系的牵制力在不断地缩小，也许某一个时期牵制力比较明显，但是总体趋势是在缩小。因为，台美关系与中国大陆和美国关系及海峡两岸关系相比，三边关系呈现的是不等边的三角形。

第四，尽管台湾问题引发中国大陆与美国矛盾的程度将不断地有所下降，但只要美国不改变以台湾问题作为中美关系战略筹码的做法，美国就必然广泛地干涉台湾问题。

（三）台美关系与海峡两岸关系

台美关系受制于两岸关系的发展程度。随着两岸关系和平发展局面的不断深化，台美关系将受制于两岸关系的发展程度，美国前副助理国务卿谢淑丽称：“不论克林顿政府或布什政府都意识到，台海不稳定冲击美国的安全，所以美国欢迎大陆和台湾任何稳定情势、降低军事风险的举措。”[49] 2008年7月22日，美国前国防部副部长、美台商业协会理事主席沃尔福威茨在与马英九会晤时也表示：台湾与中国大陆的关系越获得改善，台湾得到美国的支持也将越多。”[50]

两岸关系的和平发展，其趋势与发展后的现实重要性日增，并将对台湾的对外关系，包括对美关系与对日关系等产生一定程度的影响。这是民进党等“台独”势力之所以对此担心与忧虑的主要原因。

台美关系的进展对两岸关系和平发展也有可能产生若干的影响，如美国售台武器问题，尽管马英九称：美方军售武器给台湾，是台美长期维持良好安全关系、台湾采取“防卫固守、有效遏阻”下非常重要而且必要的支出，除能够使台湾更有信心保卫台湾外，也对两岸关系发展有帮助，因为台湾愈有自信，愈有安全感，就愈能够与大陆进行互动。[51] 但客观的事实是，美国大量的售台武器不仅挤占了台湾社会福利支出与经济发展，而且对两岸和平发展也产生的一定程度的消极影响，这是人们必须给予充分注意的。

注释

1. 苏起：《台湾的大三角与小三角》，台湾《联合报》，2010年7月28日。
2. 《2008年的美台关系》，美国《美国之音电台》，2008年12月18—19日播发。
3. 《美众议员连署声明，贺马“总统”就职周年》，台湾《中国时报》，2009年5月22日。
4. 马英九：《两岸关系和解，外交零和变三赢》，http://www.chinareviewnews.com，2014–01–30。
5. 薄瑞光：《美中台关系，马政府处理佳》，台湾《中国时报》，2009年3月19日。
6. 《美对台军售，马英九提前2小时获知》，http://www.chinareviewnews.com，2010-01-30。
7. 《AIT新馆揭示，美在台创首例》，台湾《联合报》，2009年6月23日。
8. 卜睿哲:《〈台湾关系法〉卅年》，台湾《中国时报》，2009年4月9日。
9. 《聊扁出包，司徒文学乖》，台湾《中国时报》，2009年10月23日。
10. 台湾《联合报》2009年8月17日。
11. 《断交30年，台军首颁纪念章给美军》，http://www.chinareview news.com 2010-12-15。
12. 《马访中美洲，美同意过境美西》，台湾《中国时报》，2010年1月 24日。
13. 《杨苏棣：ECFA与TIFA相似》，台湾《联合报》，2009年6月5日。
14. 《吴钊燮别华府：外交，美国优先》，台湾《联合报》，2008年8月4日。
15. 《薄瑞光：美中台关系，马政府处理佳》，台湾《中国时报》，2009年3月19日。
16. 《美台商会：应加速对台军售》，台湾《中国时报》，2010年1月3日。
17. 《美表态将履行对台军售承诺》，台湾“中央社”，2009年9月28日，美国弗吉尼亚州电。
18. 《美寻求与台高层建立对话新机制》，台湾《中国时报》，2009年4月24日。
19. 《美退伍军人部长可望访台》，台湾《联合报》，2009年10月20日。
20. 《中美联合声明》，2009年11月17日，《光明日报》，2009年 11月18日。
21. 《中美联合声明》，2009年11月17日，《光明日报》，2009年 11月18日。
22. 《落实三不，期待促谈，向中靠拢》，台湾《中国时报》，2009年11月18日。
23. 《落实三不，期待促谈，向中靠拢》，台湾《中国时报》，2009年11月18日。
24. 郭正亮:《正视美国亲中的两岸危机》，台湾《中国时报》，2009年11月23日。
25. 《落实三不，期待促谈，向中靠拢》，台湾《中国时报》，2009年11月18日。
26. 《奥巴马承认中国的实力是正确之举》，美国《洛杉矶时报》，2009年11月17日。
27. 周奕成：《美国变了》，台湾《新新闻周刊》，2009年11月19—15日，总第1185期，第8页。
28. 周奕成：《美国变了》，台湾《新新闻周刊》，2009年11月19—15日，总第1185期，第8页。
29. 美联社，2009年11月14日东京电。
30. 郭震远：《奥巴马对台政策与未来美台关系走向评析》，香港《中国评论》，2009年1月号，第28—29页。
31. 美国《纽约时报》2009年11月14日。
32. 周奕成：《美国变了》，台湾《新新闻周刊》，2009年11月19—15日，总第1185期，第8页。
33. 葛永光：《总统大选后的台美关系》，台湾“中央通讯社”编：《2009世界年鉴》，2008年版，第30页。

34. 吴钊燮：《奥巴马中国行的台湾观点》，2009年12月31日。
35. 《马英九见美访客直言：TIFA谈判已“再见”》，http://www.chinareviewnews.com，2010-01-18。
36. 卜睿哲：《台湾的民主：回顾与展望》，台湾“中央社”，2008年 11月16日，华盛顿电。
37. 美国亚洲问题专家邓凯丽在一份报告中如此表示，该报告在2008年10月初由美国国会研究处公布。
38. 《罗德：两岸关系六十年来最稳定》，台湾《联合报》，2009年4月13日。
39. 《马英九：台湾不会成为中美关系绊脚石》，http://www.chinareviewnews.com，2009-11-17。
40. 郭震远：《奥巴马对台政策与未来美台关系走向评析》，香港《中国评论》，2009年1月号，第28—29页。
41. 《经营美中关系，奥巴马第一年表现可打高分——专访美国驻华大使洪博培》，《参考消息》，2010年1月21日。
42. 卜睿哲：《〈台湾关系法〉卅年》，台湾《中国时报》，2009年4月9日。
43. 周奕成：《正视美国政策改变》，台湾《新新闻周刊》，2009年11月26日—12月2日，总第1186期，第10页。
44. 《美退役上将：台湾关系法对美国的伤害大于好处》，http://www.chinareviewnews.com，2009-12-11。
45. 社论《脱台倾中：美国台海两岸政策的走向》，台湾《联合报》，2010年1月6日。
46. 社论《脱台倾中：美国台海两岸政策的走向》，台湾《联合报》，2010年1月6日。
47. 陈欣之：《美中消长，保台策略再转型》，台湾《联合报》，2009年4月12日。
48. 《挺马稳中，美促谈、军售两不误》，台湾《中国时报》，2008年 10月17日。
49. 《谢淑丽：两岸和平交往，美无需扮角色》，台湾《中国时报》，2008年5月7日。
50. 《马：美勿忧台湾片面改变现状》，台湾《中国时报》，2008年7月23日。
51. 香港中国评论通讯社，http://www.chinareviewnews.com，2010-01-30。

新时期的美国涉台关系及其制约因素

林　冈*

【摘要】中美关系与两岸关系的大格局，决定了美国涉台关系的变化趋势。在政治上，美国乐见国民党连续执政和两岸关系的和平发展，但对于台湾被迫走向统一，存有疑虑，希望及时把握两岸和谈的具体进程。美方对台湾在“国防”“外交”等领域予以多方面支持的目的，从短期看是同步强化美台关系，维护美国在台海地区的既有利益；从长期看则是增加台湾在两岸谈判中的筹码，谋取美国在台湾问题最终解决方案上的主动权。

研究美国涉台关系，有不同的理论途径。从自由主义的视角来看，美国涉台关系难免受到美国国内政治和台湾岛内政治的影响。而从现实主义的视角来看，美国涉台关系的发展趋势又取决于中美关系的大框架与美国的全球战略。不少美国和台湾学者曾以三角关系理论研究美国与海峡两岸的关系。[1] 但由于国际社会对一个中国法理现实的普遍认知和两岸综合实力的日益悬殊，台湾在三方博弈中的地位和作用实属有限。民进党执政时期推行激进“台独”路线，试图“以小博大”，导致中美双方联手共管台海危机，就是一个典型的例子。随着中美战略合作的加深和两岸关系的和平发展，美国涉台关系的发展将更多地受到前者的制约。

---

* 作者系上海交通大学国际与公共事务学院学术委员会副主任、教授、博士生导师，台湾研究中心执行主任。文章发表于《台湾研究集刊》2012年第2期。

本文认为中美关系与两岸关系的大格局，决定了美国涉台关系的变化趋势。在政治上，美国乐见国民党连续执政和两岸关系的和平发展，但对于台湾被迫走向统一，存有疑虑，希望及时把握两岸和谈的具体进程。在军事上，美方将在减少冲击美中关系的前提下，继续对台军售，推动美台军事交流。在台湾的“国际空间”问题上，美方希望台湾依照世界卫生大会的参与模式，参加国际民航和气象公约等政府或非政府组织，并希望在两岸签署ECFA之后，美台经贸关系也能得到提升。美方对台湾在“国防”“外交”等领域予以多方面支持的目的，从短期看是同步强化美台关系，维护美国在台海地区的既有利益；从长期看则是增加台湾在两岸谈判中的筹码，谋取美国在台湾问题最终解决方案上的主动权。

一、有条件支持两岸政治对话

面对两岸关系和平发展的大趋势，美国政策圈的学者已经开始思考海峡两岸政治对话的可能性及其结果。对于台湾的最终归属，美国政府的一贯立场是以和平解决为原则，对统“独”选项持开放立场。正如美国军方人士Christopher Twomey最近撰文所指出的，美国在台海的首要目标是维护自身作为台湾可靠朋友的形象，其次是避免战争，特别是大规模的战争；虽然在美国有人认为应该将避免战争列为优先目标，也有人认为一个在军事上与大陆分庭抗礼（militarily separate）的台湾可以制约大陆的军力投放，符合美国的国家利益，但大部分美国人的观点是由两岸自身决定台湾的前途；美国的利益在于两岸互动的性质，而不是互动的结果。[2] 换言之，美国对两岸统“独”选项既不支持，也不反对，所持的理由是不能替海峡两岸选择台湾的前途，而必须以人民同意、和平解决为最高原则。这一政策立场从表面上看，带有自由主义的意味。但从现实主义的视角观察，美国不支持统一，是不愿意牺牲自己作为台湾的“可靠朋友的形象”，从而影响其作为亚太强权国家的地位；而不支持“独立”，则是不愿意与中国大陆发生战争。上述这两个战略目标，决定了美方将维持现状视为最佳选择。

鉴于两岸实力悬殊，一旦展开政治对话，台湾是否会被迫接受中国大陆的统一要求，难免成为美方的关注焦点。美国军方人士认为，中国大陆军事能力的增强虽然可以遏止台湾走向“独立”（deterrence success），但在获得对台成功实施两栖登陆（a viable amphibious invasion）作战能力之前，尚不足以迫使（compellence success）台湾接受统一。[3] 也就是说，从军力对比的角度看，台海在未来十年可能维持“不统、不独”的现状。不过，从非军事的意义上，美方人士对于台湾是否可能在短期“被迫”接受统一，则有不同看法。美国国务院一位官员就对马英九一旦连任，大陆是否顺势推进两岸签署和平协议、实现统一目标表示关心。他认为，两岸现状已经在不断改变之中，可能难以长期维持；如果马英九在第二任期内还不跟大陆谈和平协议，大陆可能失去耐心。[4]

台湾是否走向统一，与两岸形势发展和台湾方面主观认知的变化有很大关系。曾任职美国国会研究部门和东亚情报委员会的沙特（Robert Sutter）不无忧虑地表示，美国在台海地区维持对美台有利的权力平衡的长期政策目标，已经随着中国大陆对台湾的影响的增加而被打破；取而代之的是积极发展中美关系和两岸关系的政策主张。[5]与两岸关系制度化和稳定化相伴随的是中国大陆对台影响力的明显上升。在沙特看来，大陆对台经济、军事和外交优势，美国对台支持（特别是对台湾安全的承诺）的减弱，终将迫使台湾接受两岸统一。他甚至认为，美国和台湾的决策精英也许私下已经意识到中国大陆对台湾前途具有决定性的影响力，默认两岸最终统一的政策选项，只是其他政治人物和利益团体仍对维持现状以及台湾的自由选择存有不切实际的预期心理。对于这些潜在的政策冲突，美国必须预先准备，并对其亚洲的盟友做出战略确保：美国政府鼓励两岸营造最终导致统一的条件并不意味着亚洲权力格局的变化。[6]沙特的这一最新说法，与Bruce Gilley前几年有关台湾芬兰化的说法以及葛兰泽（Charles Glaser）2011年在美国《外交事务》刊物发表的有关美国应该更多考虑大陆利益、牺牲台湾的说辞有相通之处。[7]其基本假设是两岸“不统、不独”现状难以维持不变。

不过，大部分美国政策专家仍然认为，台海现状在短期内不会发生根本改变，即两岸在未来一二十年间无法解决彼此的根本争议。[8]这一估计跟Twomey有关中国大陆在2020年之前无法迫使台湾接受统一的说法相吻合，尽管所持的依据不完全一样。基于上述原因，美国在可预见的将来仍将鼓励两岸政治对话，但前提是台湾不会被迫接受统一，两岸和谈也不会影响美台关系的发展。

二、加强美台军事关系

中美战略合作的加强和两岸关系的和平发展，对美国涉台军事关系提出了新的制约条件。在对台军售问题上，美方不得不更多考虑中国大陆的核心利益和两岸和平的新格局。2009年12月和2010年1月，美国政府相继宣布对台出售爱国者三号导弹防御体系和其他武器、技术和设备，价值64亿美元。对此，中国政府强烈回应，停止中美两军交流，拒绝美国国防部长盖茨（Robert Gates）在2010年亚洲之行中访问大陆，[9] 使美方感受到对台军售的代价。美方一些人士认为，在两岸和平发展时期，对台军售仍有合理性，包括通过升高两岸军事冲突的成本，使北京更不愿意对台使用武力，从而维持西太平洋的和平与稳定；通过军售加强马英九在岛内的信誉，表明马并没有以台湾安全为代价加强两岸关系，从而有助于两岸关系的改善等。[10] 但上述说法，并没有得到美方政界人士的普遍认同。美国参议院情报委员会主席范世丹（Dianne Feinstein）在2010年6月的一次听证会上，就将对台军售称为中美关系中的刺激因素（substantial irritant），并询问国防部长盖茨，在什么条件下美国才可以考虑减少或停止对台军售。[11] 值得指出的是，范世丹在这之前刚刚率团对台湾进行过访问，马英九还对其强调，台湾需要先进武器，才能有信心与大陆协商两岸和平。[12]

鉴于中国大陆反对军售的基本立场，美国近年在这一敏感议题上有所节制。例如上述军售清单，就没有包括2001年布什政府同意出售的柴电潜水艇，以及台湾方面近年多次提出的F—16C/D型战机。对于美国为何没有出售F—16C/D型战机给台湾，美台有不同的说法。美方认为台湾没有将这一项目编入预算，台湾当局虽然提出了要求，但没有通过美国国会和利益团体对行政部门进行政治游说，争取这一敏感的军售项目。[13] 台方则认为美国一直没有对台出售F—16C/D型战机的计划，如果台湾将其编入预算，没有兑现，这批款项就不能挪为它用。美台在这一问题上互相踢皮球，说明其既有对外宣示愿买或愿卖的政治需求，但又存在担心影响中美关系或两岸关系的想法。例如曾任“美国在台协会台北办事处处长”的包道格（Douglas Paal）就坦承，如果奥巴马在台湾的要求下，选择出售F—16C/D型战机给台湾，就得准备为已经有麻烦的美中关系付出新的代价。[14] 美台双方磨合的结果是，美方决定帮助台湾升级F—16A/B型战机。就纯军事技术而言，升级版的A/B型战机和C/D型战机没有根本区别，但其政治意涵是避免刺激中国大陆。按照美国政府在1982年对台湾做出的“六项保证”，美国在决定对台军售时，只考虑台湾的防卫需要，而不必跟中国大陆磋商。上述这一变通做法，意味着美国在对台军售问题上，不得不更多地考虑中国大陆的面子。例如，美方人士在说明帮助台湾升级A/B型战机的理由是，增强马英九当局与大陆政治对话的信心，并获得岛内多数民众的支持。有人还表示，既然中美双方都乐见国民党继续执政与两岸关系稳定发展，就不该反对美国的这一军售计划。[15]

但这一变通处理方式并不意味着美国对台军售政策已经发生了根本改变。美国国务院助理国务卿帮办大卫·希尔（David Shear）公开表示，对台军售是为了满足台湾的防卫需求，加强其与大陆的谈判筹码。[16] 在美方看来，中国大陆对台加强军事能力的目标有三：一是遏止台湾“独立”；二是对台施加压力，使其接受大陆的统一条件；三是遏止、拖延或对抗美国对台湾所可能提供的军事支持。曾任“美国在台协会主席”的卜睿哲（Richard Bush）认为，在台湾走向“独立”的可能性明显下降后，中国大陆虽然暂停增加沿海短程导弹的部署，但增加了巡航导弹的部署，加上弹道导弹精确度和弹药量的提高，台湾需要继续加强其对大陆的军事威慑能力。[17] 这与美国国防部长盖茨在答复参议员范世丹的质询时，以巡航导弹和弹道导弹为由，说明对台军售的必要性，是颇为一致的。在卜睿哲看来，台湾所面临的最大挑战是大陆对统一的追求，台湾只有摆脱军事上的弱势角色，将来才能在与大陆的谈判中处于主动地位。为此，台湾不但需要购买适当的先进武器设备，而且要建立有意义的防卫战略。虽然台湾不能假定美国一定会在台海冲突中“协防台湾”，但台军人士必须考虑台湾的可能作为，加强其抵抗能力，使美军一旦介入，可以获得最佳效果。[18] 如果大陆持续增加台湾的不安全感，美国也应该对台提供可加强其军事威慑能力的武器系统，而不是那些具有政治符号意味的项目。[19] 与此类似，包道格也表示，中国大陆武力攻击能力的增强，决定了台湾当局必须寻求对外军购。[20]

三、支持台湾扩大“国际空间”

帮助台湾拓展“国际活动空间”，是美国的一贯政策。在两岸出现政治和解、经济、文化大交流的局面下，美国在这个问题上表现得更为积极，有拉近美国涉台关系距离的明显意图。美方人士认为，两岸应该以非主权途径（non-sovereignty approaches）解决台湾的“国际空间”问题，后者不但包括联合国的专门机构，也包括台湾与外国所欲签署的经济合作协定（即自由贸易协定）。例如，两岸应该尽快协商解决台湾对国际民航组织（International Civil Aviation Organization）和联合国气候改变框架公约（UN Framework Convention on Climate Change）的参与问题，大陆应该停止在非政府组织对台湾的排挤。[21] 美国政策专家葛莱仪（Bonnie Glaser）指出，大陆应该对台北参与上述两个国际组织的要求作出积极回应，默许两岸“外交休兵”，排除台湾参与国际非政府组织的障碍；为帮助台湾从全球金融危机中复苏，大陆可以考虑给予台湾航空公司第五航权。[22] 包道格提出台湾应参加东亚峰会（East Asian

Summit）和东协（Association of Southeast Asian Nations）的活动。[23]

对于两岸签署经济合作框架协议（ECFA），美国政府表示欢迎，认为这意味着两岸对话和互动的增加。[24] 同时希望台湾可以在世界贸易组织（WTO）的框架下，与外国自由协商双边贸易协定。[25] 但美方更关心的是美台经济关系也能得到相应提升，分享两岸和平发展的红利。例如，包道格主张积极推动美台自由贸易协定；唐耐心（Nancy Tucker）认为，在两岸签署ECFA之后，美国应该更多地（而不是更少地）参与亚太地区的经济活动，利用亚太区域经济所提供的机会，重新建构美国在亚洲的强势经济地位。为抵消中国大陆在台海事务中的影响，美国可以与台湾签署没有FTA之名而有FTA之实的经济协议，即贸易投资框架协议（TIFA）。[26] 卜睿哲认为，两岸签署ECFA，有助于台湾与东协（ASEAN）国家进行经济自由化。美国也应该介入这一进程，在贸易投资框架协议之下与台湾恢复经济谈判，摆脱美国牛肉进口风波的后遗症。[27] 美国企业研究所的资深研究员卜大年（Dan Blumenthal）则认为美台自由贸易协定的签署，有助于美国以台湾为跳板（launching pad）进入大陆市场，亚太其他国家也会更愿意与台湾签署自由贸易协定，台湾可望成为地区经济中心，展现政治活力，增强自身的安全感，从而有利于台海稳定。[28] 虽然受制于美台经济关系的一些结构性问题，TIFA谈判至今尚未列入美国涉台关系的议事日程，但从以上的讨论，可以看出两岸经济合作的加强，对美台经济关系的催化作用。换句话说，美台经济关系，不可避免地受到了两岸关系迅速发展的牵动，不再是完全由美台双方的内部因素和纯经济考量来设定议事日程。

台湾“国际活动空间”能否扩大的关键，是准确界定台湾在国际社会的身份。美方政策专家的思路是在两岸有关台湾主权问题的歧见间寻找一个平衡点。葛莱仪希望台湾在争取参加以国家为单位的国际组织时，应该考虑中国大陆的统一目标，在满足台湾人民希望在国际社会有能见度和大陆坚持一个中国原则的需求间求得平衡。[29] 曾在美国国务院长期担任要职的容安澜（Alan Romberg）注意到大陆对台湾以台澎金马独立关税区的名义，与新加坡签署经济合作协议，未表示明确反对，希望台湾在参加国际组织上，不要执著于名称。[30] 卜睿哲认为，台湾当局接受“九二共识”，同时保持对“一个中国”意涵的诠释空间，有助于打开两岸僵局。台湾当局必须区分哪些是值得捍卫的“主权”，哪些是无关紧要的争论。[31] 总体说来，美方人士普遍认知台北的“外交休兵”和大陆的善意有助于台湾扩大“国际活动空间”，希望目前的发展模式得以延续。

四、谋取最终解决台湾问题的话语权

两岸关系的和平发展和中美战略合作的增强，使越来越多的美国学者专家开始探讨两岸统一的可能性与具体方案问题。卜睿哲指出，两岸关系的发展趋势，存在两种可能性。其一是两岸关系的稳定化，包括双向接触的增多、互相担心的减少、互信和可预测性的增加、合作领域的扩大以及制度化的互动，这一宽松共存（relaxed coexistence）的局面与1995—2008期间的紧张共存（conflicted coexistence）形成了鲜明的对照。其二是最终解决两岸的根本分歧，实现政治整合（political integration）。[32] 对这两种可能性的推论，说明美国内部在两岸问题上存在着“维持派”与“解决派”的分歧，后者的声音有加强的趋势。美国军事专家Michael McDevitt最近撰文指出，如果两岸可以就“台湾不独、大陆不武”达成协议（a grand bargain），美国可以停止对台军售（只要台湾认为没有必要）；如果两岸实现和平统一，则意味着美国可以走出卷入中国内战的历史，这对中美关系来说堪称最好的结果。[33] 曾任美国助理国务卿帮办的柯庆生（Thomas Christensen）更早就撰文指出，两岸和平统一符合美国的利益，因为“美国在中国大陆的政治自由化过程中享有长期的安全与道德利益；台湾作为中国式民主样板的地位——保留在条件具备下与大陆统一的前景——可以成为推动大陆自由化的强大动力”[34]。

上述观点从不同角度探讨了两岸和平统一的可取性。McDevitt从现实主义的观点立论，即在不牺牲台湾的前提下，体面解决中美关系的结构性问题，摆脱两国的历史纠结。柯庆生则从自由主义的视角推论，将台湾视为推动大陆政治自由化的触媒，具有较强的意识形态色彩。有趣的是，不管是将台湾视为历史包袱还是潜在资产，美方的战略思维都是围绕中国大陆这一原点，考虑更多的是大国政治和大国关系问题。

对于两岸和平统一的具体方案，美方的政策底线是维持宽松的邦联架构。卜睿哲早在2005年出版《解开困结》一书时，就提出了邦联制的统一模式。[35] 其后，他又与容安澜合作撰文，希望大陆提出比“一国两制”更为宽松、更加富有创意的统一模式。[36] 卜睿哲认为，就国际法意义而言，台湾作为主权国家的地位已经基本丧失（fought a losing battle with the PRC since the 1970s），但就威斯特法利亚主权（Westphalian sovereignty）而言，台湾又有绝对权利在其管辖范围进行统治（the absolute right to rule within their domain）。政权改变未必只产生一个国家继承者（a single successor state），目前台湾的国际命运只是多种可能的概念结果（several possible conceptual outcomes）之一。政治联合体（political union）可以采取不同的处理主权争议的方式，包括双重主权（dual sovereignty）和互享主权（shared sovereignty）。中国大陆只有愿意接受"中华民国"存在的现实，才能获取其追求统一的目标。[37] 卜睿哲认为，虽然不能排除台湾公众和政治领袖最终接受"一国两制"的可能性，但岛内对"中华民国"（或台湾）是"一个主权国家"存在广泛共识，不可能接受这一方案。如果未来一二十年出现政治整合，其触媒将不是经济整合和大陆影响力增长的累积效应，而是北京提出比"一国两制"更为宽松的方案。[38] 容安澜虽然表示，任何统一模式，只要台湾人民接受，就不会是美国的重大忧虑所在，[39] 但又指出美国接受两岸统一的前提是，统一后台湾政权的民主性质不会遭到改变，中国大陆不会驻军台湾，对外拓展军力。[40] 与邦联模式相类似，卜大年在2010年也提出华人国协（a commonwealth of Chinese-speaking nations）模式。[41]

以上关于统一模式的讨论，说明美方力图获得最终解决台湾问题的话语权，其政策底线是保留台湾的政治制度和"事实主权地位"不变，维系美国在台海地区的战略地位。一些美方学者鉴于两岸军事实力失衡，甚至主张由美国扮演建设性的角色，与大陆直接打交道，为台湾谋得最好的政治交易。[42] 也有人认为美国在关键时候，可以牺牲台湾利益，直接与大陆交涉，确保美国在台海地区的利益不受到损害。[43] 这种思维定式从现实主义的视角观察不难理解，耐人寻味的是，美方人士何以急于谋取台湾问题最终解决方案的话语权？是否意味着两岸关系和平发展与中国大陆迅速崛起的大趋势，使美国维持台海"不统、不独"现状的政策假设受到日益强烈的冲击？可以肯定的是，随着美国在亚太地区霸权的相对衰落，今后可能较多地采取非干预主义（non-interventionist）的外交政策。[44] 根据Frank Klingberg对美国外交政策的长期研究，其规律是徘徊在国际主义和孤立主义两极之间，以25年为周期；2014年美国外交政策可能向孤立主义回归。[45] 2008年世界金融危机对美国经济的持续冲击，是否将使这一预测成真，值得观察。

五、结论

两岸关系的和平发展和中美战略合作的加深，共同重塑了美国在台湾问题上的政策思维。在2008年之前两岸关系的动荡期，美方的政策重点是避免两岸发生军事冲突。为此，美方采取战略模糊、双向威慑（dual deterrent）、鼓励对话的策略，不支持台湾"独立"，反对台海任何一方单方面改变现状，以维系台海两岸"不统、不独"的冷和平（cold peace）状态。2008年两岸关系进入和平发展时期后，美国涉台政策的重点是加强美台军事关系，支持台湾扩大"国际空间"，以平衡两岸经济、文化交流迅速发展对美台关系的影响，增加台湾在两岸政治对话中的筹码，并对两岸关系和平发展的可能结果予以密切关注。在这时期，美国继续鼓励两岸政治对话的目的，固然是避免两岸关系发生逆转，重蹈覆辙，具有政策的延续性；同时也是为了掌握情况，防止台湾被迫接受大陆的统一要求，从而影响美国在台海的战略利益。如果说，在两岸关系动荡期，美国不支持台湾"独立"的说辞，客观上有利于防止台湾走向分裂的话，那么，在两岸关系和平发展时期，美方对两岸统一的前景既不表态支持也不看好的政策观点，则无法起到促进中国统一的作用。此外，由于两岸关系的和平发展，也导致了台湾问题在美国决策者心目中的地位有所下降。卜大年就将美国称为台湾的易变和不稳定的伙伴（fickle and uncertain partner），认为这不利两岸关系的长期稳定。[46]

虽然美国希望与海峡两岸的关系可以同步发展，但美国涉台关系难免受到美中关系大框架的制约。两者间的内在张力由上述Bruce Gilley和葛兰泽的观点可以概见，尽管其未必是美国的主流意见。事实上，美国在台海的利益是从属于美国在亚太地区的更大利益的，后者包括中国大陆对国际经济体系的继续参与，以及对西方自由国际秩序的接受。[47] 奥巴马政府的对华政策的主轴是交往合作与防范（engaging and hedging）两手并用，与其前任并无本质不同。不同的是，布什政府上台之初曾强调中国是美国的战略对手，表示将"竭尽所能协防台湾"，而后因为国际反恐、反核扩散的需要才加强了与中方的战略合作。而奥巴马政府上台之初强调与中国的合作与接触，到第二年又因为韩国天安舰事件和南海领土纠纷，强调与亚太其他国家交往合作（re-engaging with Asia-Pacific countries），并随着美国在伊拉克和阿富汗的逐渐脱身，将更多的资源转移到亚太地区，悄悄地进行战略重新平衡（strategic rebalancing），防范一个新的强势的中国（to hedge against a newly assertive China）。[48] 但台湾在美国亚太战略重新布局中缺席，美国在对台出售F—16战机上的变通做法，美国部长级官员多年没有访问台湾，说明美国涉台关系毕竟是服从其全球战略的。正如卜睿哲所坦承的，如果北京在伊朗和朝鲜问题上的政策与美国的利益更为一致，美国也会更多地将中方在台湾问题的敏感性列入决策考虑范围。[49] 今后，随着中美战略合作面的扩大，台湾问题在美国决策者心目中的地位势将进一步下降，台湾问题的最终解决可望进一步摆脱外力的干预与影响。

【教育部人文社会科学研究规划基金项目
“美国对台政策的走向分析及对策研究（09YJAGAT001）；教育部人文社会科学重点
研究基地重大项目“台湾参与国际活动问题研究”（2009JJD810014）】

注释

1. 参见Lowell Dittmer, “Policy Implications of Cross-Strait Relations for the United States”, paper presented at *Cross-Straits Relations and Policy Implications for the Asia-Pacific Region*, Conference sponsored by Institute for National Policy Research, International Convention Center, Taipei, March 27-29, 1995; Yu-Shan Wu, “Exploring Dual Triangles: The Development of Taipei-Washington-Beijing Relations”, Issues & Studies, Vol. 32, No. 10 (December 1996), pp.26-52; 吴玉山，《非自愿的枢纽：美国在华盛顿—台北—北京之间的地位》，台湾《政治科学论丛》，第12卷第7期（2000），第189—222页；罗致政：《美国在台海两岸互动所扮演的角色——结构平衡者》，台湾《美欧月刊》，第10卷第1期（1995），第37—54页；包宗和：《战略三角角色转变与类型变化分析——以美国和台海两岸三角互动为例》，载包宗和、吴玉山编：《争辩中的两岸关系理论》，台北：五南图书出版股份有限公司，1999年，第337—364页。
2. Christopher Twomey, “Limits of Coercion: Compellence, Deterrence, and Cross-Strait Political-Military Affairs”, in Roger Cliff，Phillip Saunders, Scott Harold, New Opportunities and Challenges for Taiwan,s Security (Washington, DC: Rand Corporation, 2011), p.52.
3. Christopher Twomey, “Limits of Coercion: Compellence, Deterrence, and Cross-Strait Political-Military Affairs”, pp.47-49, p. 61.
4. 笔者访谈记录，2011年6月24日，美国华盛顿。
5. Robert Sutter, “Cross-Strait Moderation and the United States–Policy Adjustment Needed”, PacNet, No. 17 (Pacific Forum CSIS, Honolulu, Hawaii: March 5, 2009).
6. 沙特的原话是: “U.S. allies and friends in Asia, notably Japan, will require extraordinary reassurance that U.S. government encouragement of conditions leading to the resolution of Taiwan’s future and reunification with China does not forecast a power-shift in the region. See Robert Sutter, “Taiwan’s Future: Narrowing Straits”, NBR Analysis (Seattle, Washington: The National Bureau of Asian Research, May 2011), p. 4.
7. Charles Glaser, “Will China’s Rise Lead to War?” Foreign Affairs, March/April 2011.
8. Richard Bush, “The Social Foundation of Taiwan’s Future: Guns, Wheelchairs and Shark’s Fin Soup”, speech delivered at Columbia University Symposium on Taiwan in the 21st Century, June 13, 2010, at http://www.brookings.edu/speeches/2010/0613_taiwan_bush.aspx.
9. Craig Whitlock, “Secretary of Defense Robert Gates Doesn’t Get Hoped-For Invite from China”, Washington Post, June 3, 2010.
10. Alan Romberg, “2010: The Winter of PRC Discontent”, Chinese Leadership Monitor, No. 31 (Stanford University, 2010).
11. Adam Entoes and Jim Wolf, “Senator Questions Arms Sales to Taiwan”, Reuters, June 16, 2010.
12. Li Ming-hsien and Ch’eng Chia-wen,《马见范世丹：争取军售，两岸和平有信心》，台湾《联合报》，2010年6月6日。http://udn.com/NEWS/NATIONAL/NAT1/5646107.shtml.

13. Robert Sutter, "Taiwan's Future: Narrowing Straits" , NBR Analysis (Seattle, Washington: The National Bureau of Asian Research, May 2011), p. 14.
14. Douglas Paal, "Taiwan: Doubled-Edged Victory" , Carnegie Commentary, November 30, 2010, at http://www.carnegieendowment.org/2010/11/30/taiwan-double-edged-victory/21s.
15. 笔者访谈记录，2011年6月22日和23日，美国华盛顿。
16. David Shear, keynote speech at a conference on "Cross Strait Relations in a New Era of Negotiation" , hosted by Carnegie Endowment for International Peace, Washington, DC, July 7, 2010, at http://www.carnegieendowment.org/2010/07/07/cross%2Dstrait%2Drelations%2Din%2Dnew%2Dera%2Dof%2Dnegotiation/21v.
17. Richard Bush, "Taiwan Faces Growing Threat: Communist China Undermines Rapprochement" , The Washington Times, September 8, 2010, at http://www.brookings.edu/opinions/2010/0908_taiwan_bush.aspx.
18. Richard Bush, "The Social Foundation of Taiwan's Future: Guns, Wheelchairs and Shark's Fin Soup" .
19. Richard Bush, "Cross-Strait Relations Improve; China Still Deploys Missiles" , June 27, 2009, at http://www.brookings.edu/opinions/2009/0627_cross_strait_relations_bush.aspx.
20. Douglas Paal, "Accommodation Will Not Work" , Foreign Affairs, July/August 2011, http://www.carnegieendowment.org/2011/07/01/accommodation-will-not-work/5a.
21. Alan Romberg, "Cross-Strait Relations: Setting the Stage for 2012" , China Leadership Monitor, No. 34, January 2011.
22. Bonnie Glaser, "Building Trust Across the Taiwan Strait: A Role for Military Confidence-Building Measures" , (Washington, DC: Center for Strategic and International Studies, 2009), pp. 25-26.
23. Douglas Paal, "The Rise of China and Alliance in East Asia: Implications for Diplomatic Truce" , Keynote Remarks at the 39th Taiwan-American Conference on Contemporary China, Taipei, December 9, 2010, at http://www.carnegieendowment.org/2010/12/09/rise-of-china-and-alliance-in-east-asia-implications-for-diplomatic-truce/s6#.
24. Daily Press Briefing, Department of State, June 29, 2010, http://www.state.gov/r/pa/prs/dpb/2010/06/143757.htm.
25. David Shear, keynote speech at a conference on "Cross-Strait Relations in a New Era of Negotiation" , hosted by Carnegie Endowment for International Peace, Washington, DC, July 7, 2010, at http://www.carnegieendowment.org/2010/07/07/cross%2Dstrait%2Drelations%2Din%2Dnew%2Dera%2Dof%2Dnegotiation/21v; Bonnie Glaser, "Building Trust Across the Taiwan Strait: A Role for Military Confidence-Building Measures" (Washington, DC: Center for Strategic and International Studies, 2009), p. 25.
26. Nancy Tucker, remarks at a conference on Cross-Strait Relations in a New Era of Negotiation, hosted by Carnegie Endowment for International Peace, July 7, 2010, http://www.carnegieendowment.org/2010/07/07/cross%2Dstrait%2Drelations%2Din%2Dnew%2Dera%2Dof%2Dnegotiation/21v.
27. Richard Bush, "China-Taiwan: Recent Economic, Political, and Military Developments Across the Strait, and Implications for the United States" , at http://www.brookings.edu/testimony/2010/0318_china_economy_bush.aspx.
28. Dan Blumenthal, "The United States and Cross-Strait Relations" , paper presented at a conference on "Cross-Strait Relations in a New Era of Negotiation" , hosted by Carnegie Endowment for International Peace, Washington, DC, July 7, 2010.

29. Bonnie Glaser, "Building Trust Across the Taiwan Strait: A Role for Military Confidence-Building Measures", (Washington, DC: Center for Strategic and International Studies, 2009), pp.25-26.
30. Alan Romberg, "Cross-Strait Relations: Setting the Stage for 2012", China Leadership Monitor, No. 34, January 2011.
31. Richard Bush, "The Social Foundation of Taiwan's Future: Guns, Wheelchairs and Shark's Fin Soup", speech delivered at Columbia University Symposium on Taiwan in the 21st Century, June 13, 2010, at http://www.brookings.edu/speeches/2010/0613_taiwan_bush.aspx.
32. Richard Bush, "China-Taiwan: Recent Economic, Political, and Military Developments Across the Strait, and Implications for the United States", http://www.brookings.edu/testimony/2010/0318_china_economy_bush.aspx.
33. Michael McDevitt, "Alternative Futures: Long-Term Challenges for the United States", in Roger Cliff, Phillip Saunders, Scott Harold, New Opportunities and Challenges for Taiwan,s Security (Washington, DC: Rand Corporation, 2011), pp. 103-104.
34. Thomas Christensen, "The Contemporary Security Dilemma: Deterring a Taiwan Conflict", The Washington Quarterly, Vol.25, No.4, autumn 2002, p. 16, pp.19-20.
35. Richard Bush, Untying the Knot: Making Peace in the Taiwan Strait (Washington, DC: Brookings Institution Press, 2005).
36. Richard Bush & Alan Romberg, "Cross-Strait Moderation and the United States", *PacNet*, No. 17 (Pacific Forum CSIS, Honolulu, Hawaii: March 5, 2009).
37. Richard Bush, "The Significance of the Republic of China for Cross-Strait Relations", remarks presented at an event titled *The Down of Modern China*, The Brookings Institution, May 20, 2011, http://www.brookings.edu/speeches/2011/0520_china_bush.aspx.
38. Richard Bush, "China-Taiwan: Recent Economic, Political, and Military Developments Across the Strait, and Implications for the United States", http://www.brookings.edu/testimony/2010/0318_china_economy_bush.aspx.
39. Alan Romberg, "2010: The Winter of PRC Discontent", Chinese Leadership Monitor, No. 31 (Stanford University, 2010).
40. Alan Romberg, "US-Taiwan Relations: Looking Forward", paper presented at CSIS conference on US-Taiwan Relations in a New Era: Looking Forward 30 Years after the Taiwan Relations Act, April 22, 2009, Washington, DC.
41. Dan Blumenthal, "The United States and Cross-Strait Relations".
42. Lyle Goldstein, "A Rapidly Changing Military Balance: A National Security Perspective on Richard Bush's Untying the Knot", Asia Policy, No. 2 (July 2006), p.123.
43. 中评社台北2009年1月30日电, http://cn.chinareviewnews.com/doc/1008/7/2/9/100872912.html?coluid=7&kindid=0&docid=100872912.
44. Douglas Paal, "The Rise of China and Alliance in East Asia: Implications for Diplomatic Truce".
45. Frank Klingberg, "Cyclical Trends in Foreign Policy Revisited in 1990", International Studies Notes, 15 (1990), pp. 54-58; Cited from Glenn Hastedt, American Foreign Policy: Past, Present, Future (Upper Saddle River, New Jersey: Prentice Hall, 1997), p. 27.
46. Dan Blumenthal, "The United States and Cross-Strait Relations".
47. Dan Blumenthal, "The United States and Cross-Strait Relations".

48. Douglas Paal, "The Rise of China and Alliance in East Asia: Implications for Diplomatic Truce" , Keynote Remarks at the 39th Taiwan-American Conference on Contemporary China, Taipei, December 9, 2010; Robert Sutter, "Taiwan's Future: Narrowing Straits" , *NBR Analysis*, pp. 15-16.

49. Richard Bush, "Taiwan Comes Between the U.S. and China Again" , February 11, 2010, at http://www.brookings.edu/opinions/2010/0211_taiwan_security_bush.aspx.

新形势下海峡两岸在国际社会的合作析论

孙　云*

【摘要】在当今国际社会中，海峡两岸既面临诸多挑战也有许多共同利益，在国际社会诸多议题上，两岸都有着广泛的合作空间。如果能从中华民族的根本利益出发，进行积极合作，对两岸来说必然是一个"双赢"的结果，也有利于维护中国的整体利益和两岸中国人的共同利益。两岸应建立合作思维，从争议性较小的议题入手，逐步建构各种机制与平台，务实与稳步推动两岸在国际社会的合作。尽管面临各种制约与挑战，但只要两岸通过互动，不断增进互信与共识，就一定能开创两岸在国际社会互惠与共赢的新局面。

长期以来，海峡两岸在国际社会上进行激烈的竞争与对抗，从早期的"谁代表中国"的"正统之争"，到后来的在国际上捍卫"一个中国"原则与从事分裂中国的活动的激烈斗争。在这种背景下，两岸鲜少在国际社会进行有意义的合作。2008年以后，两岸关系出现转折性变化，和平、和解、合作成为了两岸关系的主旋律。尽管两岸关系仍面临一些结构性因素的制约，但两岸应搁置争议，携起手来，从捍卫中华民族整体利益出发，在国际社会的各项议题上进行积极的合作，这对密切两岸人民的感情、增进两岸政治互信，进而形成两岸命运共同体意识，推动两岸关系和平发展与祖国和

* 作者系厦门大学台湾研究院副教授，政治学博士。《厦门大学学报（哲学社会科学报）》2012年第2期。

平统一的实现，意义非常重大。

一、两岸在国际社会合作的可能性与必要性

"合作"的英文"coopreation"源于拉丁文，是co-（共同）和operation（工作）的合成词，从其字面理解，就是共同工作之意。在《现代汉语词典》中，合作的基本含义是，人们（或组织）为了共同目的一起工作或共同完成一项任务，诸如分工合作、技术合作等。无论是英文还是中文，合作的基本涵义在于：第一，合作是人们为了实现同一目标而相互帮助、共同行动的一种方式或状态。据此可以判断，行为体不是为了合作而合作，合作是实现其他目的的途径或工具。第二，合作从来不是单方面的，它是两个及两个以上行为体间的一种互动方式。[1] 从合作的主体来看，既有个人与个人之间的合作，也有群体与群体之间的合作，还有国家与国家之间的合作。从合作的领域来看，有经济合作、政治合作、军事合作等。

在人类历史上，以团结合作的方式抵御天灾人祸、谋取可供分享的共同利益，一直是个体的人、部族、民族或国家的主观愿望和实践努力。政治社会的一个重要功能，就是设法解决私人及其群体之间的矛盾和冲突，以在合作中形成的力量应对面临的各种共同问题，争取实现最美好的理想。无论国内社会还是国际社会都是如此。[2] 在当代，国际社会相互依存日益发展，形成了各国人民共同利益日益扩大的趋势，这一趋势相应地增进了各国人民的交流与合作。

20世纪80年代中期，随着国际关系格局发生的重大变化，国际合作论的研究出现了一个高潮，产生了国际关系的合作理论。不过，总的来看，这些理论主要是立足于西方国家间（相同制度间）的合作，而以美国的国际合作理论在其中居于主导地位。虽然这些理论对探讨两岸之间的合作有一定的借鉴意义，但从性质上来看，两岸合作不是国家之间的合作，而是一种特殊的合作，它是一国之内两个行为体之间为了共同利益而在涉外事务上展开的合作。

长期以来，由于两岸特殊的政治对立，两岸之间在国际上进行着零和的斗争，这种斗争是两个行为体之间的国内较量在国际社会的延续。即使是在冷战后，两岸的零和竞争仍然持续激烈，在所有国际场合间仍争执不断。在国际上其他国家及行为体在不断追求和推动彼此互惠的合作时，两岸之间仍然不断地在国际上进行着激烈对抗与竞争，这其实是自家资源的一种内耗，损害的是两岸中国人的利益。尤其两岸在国际间的

这种对抗，在政治人物的操弄下，更加深了两岸人民之间的敌对意识，降低了两岸社会认同感，使我群与他群的区隔更加严重，拉大了台湾民众与祖国大陆的心理距离。

2008年，两岸关系出现了转折性的变化，两岸在各个领域的合作不断深化。两岸关系和平发展新局面的出现，为两岸之间在涉外事务上的合作提供良好氛围、机遇与可能性。也就是说，两岸应摒弃以往在涉外事务上的对抗思维与零和斗争，从两岸中国人的福祉与根本利益出发，努力谋求与推动两岸在涉外事务上的合作。如以海外利益保护为例，在全球化时代，任何国家或地区都不可避免地与他国、国际组织与国际社会产生密切的互动，而衍生出海外利益，这也是国家利益的延伸，是国家利益的一个重要组成部分。从大陆来看，改革开放30多年来，中国大陆与国际体系的互动日益密切，政府、企业、民间组织、公民的国际活动空间得到了前所未有的拓展，延伸到海外的国家利益急剧扩大，海外利益越来越成为国家发展利益的重要部分。在这种情况下，海外利益所面临的风险和相应的保护，成为不容忽略的重大课题。[3] 从台湾来看，也同样在海外有许多重要的利益，也涉及到利益保护的问题。只不过，由于两岸长期的政治纷争与对立，两岸之间鲜少在这方面进行有效的合作。无论中国大陆的海外利益，还是台湾的海外利益，都是两岸中国人和中国国家利益的有机组成部分，需要两岸中国人携手合作，共同维护。

2008年以来，两岸都不断表达应在国际社会展开合作的积极愿望。2008年8月，中国国家海洋局副局长陈连增在“海峡两岸第七届海洋科学研讨会”上，就呼吁两岸应加强海洋事务合作以维护共同利益。2010年3月，中国国家海洋局国际合作司副司长陈越也表示，钓鱼岛和南沙群岛是两岸有共同点的议题，维护海域、岛礁的主权和管辖权是非常重要的问题，两岸应该共同合作。[4] 台湾方面也表达出希望两岸在国际社会合作的愿望。2010年10月，台“陆委会”发言人刘德勋在例行记者会上表示，“两岸如果能在国际空间上有更好的合作，相信更能发挥两岸在国际上的影响力，两岸在国际上的合作，也是两岸互利双赢、良性互动的方向”，希望“在这方面能够有很好的发展”[5]。

实际上，两岸在国际社会合作的空间是很大的，议题也是非常广泛的。其一，领土、领海的主权保护。在领土、领海等主权议题方面，两岸与日本存在钓鱼岛的主权争端，与东南亚的一些国家也存在着南海领土主权的争议，而且近年来这些争端有愈演愈烈的趋势。两岸应从中华民族的根本利益出发，以大局为重，搁置两岸之间的争议，在这些方面进行充分的密切合作，共同保护中国的领土与主权完整。近年来，不断有人呼吁两岸应在保护南海权益方面积极寻求合作。2010年8月，第一份由两岸南海问题专家合作撰写的《2010年度南海地区形势评估报告》出炉，两岸的南海合作已经有所行动。

其二，海外公民保护。“保障海外公民、驻外机构与组织等的安全与合法权益是世界各国都普遍认同的最为基本和最重要的国家海外利益。”无论中国大陆还是台湾，都有越来越多的公民前往世界各国从事各种活动，各类企业从事经济活动，以及驻外机构和组织从事相关的活动。这些在海外的公民和组织都会面临各种风险与威胁，如地区冲突与恐怖活动构成的威胁，由于经济利益出现矛盾而产生的伤害事件，带有种族歧视与排华性质的民事伤害事件，针对两岸中国人的非法行政事件，非法移民伤害事件，两岸留学生心理疾病而导致的恶性伤害事件，不可抗力的意外事故等导致的伤害等。[6] 此外，两岸民众、组织与机构等所在的当事国，还有可能发生政治动乱、传染病流行以及自然灾害（诸如地震、海啸、台风等）等突发性事件。两岸在这些方面都应该构建合作机制，进行充分的互助与合作，以确保两岸人民的人身财产安全。

其三，海外投资及经济活动的保护。近年来，中国大陆对外直接投资一直呈现出高速增长的势头。根据商务部公布的《2009年度中国对外直接投资统计公报》显示，截至2009年底，中国12 000家境内投资者在国（境）外设立对外直接投资企业1.3万家，分布在全球177个国家和地区。[7] 截至2009年底，中国大陆对外直接投资存量已达2457.5亿美元，境外企业资产总额超过1万亿美元。[8] 从台湾的情况看，台湾是一个对外联系密切的经济体。据统计，从1959年到2005年，台湾对中国大陆以外地区投资合计11,023件，总额为445亿多美元。[9] 从地区分布来看，台湾的对外投资主要分布在东南亚、加勒比海英国属地及美国等地。无论是海外投资还是从事其他经济活动，都会面临着各种各样的风险。这就需要海峡两岸之间建立密切的沟通与合作模式与机制，以便很好地保护两岸在海外的经济利益。

其四，海外战略利益的保护。海外战略利益是一国对自身海外利益的主观认识，是指满足一国发展所需海外战略资源的获取权，包括海外能源利益、地缘政治利益、国际制度利益。海外能源利益是指对一国发展具有重要意义的能源获取的安全保障，比如石油和各种矿石等；地缘政治利益是指影响一国国家安全的重要地理位置和交通要道的安全保障；国际制度利益则是指一国设置国际议事日程的能力、国家形象以及重要战略能源的定价权等。[10] 在这些部分，两岸也有广阔的合作空间，两岸应从中华民族的根本利益出发，寻求广泛的合作。

其五，两岸如何充分合作，共同推动中华文化走向世界。扩大中华文化的影响力，两岸各具特色，各有优势，有着广阔的合作空间。现在大陆在世界各地开办孔子学院，开展汉语教学和中外教育、文化等方面的交流合作，两岸合作空间很大。自国民党退居台湾后，台湾当局对海外华文教育一直予以充分重视，并采取各种积极措施对海外华文教育进行扶植。与祖国大陆相比，台湾的海外华文教育不但起步早，而且长期坚持，未有中断，所以，在弘扬中华文化及提升中华文化在世界上的影响力等方面，对大陆的海外华文教育有很好的借鉴意义。两岸在这些方面应密切合作，共同提升中华文化的影响力。

两岸在国际社会的合作，不仅可以避免内耗、增进互信，更好地争取民心，而且有利于培育两岸的共同体意识，更好地维护中华民族的整体利益。

总之，在经济、文化、教育、安全等涉及两岸人民在外国有着重要的切身利益的各个方面，两岸都应该积极地进行合作，以更好地保护两岸人民在海外的利益。

二、两岸在国际社会合作的路径分析

两岸在国际社会的合作应遵循两个基本原则，一是两岸在国际社会的合作，以不造成“两个中国”或“一中一台”为前提。也就是说，两岸的合作不是两个国家间的合作，不是国际合作，而是一个国家内部两个行为体之间为了共同利益而展开的合作。因此，这种合作必须有利于维护一个中国原则而不是削弱或背离这一原则。二是两岸的合作不能造成“台湾问题的国际化”。两岸问题是20世纪中期中国内战延续下来的问题，所以两岸问题是中国的内部问题，是中国的内政，需要两岸的中国人靠自己的智慧寻求解决。因此，两岸在国际社会的合作，必须有利于两岸之间在累积共识与增进互信的基础上自己解决问题，而不是把外部因素拉进来以增加自己的筹码。两岸应当站在更好地保护两岸中国人利益的高度，从大局出发，搁置争议，积极合作，共创双赢。

1. 在涉外事务上，两岸要建立合作思维，协商与规划两岸在国际社会各项议题上的合作

长期以来，两岸在国际社会更多的是对抗与零和斗争。中国大陆要维护一个中国原则，而台湾要走出去，希望有更多的国际参与，更大的“国际空间”，无论在参与国际组织上，还是在“邦交国”上都试图保持一定的存在。两岸间的这种你来我往、

你争我夺的斗争不仅是中华民族内部的一种内耗，也加深了台湾民众对祖国大陆的敌意。2008年以后，合作成了两岸关系的主旋律，从经济合作、文化教育合作，到其他方面的合作都在不断发展和深化，并且逐渐机制化。两岸有必要把这种合作的思维扩展到涉外事务上，在国际社会寻求积极合作。尤其在当今全球化加速发展的背景下，两岸在国际社会的利益越来越广泛，面临的风险与挑战也越来越多。所以，两岸要强化合作意识，建立合作思维。两岸的相关部门、智库可先行接触，积极探讨新形势下两岸在国际社会各个领域合作的议题，制定两岸在这方面的合作的规划与蓝图，以更好地保护两岸在国际社会的权益与利益。

2. 先从较不敏感、争议性较少的议题人手“先易后难”，逐步推进

一体化理论强调，两国或是两个意图整合的地区，整合的工程都是先从争议性较少的事务（文化、经济等）展开互动，然后再渐及于复杂的难题（政治、军事、主权等），逐步完成整合的工程。[11] 欧洲一体化的实践也证明，渐进性原则是其能够取得进展的一个重要原则。如同德国前总理施密特所说“欧洲的建设是一个循序渐进的过程。”欧盟成员国都懂得“欲速则不达”，要想取得一体化的真正成功，只能遵循渐进性原则。甚至可以认为，这个原则实际上已经导致欧盟坚定不移地采取了循序渐进的发展战略。[12]

两岸在国际社会的合作所涉及的议题十分广泛，但也面临许多结构性因素的制约，所以，推动两岸在国际社会的合作，也应本着“先易后难”、循序渐进的原则，统筹兼顾、合理安排、逐步推进。当前两岸可选择先从敏感性不高、争议性较少的议题入手，如在世界各地合办孔子学院，共同合作推广中华文化；共同合作保护航海、航道安全；合作打击海盗等。通过这些领域与议题的有效合作，逐步累积经验，增进彼此互信，逐步扩展合作领域。同时，以往两岸在国际社会鲜少合作，因此，这种合作也是一个学习的过程，两岸可以在这种合作过程中彼此相互学习了解对方的观点与立场，从而逐步调整自身的政策立场与政治态度，逐步培育两岸的“社会心理共同体”意识。

3. 逐步构建两岸在国际社会合作的各种机制与平台

欧盟在一体化的过程中，通过努力寻求成员国的共同利益，逐步形成了一定的机制安排，其中有欧盟委员会、欧洲理事会、欧洲议会等。这些机制在欧洲一体化的进

程中起到了非常重要的作用，可以说，正是目前的一整套机制使欧盟能够比较有效地行使职能，实现自己的目标。欧洲一体化过程中的机制化原则，对推动两岸关系有重要的启示。两岸关系的和平发展，两岸的融合与一体化，实际上也是一个不断实现机制化的过程，需要一系列机制化的保障。目前，两岸在经济合作方面已经初步实现了机制化，也就是两岸经济合作框架协议的签署（ECFA）。两岸在国际社会的合作，也同样需要一系列的机制化安排，如两岸在涉外事务上的磋商机制、资讯通报机制、紧急救援机制、突发事件的会晤与处理机制等。

两岸在国际社会的合作，涉及的议题非常广泛，会牵涉到两岸各自方方面面的部门。所以，要使这些机制能够有效运转，需要一定的平台。目前在两岸公权力部门尚无法直接接触的情况下，两岸可以整合各自的有关部门，成立相应的机构，如“两岸涉外事务合作委员会”，以“白手套”的形式进行接触与磋商，共同规划与推动两岸在国际社会的合作。

4. 建立和完善两岸在国际社会各种议题上的风险评估与危机预防及处理机制

在全球化加速发展的今天，两岸与外部世界的互动越来越密切，经济、文化等各个方面的联系越来越紧密。两岸民众在外国从事各种活动，都会面临各种各样的风险，有自然灾害方面的危险，如发生地震、海啸、台风等；也有人为的风险，如所在国发生政治动乱、社会动荡、冲突与战争等。尤其两岸都有不少企业在外国从事投资、经营等经济活动，也会遇到各种各样的风险与危机。所以，两岸应建立和完善风险评估与危机预防处理机制，当危险来临时，能够有一个机制马上有效运转起来，以更好地保护两岸中国人的利益。另外，两岸在国际场合的互动，也有可能出现一些误解或各种差异而产生的摩擦，也需要有一个机制及时处理。

两岸在国际社会合作的路径具有一些明显特征。其一，两岸在国际社会的合作应从功能性议题着手，并在逐步积累经验与互信的基础上，将这种合作常态化、机制化和规范化。其二，两岸在国际社会的合作是在预先达成一定共识的基础上展开的，而两岸在合作的过程中又是共识深化与扩大的过程。其三，两岸在功能性议题上的合作，会产生某种“外溢”效应，即合作会从一个功能性部门不断向其他的功能性部门的扩散，使合作像扇形那样不断辐射与扩展。

不过，两岸要真正实现在国际社会的有效合作，最关键是要解决两岸政治定位问题。从目前来看，解决这一问题的条件还不成熟。但两岸在国际社会的合作有其现实的迫切性，不可能等到解决两岸政治定位问题之后再来谈合作。所以，在笔者看来，两岸在目前条件下，可先达成某些共识安排，这不仅会使两岸在国际社会的合作具有可行性，也会使合作更顺畅、更深入。其中重要的有以下几点：其一，两岸非两国，对方非外国。其二，两岸应承认和尊重对方在国际社会现有的权利及利益，这些权利和利益是中国整体国家权利和利益的重要组成部分。其三，两岸互不以损害对方在国际社会的存在及权益来增加自己的权益。其四，只有通过积极合作，才能更好地保护两岸在国际社会的权利和利益。对两岸来说，通过达成这些共识安排，有益于减少彼此的猜忌与戒心，增加互信，而这些对于开展两岸在国际社会的合作是至关重要的。

三、两岸在国际社会合作的制约因素

尽管2008年以来两岸关系出现了转折性变化，两岸在各个领域的交流合作都在不断深化，这些都使两岸在国际社会的合作面临良好的机遇，不过，由于两岸关系的复杂性与敏感性，两岸在国际社会的合作还面临许多制约因素。

1. 两岸之间结构性问题的制约

两岸之间面临一些结构性的问题，如台湾当局的政治定位，即“中华民国”的政治符号问题短期内难以解决。一方面“中华民国”的政治符号长期存在塑造了台湾民众“主权国家国民心态”与政治认知，而且近年来“中华民国台湾化”倾向非常明显。部分台湾民众开始认为自己有权利决定台湾的前途命运，而不愿意受到祖国大陆的制约，接受两岸的协商，特别是认为“中华民国”在国际社会的存在是“台湾主权独立”的象征。民进党虽然不承认“中华民国宪法”意义上的“中华民国”，但是在两岸和国际社会仍然用“中华民国”政治符号凸显台湾的地位。另一方面，中华人民共和国政府作为全中国唯一合法政府，在国际上绝大部分场合代表中国，并没有“中华民国”存在的空间，两者在国际场合仍是零和游戏，台湾参与国际社会始终存在着用什么样的名义参加的问题，两岸在国际上的合作仍然避免不了在这方面的争执，名称、符号和政治认知的差异常常成为两岸在国际上合作的障碍。尤其近年来台湾当局不断呼吁祖国大陆“正视现实”“正视中华民国”“两岸互不否认”等，两岸在国际社会的合作不可避免受到这方面因素的制约。

2. 两岸缺乏政治互信

无论是个人还是两个行为体，其良好合作的基础是需要具有一定的互信。所谓政治互信，就是双方在政治上的相互信任，也是双方各自在政治上相互给予对方政治信心。两岸长期隔绝、对立与对抗，缺乏了解与理解。虽然近年来两岸在各个领域的交流与互动日趋热络，人员往来愈加密切，但两岸长期形成的隔阂与误解非短时间内可以化解，彼此防范猜疑的心结依然严重存在，互信严重不足。两岸缺乏互信最重要的原因在于，两岸对发展两岸关系在利益上存在不同认知。对中国大陆来说，最核心的利益就是维护海峡两岸同属一个中国的法理框架，并最终实现国家的完全统一。在现阶段，保持两岸间在经贸、文化、社会、人员等领域的交流，增强台湾民众对祖国大家庭的认知和认同，是服务于上述核心利益的重要途径。而对于台执政当局来说，维护"中华民国"的"法统"是他们认知的核心利益；在现阶段乃至可预见的将来，保持两岸关系的和平与稳定有利于维护台湾的这个核心利益，"不统、不独、不武"是保障这一核心利益的首选战略。

根据建构主义理论，身份决定利益，利益决定行为。两岸缺乏政治互信，根源就在于在身份认同上认知的差异。反映到国际社会上，中国大陆担心台湾扩大国际参与造成事实上的"两个中国"或"一中一台"，而台湾则害怕与中国大陆在国际社会的合作中被"矮化""落入一中陷阱"。两岸互信缺乏必然会导致在互动中存在戒心、猜疑，尤其对一些敏感的政治符号过于纠结，制约着合作的深化与推动。

3. 两岸在国际社会的合作也受到岛内政治的制约

一方面，台湾是一个选举社会，主要的两个政党国民党与民进党在两岸关系上具有不同政策思维，且维持某种制衡关系。从近年来的情况看，对马英九当局的两岸开放政策，民进党一直杯葛、反对，尤其不断以"卖台""亲中"等抹红国民党，对台湾当局推动两岸政策进行牵制。另一方面，随着台湾两党政治的日趋巩固，政党轮替成为常态，这对政策连续性会带来冲击。尤其民进党一直不放弃"台独"主张，不承认"九二共识"，如果民进党上台，两岸关系和平发展会面临新的挑战。两岸的合作难免受到岛内这种政治运行生态及其变化的制约。

从历史发展经验来看，两岸"合则两利、斗则两伤、和则两兴、分则两害"，因此两岸应不断增进互信，务实合作。而从上述分析可以看出，两岸在国际社会的合作具有非常广阔的空间及可能性，两岸应从中华民族的整体利益出发，搁置争议、求同存异、积极寻求合作，构建合作机制。毕竟两岸的合作对双方来说是个共赢的结局，也有利于提升两岸中国人的认同感与凝聚力，形塑两岸共同体意识。而对于一些制约两岸有效展开合作的因素，两岸应加强互动与磋商。在推动两岸合作的过程中，两岸执政当局的思路、格局与高度是非常重要的，“思路决定出路”“格局决定结局”“态度决定高度”。两岸在国际社会的合作，有利于共同维护中华民族的整体利益和两岸中国人的共同利益。

【教育部人文社会科学重点研究基地重大项目
“台湾参与国际活动问题研究”（2009JJD810014）】

注释

1. 宋秀琚：《国际合作理论：批判与建构》，北京：世界知识出版社，2006年，第103、105页。
2. 同上。
3. 汪段泳、苏长和：《中国海外利益研究年度报告（2008—2009）》，上海：上海人民出版社，2011年，第1、3—4页。
4. 中评社，台北，2010年3月30日电《陈越：钓鱼岛和南沙群岛是两岸有共同点的议题，两岸对此应该合作》，http://www.zwbk.org / zh- tw /Lemma_Show/4084.aspx.
5. 中评网，2010年12月10日新闻《刘德勋：盼两岸在国际上合作发挥影响力》，http://gb.chmarevlewnews.com/doc/10141714/6/101474687.html? coluid二3&kindid二12&docid二101474687.
6. 同3。
7. 转引自陈哗《中国海外利益分布》，《金融实务》，2011年第5期。
8. 梅新育：《当前海外利益的风险敞口》，《人民论坛》，2011年第9期。
9. 台“经济部”投审会《台湾产业对外投资与外人来台投资状况分析》，http://nccur.lib.nccu.edu.tw/bitstream/140. 119/35763/7/25802707. pdf.
10. 陈哗：《中国海外利益分布》，《金融实务》，2011年，第5期。
11. 吴新兴：《整合理论与两岸关系之研究》，台湾：五南图书出版股份有限公司，1995年，第185—186页。
12. 罗志刚、严双伍：《欧洲一体化进程中的政治建设——国家关系的新建构》，北京：人民出版社，2009年，第9页。

台湾社会的历史记忆与群体认同

陈孔立*

【摘要】近十几年来，台湾当局极力推行“去中国化”的政策，制造新的历史记忆，极力歪曲真实的历史，企图割断台湾与中国大陆的关系，为建构台湾的所谓“国族认同”、分裂祖国的政治目的效力。本文应用历史记忆与群体认同的相关理论，结合台湾的实际，研究台湾当局制造历史记忆与群体认同的过程、手段、目的及其对建构群体认同的影响，指出台湾社会现有的历史记忆与群体认同是可以改变的、必须改变的，而重构历史记忆与扩大群体认同是有利于两岸人民的一种选择。“双重认同”的观点是可取的，应当让两岸关系和平发展的过程成为两岸共同重构历史记忆与国家认同的过程。

一、历史记忆与群体认同

历史记忆对群体认同的影响，在今日台湾已经得到充分的验证。近十几年来，在李登辉、陈水扁执政下，推行“去中国化”的“台湾民族主义”教育，制造新的历史记忆，在建构台湾所谓“国族认同”上发挥了相当大的作用，不能不引起人们的重视。

所谓历史记忆是集体记忆的一种，它是一个社会群体的集体记忆中以这个群体所认定的“历史”而在群体成员中普遍流传的对往事的记忆。[1]

---

* 作者系厦门大学台湾研究中心、台湾研究院教授，博士生导师，国家“985工程”台湾研究创新基地成员。文章发表于《台湾研究集刊》2011年第5期。

所谓群体认同是指个人与群体的关系，也就是身份认同，回答“我是谁？我属于哪个群体？”的问题。群体包括血缘关系的家庭、家族、宗族、民族、种族；地缘关系的村、乡、县、市以及亚洲、东方等；法律关系的如国家、国际组织等。个人通过群体认同，把自己定位在某一群体之中，并产生“归属感”，视这个群体为“自我”，而视群体之外为“他者”。

历史记忆与群体认同有密切关系，集体记忆是集体认同的前提，历史记忆也就成为群体认同的前提之一。

根据哈布瓦赫（Maurice Halbwachs）、格雷塞（Alfred Grosser）以及亨廷顿（Samuel Huntington）等人的相关研究，[2] 笔者认为有关历史记忆及其与群体认同之间的关系，有以下几个要点值得重视：

第一，历史记忆不等于历史事实。历史记忆是一种社会性的建构，是由社会群体共同建构出来的。《论集体记忆》一书的作者哈布瓦赫指出：“集体记忆不是一个既定的概念，而是一种社会建构的过程”，“尽管我们确信自己的记忆是精确无误的，但社会却不时地要求人们不能只在思想中再现以前的事件，而要润饰它们、削减它们或完善它们，乃至赋予它们一种现实所不曾拥有的魅力。”[3]

第二，每一个社会群体都有其集体记忆，社会群体依靠这种集体记忆得到凝聚和延续。哈布瓦赫指出：“只要在构成社会的个体与群体之间保持观点上充分的统一性，社会就可生存。”[4] 此外，“疆域”“边界”对于身份认同也起了重要作用。《身份认同的困境》一书的作者格罗塞指出：“疆域、边界的界定往往能够产生身份认同。获得共同治理、接受共同教育、参与或应对相同的权力中心，单单这一事实便超越了共同归属的表象，产生并强化着一种共同身份的情感。”[5]

第三，集体记忆的一个重要功能就是重构过去，满足当今的精神需要。在建构历史记忆时，群体往往有意强化某些记忆，或淡化某些记忆，以致“歪曲了过去”，这意味着在建构“历史的记忆”的同时，也制造了“历史的失忆”。哈布瓦赫指出，各个群体往往不断地“重构其过去”，“在重构过去的行动中，这些群体往往同时也将过去歪曲了”。他又说：“社会往往要消除可能导致个体彼此分离、群体互相疏远的记忆。”这是社会需要重整记忆的原因。那些有负面影响的、令人难堪的、需要强迫自己遗忘的历史，都不应当成为这个群体的历史记忆。换句话说，群体建构历史记忆往往立足于当下，群体会“根据他们的信仰和愿望对这些事件进行重构”[6]。

第四，一个群体的历史记忆要通过“书写记录”、照片、纪念活动、法定节日等手段得到存续。格罗塞也说："集体记忆通过家庭、阶层、学校和媒体来传承。"但是，集体记忆也往往被媒体所歪曲，媒体"经常扭曲过去和现在的事实，其目的在于加强读者、听众和观众的归属感"[7]。

第五，身份认同是可以改变的。格罗塞指出："随着时光流逝，所有的身份都可以改变，特别是当身份是集体性的时候，特别是当身份是根据由类别和群体来界定的时候。"[8]

第六，认同（Identity）的意思是"一个人或一个群体的自我认识，它是自我意识的产物——我或我们有什么特别的素质而使得我不同于你，或我们不同于他们"[9]，而国家认同是高层次的群体认同，它不同于一般的血缘、地缘关系的认同，而是人们对自己的国家成员的政治身份的承认与接受而产生的归属感。

以上几个要点对于研究台湾的历史记忆与群体认同具有重要的参考价值。

二、台湾社会的历史记忆

（一）已经存在的历史记忆

各个时代会有不同的历史记忆，但有些历史记忆是长期形成的，成为社会公认的历史记忆。在台湾，至少有以下一些基于历史事实的历史记忆一直延续至今，谁也无法否定：台湾人的祖先主要来自福建、广东。历史上开发台湾的主要力量是从福建、广东来的移民，即使在荷据时代，也不例外；荷兰殖民者曾经占领台湾38年，当时台湾成为转口贸易的中心；明郑在台湾统治22年，设立了府县行政机构，传播了中华文化；清政府统治台湾212年，起初设立台湾府，隶属于福建省，后来设立台湾省，与福建分治；日本在台湾实行殖民统治50年；1945年日本投降，台湾归还中国。

1949年以后，国民党政权在台湾进行的历史教育，以中国历史为中心，台湾史只是作为地方史，受到"忽视"和"鄙视"。有人指出："在戒严体制下，反共与中国教育笼罩一切，台湾史被视为旁流、支流，甚至认为台湾史的了解会激发本土认同，造成分离思想；或认为台湾史时间太短，比不上中国史的源远流长，不值得研究。因执政当局忽视、鄙视台湾史，使得教科书撰写时，台湾史被忽略，制订文化政策时，总是好高骛远，忽略台湾土地的声音。想象中国，忘却台湾，是昔日常态，因此台湾史研究者受到排斥也就习以为常。"[10] 当时所留下的历史记忆，主要是强调"台湾历史与中国历史的关联"，强调"中华民国"的正统地位，强调"中国史是正统，台湾史是边缘”，国民党统治时期所建构的就是这样一种历史记忆。[11]

（二）正在建构的历史记忆和正在制造的历史失忆

但是，自从1971年中华人民共和国政府成为全中国唯一合法的政府进入联合国，特别是1979年中美建交之后，国际公认的中国是中华人民共和国，而不是“中华民国”，于是台湾民众对国民党政权长期进行的所谓“正统”的历史教育产生怀疑，人们要求重新认识台湾与“中国”的关系、重新认识台湾的历史。现实环境的变化，似乎给重构历史记忆创造了机会。在这种情况下，有些人通过“解构”国民党政权所建构的历史记忆，“重构”新的历史记忆。台湾学者王明珂称：“台湾近年来对中国的逐渐失忆，以及重塑本土历史记忆的风气相当明显”；“历史失忆与重建历史记忆成为台湾人试图脱离中国、建立本土认同的工具”[12]。为此，有人提出了许多与过去的历史教育完全不同的看法，制造了许多与以往完全不同的历史记忆，大体上可以概括为以下几个方面：

1. “台湾民族论”：他们提出早期居住在台湾的不是汉人，而是来自南岛的原住民。早期来台的汉人，都是单身男子，他们娶原住民女子为妻，所以“有唐山公，无唐山妈”。台湾人大多数都有原住民的血统，有人甚至说“85%的台湾人都带有台湾原住民（或东南亚族群）的基因”[13]，与中国人是不同的民族。

2. “海洋文化论”：他们指出，台湾属于“海洋文化”，从荷兰统治时期就已经把台湾拖离中国历史轨道，脱离“大陆封建经济圈”，提前三百年加入海洋文化体系。台湾开辟为通商口岸后，体现海洋风格，再度被纳入世界贸易体系中。台湾是海洋文化，求变求新，大陆是大陆文化，封闭保守。二者是两种完全不同的文化。

3. “台湾民族主义”：先是有人提出，台湾人是大海之子，而不是“炎黄子孙”或“龙的传人”。台湾民族主义把国民党政权视为外来政权，是“非台湾人”势力的化身，并把外省人视为阻碍台湾社会本土化的“他者”。后来有人提出，台湾人是“知道的比别人多，活动力比别人强”的新兴民族，并把1945年以后进入台湾的“新住民”也包容在内。20世纪90年代之后，台湾民族主义把外省人纳入“命运共同体”，给予“台湾人”的身份，而把中国大陆视为“他者”。

4. “台湾自古不是中国领土”：他们主张荷兰人入台是台湾历史的开端。荷兰占领台湾时，台湾不是中国领土，郑成功赶走荷兰，也是“占领”台湾而不是“收复”台湾。台湾汉人祖先来到台湾是为了“放弃中国”，移民与大陆断绝了关系。有人主张只要祭祀“开台祖”，而不必顾及“唐山祖”。

5. “台湾人一贯受外来统治”：在17世纪初前后起，汉人由西方、日本人由东北、荷兰人自南部、西班牙人自北部纷纷进入台湾，全是“入侵者”。从荷兰、明郑、清、日本到国民党都是外来政权。荷兰、日本是外来政权，郑氏政权也是外来的，郑经自称东宁建国，这是台湾历史上首次出现汉人建立的独立政权，也是一个十足的外来政权；清朝是外来的满族人当权，在台湾当官的都是大陆人；国民党政权也是外来的。台湾人祖祖辈辈都受到外来政权的统治。

6. 台湾依附于中国大陆的年代是对台湾最不利的时期。日据初，台湾是荒芜之地，是世界上最落后最野蛮的地方。中国是出卖台湾的国家，台湾被祖国出卖。

7. 日本统治有功于台湾。日本将台湾建设成一个东南亚数一数二的地区。日本在台湾实行地方选举，让台湾人初尝自治之味，台湾生活水准急速提高。日本并没有把台湾归还中国，台湾地位未定。台湾光复使台湾倒退30—40年。

8. “中华民国”政府是外来政权。“中华民国”是主权独立的国家。台湾是“主权独立的国家”，名字叫“中华民国”。“台湾中国，一边一国”。过去台湾人的“中国认同”是国民党外来政权强加的，应当改变。

9. 中国或中华人民共和国是要“吞并”台湾的敌对国家。

如此等等，无法一一列举。

这些观点似是而非，有意夸大、歪曲、掩盖、抹杀真实的历史。“他们把承认历史上的两岸关系的人，一律斥之为‘大中华观念’，斥之为‘民族主义’；在他们眼中，这些全是消极的东西，不仅要在现实生活中把它铲除，而且要把它从历史上连根拔掉”[14]。应当指出，最早提出上述论点的多是一些政客，他们并不懂得台湾历史，而是出于某种政治目的随意“重构过去，满足当今的精神需要”。但是，却有一些历史学者出自同样的政治目的，愿意为这些错误论点“背书”。有人公然提出：“借由共同生活经验的集体历史记忆，转化为兼具有认知、情感、意志、行动的台湾意识，作为缔建名实相符台湾国家的支柱”。“重构台湾史观，并非是文字记录的静态改写，而是整个社会心灵的动态改造。”对于这些错误的观点，我们做过一些有针对性的讨论，给予澄清。[15] 但这项工作十分艰巨，因此，现在我们把它列为重点课题，从历史学的角度继续进行深入的探讨。

三、历史记忆的建构

上述错误的历史记忆是怎样被建构起来的?

首先，在国民党统治下的历史教育，一方面要“肃清日本统治的遗毒”，建构对中国的国家认同，另一方面则要“阐发三民主义及戡乱建国之意义”，树立国民党的正统地位，灌输“反攻大陆”“三民主义统一中国”的思想。台湾方面研究台湾史的学者回顾了台湾史研究的历程，有人指出，“仇日恨匪教育及宣传在老一辈台湾人中影响不大。但是对于受此教育熏陶的战后新一代福佬与客家人，仇日恨匪以及强调中国人认同的教育却产生很大的影响。在强化‘中国人认同’的教育政策下，许多本省年轻人也曾认为，与来自中国核心的外省人相较，台湾人是在中国的边缘，台湾本土文化是粗俗的乡俗，台语是不登大雅的乡音”[16]。也有人指出，在国民党“外省人”的统治下，“台湾人丧失自己的历史记忆”。“台湾当然不能是台湾人的台湾，因此台湾人自然不能研究台湾史，因而有当时的学子只知道黄河、长江，从不知台湾有淡水河、浊水溪的怪现象。”很多学生不知道台湾著名的历史人物蒋渭水、杨逵、吴浊流，形成了“中国史是正统，台湾史是边缘”“大陆中心—台湾边陲”的观点。[17]

那时民间即使有人研究台湾历史，也多是“由民俗研究台湾史”，或是收集与整理有关台湾史料，或是把台湾史作为中国的地方史进行研究。只有海外出版了史明的《台湾人四百年史》和王育德的《苦闷的台湾》，由于这两本书都是“台独”的观点，在台湾成为禁书。不仅如此，有关“二二八”以及“白色恐怖”的历史，“在官方被视为一种禁忌，连民间也不愿去讨论”。在这种情况下，“台湾史研究风气几乎被压制而不能自由发展”。“1950年代以来台湾历史研究，基本上等于中国史研究，而台湾史只是中国史的一段尾巴。”有人还指出：“台湾人读不到有系统的台湾史，也不知道自己有文学、艺术，台湾人甚至被教育去鄙视自己的信仰文化。他们了解中国甚至比中国人还深入，但对台湾却无所知；台湾人丧失其历史记忆，也丧失自我认同”[18]。

应当说，国民党的历史教育取得一定的成效，它为台湾民众建构了“认同中国”“国民党正统”等历史记忆，但却是以“反共”与忽视与掩盖台湾历史作为代价，因而也在重构历史记忆的过程中，“歪曲了过去”，“制造了历史的失忆”。

直到“解严”之后，台湾史的研究才开始兴盛起来。过去把“二二八”说成是暴乱、造反，如今人们十分关心“二二八”，“白色恐怖”等问题的真相。于是，被国民党当局掩盖起来的历史、被制造的历史失忆，从此走向了它的反面。

有关“二二八事件”的历史在建构新的历史记忆中是一个重要的典型事例。有人写道：“我的成长过程中更接受了‘白色恐怖’时期那种苍白的反共教育，对于一个外省第二代而言，发现以往的教育认知都是假的。”还有人说：“数十年以来，国民政府为了掩饰二二八的罪行，以武力和白色恐怖，封存了台湾人的集体记忆，以大中国认同，取代台湾的认同，压抑台湾的主体意识发展。这是我这一世代的悲哀。令我忧心的是属于我自己的这一世代，现今台湾社会的中壮年，成长于封闭的愚民教育体系，受一言堂的大中国意识形态教育；过去没机会认识台湾，现今也不愿承认台湾的主体性。”[19] 当人们发现国民党当局“掩饰真相、扭曲真相、篡改历史、伪造历史”之后，一些政治人物便利用“二二八”作为选举的工具，制造种种夸大的言论，重构历史记忆，把它说是“外省人杀本省人”“大陆打压台湾”“台湾独立运动的开端”；有的说：“二二八大革命是台湾人反对外来中国人统治者的殖民地解放斗争”[20]；有的说：台湾人“因为对历史的认知错误，拥抱外来政权，导致二二八事件被屠杀的命运”[21]。有人甚至捏造二二八事件中有几万人被杀的说法，以此煽起省籍族群矛盾，使得国民党无力招架。可以说，国民党当局在建构历史记忆方面受到了一次“惩罚”。

当然，“二二八事件”只是一个事例，实际上李登辉、陈水扁执政时期还极力推动“去中国化”，不断地建构错误的“历史记忆”。他们利用媒体以及文学艺术等手段，刻意塑造台湾民众的“历史记忆”，本文仅就涉及历史方面的内容加以评述。

首先是有关历史教科书的编写。王汎森指出：“在政治变革中，历史教科书的编纂者通常做些什么？最重要的，便是在叙述的过程中选定叙述主词所代表的人群：‘我们’所代表的是哪些人？‘你们’是指哪些人？也就是‘我群’与‘你群’的划分。这项划分带动历史知识全体内容的改变与评价体系之变化。‘我群’与‘你群’之分，往往便是‘烈士’与‘叛贼’之分。譬如说，从清代到民国，各种忠臣祠祀的名单的变化，属于‘我群’的，入祀昭忠祠；属于‘你群’的，则成为敌人。”[22] 在1997年编写《认识台湾》教科书时就有人主张“以台湾人的观点写台湾史”，远离“中国的台湾”，中学历史课本把台湾史从中国史中分离出来，许多与大陆有关的历史都被“失忆”了。《95年高中历史暂行课纲》则把明朝以后的中国史列为世界史。2007年有人检查了台湾中小学教科书，发现有几千个用词被修改了，主要是把原来“我国”全部改为“中国”，国画、国剧、古人等等则改为中国水墨画、中国京剧、中国古人，而把原来的“台湾”改为“我国”，把两岸改为“两国”[23]。这样，通过“去中国化”，以台湾为“我群”，以大陆为“他群”，重构了台湾社会的历史记忆与群体认同。正如一位学者所说的：“不同的历史教科书把人们划分成不同的历史世界，而历史知识之不同亦大幅影响了人们的政治认同与政治抉择”[24]。

台湾出版不少有关台湾历史的著作，其中有的就明白地表示是为了“强化台湾的认同，凝聚台湾命运共同体的意识”，建构“台湾国家认同”，“扬弃原有由大中国意识主宰的社会主流论述，建立以台湾为主体的价值观”。

此外，通过“二二八博物馆”、纪念日、举办专题研讨会以及一些“独”派的媒体的宣传，多方配合，建构上述新的历史记忆。现在台湾至少有7座“二二八纪念碑”，通过悲情的历史记忆建构与深化“台湾主体认同”[25]。1995年在纪念马关条约签订一百周年时，台湾官方与民间分别举办了研讨会。张炎宪称，这二者充分显示了“台湾观点和中国观点的差异性”。台湾研究基金会举办的研讨会“开启百年反省之契机”，“《自由时报》选在马关条约签订日，邀请海内外学者，以台湾观点论述一百年历史的变迁，且配合媒体，刊登论文，广为传播。这是台湾新闻媒体公开表明台湾观点的创举。”[26] 这里所谓“台湾观点”是什么呢？当年与会的还有从美国、日本来的政客与学者，其中有人竟说出“台湾不应属于中国”，有人提出“中国是出卖台湾的国家。中国在任何危急的时候，随时可能再出卖台湾”[27]。有人则明确指出：“强调台湾主体是为了突显台湾与中国之别”[28]。这表明他们要建构的是与“中国观点”不同的“台湾观点”的历史记忆。与此同时，他们也制造了对日本殖民统治的历史失忆，不仅不讲日本的侵略，反而对日本殖民者歌功颂德。这表明他们在“重构过去的行动中，把过去的历史歪曲了”。这些历史记忆的建构者正是企图通过制造这样的“台湾观点”建构台湾的群体认同，以便与中国认同区别开来。他们的目的是通过建构新的国家认同的标准，来建构“新国家”。他们公然表示，台湾史研究就是要改变以往以“血缘、种族、文化”为国家认同的标准，而代之以“国民主权、社区意识、命运共同体的现代国家观念”作为国家认同的标准，并体现“建构新国家的时代意义”[29]。

四、新的历史记忆对建构群体认同的影响

在李登辉、陈水扁执政时期，他们制造新的历史记忆，目的就在于建构新的群体认同，即建构台湾的所谓“国族认同”。为此，他们对国民党统治时期所制造的历史

记忆，采取“反其道而行之”的办法，力图达到否定中国认同的目的。首先是强调本土化，极力“去中国化”，企图淡化与割断两岸的历史关系，似乎台湾历史与中国历史没有关系。其次，制造所谓台湾的“特色”，把台湾的历史说成是与中国完全不同，并以这些特色作为“我群”的标准，以便与大陆分别开来。再次，把中国大陆的一切说成是落后的，而台湾则是先进的，制造对中国大陆的鄙视、厌恶甚至仇恨，把“台湾与大陆”“台湾与中国”对立起来，最终达到只认同台湾不认同中国的目的。

讲台湾历史，强调本土化，这本来是无可厚非的，但是为了强调本土化，而极力“去中国化”，制造对中国的失忆，就不是正确的态度。刘阿荣在评论这种做法时指出，“一方面以全球化或国际化，作为去除传统国家认同与文化认同的外在压力（或称外力诱因），宣称‘胸怀世界’的国际视野；另一方面又极力张扬‘本土化’作为‘在地化’的核心，试图以台湾本土认同作为‘爱国’与‘不爱国’的判准，更以本土文化认同取代传统文化（中华文化）认同，以建立台湾的主体性、优先性作为内存诱因”[30]。他认为这是“将中华文化的文化认同及‘中华民国’的国家认同，转化成为台湾文化或隐含的‘台湾国’的文化认同与国家认同”[31]。王健文也指出：“台湾史的‘恢复记忆’常尝试通过对中国史的‘失忆’而进行”[32]。

“去中国化”的结果，必然导致只认同台湾不认同中国。包淳亮指出了这个变化，他说：“台湾过去十多年的‘国家意识’有了显明的变化，许多人的‘国家认同’从‘中国’转变成‘台湾’；许多人的自我认同也从‘中国人’转变成‘台湾人’。”[33]张麟征指出这是人为制造出来的，她说：“从李登辉到陈水扁，他们是刻意地在去中国化。经过20年的政策推广，所以制造了不只是一代，现在差不多三年就有一代了，不是20年才一代。所以，很多台湾人他们就会觉得，讲我是台湾人，他觉得理所当然。但是他忘掉了，其实每个人的身份都不只是一种身份。”[34]但有人却对“与中国一刀两断”感到高兴，称“二二八”具有里程碑的意义，因为“几百年来台湾人对中国的情结终于一刀两断，台湾人终于意识到台湾民族和中国民族之不同”[35]。

正因为在近20年中制造了新历史记忆，使得青年一代缺乏正确的历史记忆，而只有被建构的历史记忆，因而在群体认同上从“中国认同”转变为“台湾认同”，有人把它视为“国族认同”上的转变。

当然建构新的历史记忆只是重新建构台湾群体认同的途径之一，在台湾社会“解禁”、政治开放、本土化发展的形势下，从李登辉到陈水扁的执政当局还通过各种文化运动、社会运动、政治运动极力推动“去中国化”的群体认同或“国族认同”。十几年来，台湾的历史教育已经发生了严重的影响，有人指出："两岸异己关系的'台独'史观已经慢慢建立起来"；"在普遍30岁以下的学生或社会人士，他们常觉得中国与台湾是互不相属的"；"事实上，改变台湾青少年的历史认同与国族认同，从小学历史教育即已着手，现在已经达到目的了。通过历史教育，让青少年意识到台湾史是我们的历史，中国史是中国人的历史，进一步意识到我们是台湾人，台湾的历史才是我们的历史。在本质上，这已经不是教育改革，而是'国族认同'的改造了"[36]。应当说，他们的历史教育与政治教育已经取得一定的成果，在分裂主义的道路上走出了严重的一步。

五、重构历史记忆与扩大群体认同

面对台湾历史记忆与群体认同的现状，一些有识之士普遍感到担忧。南方朔指出："台湾现在谈这个（认同）问题，基本上是把台湾认同与中国认同对立起来，如此是违背认同理论的，因为认同的目的是创造团结。"[37] 现在两岸大多数同胞都希望两岸关系能够和平稳定地发展，而台湾现有的历史记忆与群体认同却可能走到相反的方向，这对于两岸关系的发展无疑是不利的，有必要探寻正确的道路。笔者认为重构历史记忆与扩大群体认同应当是有利于两岸人民的一种选择。

（一）现有的历史记忆与群体认同是可以改变的

正如相关理论所指出的，群体往往立足于当下，根据现代的需要与愿望不断地重构历史记忆，而随着历史记忆的改变，群体认同也会改变。

从台湾来看，国民党统治时期根据他们统治的需要建构了历史记忆，但它却是以"正统""反共"、忽视与掩盖台湾历史的手法来建构的，一旦人们发现这些历史记忆是"骗人的"，就会走向它的反面。国民党对"二二八事件"的处理就是一个深刻的教训。

正因为这样，台湾社会开始重构历史记忆，有其合理的因素，既要了解台湾历史与大陆历史的关系，了解其共同性，也要了解台湾历史的特殊性，让台湾人民正确地了解台湾的历史，这本来是一种拨乱反正。可惜近十几年来台湾当局走的是与以往国民党统治时期类似的道路，它是以"去中国化"、割断台湾历史与中国历史的关系、歪曲台湾的历史的手法，建构所谓新的历史记忆，从一个极端走向另一个极端。所以一旦人们发现这些历史记忆是歪曲、掩盖真实的历史，而且会导致族群对抗、两岸对立的时候，现有的历史记忆就一定会被改变。因为历史的延续性、历史进程的内存联系是不可割断的，用“去中国化”的办法建构台湾的历史记忆，就必然漏洞百出，无法自圆其说。实际上有些民进党籍的学者也认为“去中国化行之不易”“中国与台湾的关系从未中断”“中国文化影响难以分割”[38]。《乌合之众》一书的作者勒庞指出：“一切与民族的普遍信念和情感相悖的东西，都没有持久力，逆流不久便又回到了主河道。”[39] 看来台湾也无法避免这一趋势。

（二）现有的记忆与群体认同是必然要改变的

集体记忆的一个重要功能就是重构过去，满足当今的精神需要。社会往往要消除可能导致个体彼此分离、群体互相疏远的记忆。台湾现有的历史记忆造成了族群的矛盾，这一点已经引起台湾社会的重视。大家都要求族群融合，那种排斥外省人，挑起族群对抗的历史记忆，已经有所改变，“无论先来后到都是台湾人”的互相包容的风气已经占了上风。但是，由于“去中国化”与对中国大陆的妖魔化，挑起两岸对立的历史记忆仍然存在，这显然不利于两岸人民，也不符合当今世界的潮流。在两岸关系和平发展的形势下，这些看法也必然遭到人们的反对。因此，改变导致两岸对抗的历史记忆，改变被掩盖、歪曲、抹煞与伪造了的历史记忆，恢复有利于两岸人民友好合作的历史记忆，促进两岸团结，必将成为两岸人民的共同意愿和要求。

（三）应当在更大的范围内建构历史记忆与群体认同

台湾现有的历史记忆是局限在台湾，而不与中国大陆相联系，重构历史记忆就应当在更大的“疆域”“边界”范围内，即在两岸范围内共同建构。实际上群体认同是多元的，“由台湾的例子来看，台湾人的族群认同，事实上都包括各层次的族群认同体系。比如，一个人可能拥有客家人、台湾人（不同层次的）、中国人等认同，需强调某一种认同是视状况而定的”[40]。

在两岸关系和平发展的进程中，两岸之间的交往必将日益增多，两岸合作必将日益发展，两岸的共同利益必将日益突显，两岸在各个方面的共识与互信必将日益增进，两岸的共性，即两岸之间“同”的因素就会越来越多。认同理论认为，随着行为体之间交往的增多，它们之间会形成共有的行为模式和行为规范，而且会遵循社会规范选择与自己身份相符的方式行动，通过互动建构起“共有知识”，这就有助于促进观念认同和身份认同。因此，在两岸关系和平发展的条件下，扩大两岸的相互认同，不仅拥有坚实的基础，而且必然对双方有利。这样的发展趋势是不可避免的。

有些台湾学者已经看出了这样的前景，他们提出了“双重认同”的主张。台湾一位外省籍的学者指出：“台湾民众的自我认同在民主化的过程中确实出现转变；排他性的中国人认同不再具有压倒性的优势，新的台湾人认同出现。然而，新的‘台湾心’并不排斥‘中国情’。大多数的台湾民众同时拥有‘中国人’与‘台湾人’的双重认同”。“大多数民众心底的真正认同，并不是台湾民族主义，也不是中国民族主义，而是同时拥有台湾认同与中国认同的‘双重民族认同’”[41]。当然这个论点还需要经过论证。其实陈其南早就已经提出：“台湾社会基本上仍然是中国或汉人社会，台湾人不论如何强调其本土意识，在历史文化上仍无法否定此一事实”[42]。此外，近来周奕成提出“台湾需要新的中华论”，以便明确台湾与“中华民国”的关系，“中华民国”与中国、中华的关系，以及台湾在未来中华的形成中该扮演什么角色。尽管他对“新中华论”的具体内容还没有做进一步的阐述，但可以看出，他已经看到两岸关系是不可分割的，需要有一种“有机的互动连带”[43]。最近南方朔提出的看法则更加明确，他举出苏格兰的例子。他说，苏格兰人可以说，“我是英国人，我更是苏格兰人，我还是世界人”。于是他主张：“台湾要有双认同，我是台湾人，我也是中国人”[44]。我认为这种“双重认同”的观点是可取的，值得重视，希望随着两岸关系的和平发展，这种看法能够得到更多人的认同。我们期待两岸同胞能够自觉地共同重构新时期的历史记忆，合力建构两岸的群体认同与国家认同，让两岸关系和平发展的过程成为两岸共同重构历史记忆与国家认同的过程。

【教育部人文社会科学重点研究基地重大项目
“台湾史与‘台独史观’批判”（10JJDGJW020）】

注释

1. 参阅王明珂：《历史事实、历史记忆与历史心性》，《历史研究》，2001年，第5期。
2. 主要著作有哈布瓦赫：《论集体记忆》，上海：世纪出版集团，2002年；格雷塞：《身份认同的困境》，北京：社会科学文献出版社，2010年；亨廷顿：《谁是美国人？美国国民特性面临的挑战》，北京：新华出版社，2010年。
3. 哈布瓦赫：《论集体记忆》，上海：世纪出版集团，2002年，第91页。
4. 同上，第303页。
5. 格雷塞：《身份认同的困境》，北京：社会科学文献出版社，2010年，第12页。
6. 哈布瓦赫：《论集体记忆》，第303页，第304页，第321页。
7. 格雷塞：《身份认同的困境》，第34页，第7页。
8. 同上，第10页。
9. 亨廷顿：《谁是美国人？美国国民特性面临的挑战》，第17页。
10. 张炎宪：《台湾历史发展的特色》，http://www.twcenter.org.tw/a05/a05_01_05.htm。
11. 张隆志：《当代台湾史学史论纲》，台湾《台湾史研究》，2009年12月；陈芳明：《台湾研究与后殖民史观》，台湾《历史月刊》，1996年10月号。
12. 王明珂：《台湾与中国的历史记忆与失忆》，台湾《历史月刊》，1996年10月号。
13. 李筱峰专栏：《呼应林著：我们流着不同的血液》，《自由时报》，2010年7月4日。
14. 陈孔立：《台湾历史与两岸关系》，台湾《历史月刊》，1996年10月号。
15. 参阅陈孔立：《日据时期台湾历史的几个问题》，《海峡评论》，第89期；《台湾历史的失忆》，《海峡评论》，第95、96、97期；《台湾"去中国化"的文化动向》，《台湾研究集刊》，2001年第3期，《海峡评论》，第128－130期；陈孔立等：《认识台湾教科书评析》，北京：九洲图书出版社，1999年；《史明台湾史论的虚构》，台北：人间出版社，1994年等。
16. 王明珂：《过去、集体记忆与族群认同：台湾的族群经验》，见"中研院"近代史所主编：《认同与国家：近代中西历史的比较》，"中研院"近代史所，1994年。
17. 陈芳明：《台湾研究与后殖民地史观》，台湾《历史月刊》，1996年10月；李筱峰：《检讨台湾的历史教育》，http://lundian.com/forum/view.shtml?p=PS200601261602016482&l=fanti。
18. 参阅许雪姬：《台湾史研究三部曲》，http://www.linkingbooks.com.tw/basic/content_def；张炎宪：《台湾历史发展的特色》，http://www.twcenter.org.tw/a05/a05_01_05.htm，；张炎宪：《台湾通史的著作及其意义》，http://mwhistory.myweb.hinet.net/taiwan/taiwan07_07_12，htm;杜正胜：《台湾的教育改革与台湾的未来》，http://www.lse.ac.uk/collections/taiwanProgramme。
19. 以上引文见叶春娇：《国族认同的转折》，台北：稻乡出版社，2010年，第102页，第242页。
20. 史明：《台湾人四百年史》，史明授权在台发行，1980年，第795页。
21. 郑钦仁：《台湾国家论》，台北：前卫出版社，2009年，第162页。
22. 王汎森：《历史教科书与历史记忆》，见《思想》杂志，2008年5期。
23. 《改掉5000用词，教科书全面去中国化》，《中国时报》，2007年7月21日。
24. 王汎森：《历史教科书与历史记忆》，见《思想》杂志，2008年5期。

25. 参阅张羽：《二十年来台湾民众集体记忆与文化认同研究》，《台湾研究》，2009年，第4期。
26. 张炎宪等编：《台湾近百年史论文集》，吴三连台湾史料基金会，1996年，序言。
27. 《自由时报》，1995年4月17日报道。
28. 张炎宪等编：《台湾近百年史论文集》，吴三连台湾史料基金会，1996年，序言。
29. 张炎宪等编：《台湾近百年史论文集》，吴三连台湾史料基金会，1996年，第296页，第449页。
30. 刘阿荣：《族群记忆与国家认同》，http://www.face21cn.com/gudai/mingsu/2009_10_19_2239.html
31. 刘阿荣：《全球在地化与文化认同——台湾文化认同的转化》，收录于《全球在地文化研究》，桃园：元智大学通识教学部出版，第123—129页。
32. 王健文：《历史记忆叙事与国族认同》，http://www.ls.ndhu.edu.tw/efiles/060526.doc，2006年8月18日。
33. 包淳亮：《台湾的反对运动与"国家"认同转移》，《联合早报》，2001年10月5日。
34. 张麟征：《台湾人的认同问题主要是人为制造》，http://www.sina.com.cn/c/2009-03-31/11001751923。
35. 林宗光：《台湾人之认同问题与二二八》，陈芳明编：《二二八事件学术论文集》，台北：前卫出版社，1995年。
36. 《台湾历史课纲涉大是大非》，http://www.zhgpl.com/doc/1015/3/1/3/101531341_5，2010年12月26日。
37. 《历史课纲修订与台湾的国族认同问题》，香港《中国评论》，2010年12月号。
38. 转引自《你认同杜正胜的"同心圆史观"吗？》，http://blog.udn.com/teddy5422/3338578。
39. [法]勒宠：《乌合之众》，冯克利译，北京：中央编译出版社，2005年，第123页。
40. 王明珂：《过去、集体记忆与族群认同：台湾的族群经验》，见"中研院"近代史所主编：《认同与国家：近代中西历史的比较》，"中研院"近代史所，1994年。
41. 沈筱绮：《故土与家园：探索"外省人"国家认同的两个内涵》，见张茂桂：《国家与认同：一些外省人的观点》，台北：群学出版社，2010年，第126页，第128页。
42. 陈其南：《台湾史研究的政治意涵》，台湾《历史月刊》，1996年10月号。
43. 周奕成：《台湾需要新的中华论》，台湾《新新闻》，2010年10月6日。
44. 《历史课纲修订与台湾的国族认同问题》，香港《中国评论》，2010年12月号。

民进党意识形态的基本特征分析

林　劲*

所谓政党的意识形态，是指政党成员对周围世界以及政党本身的认知体系，是一个政党成员共同具有的认识、思想、信仰、价值等，也是该党政治纲领、行为准则、价值取向的思想理论依据……政党的意识形态不仅在凝聚内部共识、合理化政策主张、约束规范成员以及号召动员选民等方面起着重要作用，而且是该党确定政策方向及设定政治议题的重要依据。一般较为成熟和稳定的政党，都有自己的一套意识形态体系，而人们通常也以此来识别、选择以及支持某个政党。作为台湾的主要政党之一，民进党有着一套鲜明的意识形态。

本文将从多元性与复杂性、反体制色彩和本土牌等方面就民进党意识形态的基本特征进行分析。

一、民进党意识形态的多元性与复杂性

在海内外普遍印象中，民进党是一个“台独政党”。的确，自1990年代初以来，伴随“国家认同”歧异而来的统“独”争议，成为台湾政坛最为复杂的政治分歧，一再成为某些政党和候选人在选举中用于政治动员的工具，相当程度地影响政党的组成以及政治资源的分配。通过政治人物的言论、媒体的报道、两岸的互动，如今一般

* 作者系厦门大学台湾研究院教授。文章发表于《台湾研究》2010年第5期。

台湾民众不必花费太多的资讯成本，也无须具备太多的认知和概念技巧，即可认知主要政党及候选人在统“独”光谱序列的位置。在党纲中明确以建立“主权独立自主的台湾共和国”为目标的政党，民进党的“台独”意识形态显然与国民党、亲民党、新党等认同和捍卫“中华民国体制”、反对“台独”的泛蓝政党形成了鲜明的对比，成为该党最显著的特色。尽管如此，如果仅仅关注而强调这一点，对于全面、客观地了解民进党是远远不够的，实际上民进党的意识形态是一个包罗万象、十分复杂的观念体系，其复杂性主要体现以下方面：

首先，从意识形态体系的构成来看，除了“台独分离主义”之外，自由民主、社会福利以及环境保护等诉求都是民进党意识形态体系的重要组成部分。一方面，这是政党政治逻辑的必然要求，是适应选举竞争、扩大政治版图的必然选择。因为在利益分化和思想多元的台湾社会，仅仅依靠“台独分离主义”这单一且狭隘的意识形态，民进党是无法凝聚足够的支持力量的，面对不同阶层和群体的需求，只有分别提出具有针对性的政治主张，整合各种相关的意识形态，才能赢得相应的支持。另一方面，从民进党的成长背景来看，其前身“党外”势力就是一个由反对国民党的各种政治力量组成的异质性程度很高的松散联盟或联合阵线。各种政治力量之间对于台湾政治社会问题的看法及主张并不一致。有的侧重于关注政治社会资源的分配问题，有的侧重于关切政治体制改革问题，有的侧重于关心台湾政治定位和未来走向问题，即便是重视同一议题的人士，其价值取向和主张也不尽相同。民进党的成立，很大程度上只是将松散的联盟加以组织化而已，并未能消除他们在政治理念上的差异，各类意识形态主张仍然保留下来，成为民进党意识形态体系的组成部分。对于民进党意识形态的纷繁复杂状况，有党内人士坦言：“其实，民进党内除了反对国民党这一点有共识之外，其他没有任何共识”[1、2]。此言尽管有点夸张，但却道出该党意识形态的错综复杂性。此外，确有这样一批民进党人，对于党的各种意识形态并不热衷，他们参与民进党是基于自身的政治利益，包括“台独分离主义”的各种意识形态，都只是他们进行政治斗争甚至是内部权力资源斗争的工具而已。

其次，民进党意识形态的复杂性，不仅体现在横向的多元性，而且体现在纵向的可变性，即根据形势的变化而对其意识形态作出调整及其诠释。从主导性意识形态的变迁来看，民进党并非自始就是“台独政党”，“台独分离主义”成为其主流意识形态有其发展变化的过程。在上世纪70年代至80年代，由于国民党长期专制统治及政治资源分配的省籍不平等造成台湾政治结构的不合理，民进党及其前身党外势力以反对专制独裁、实现政治民主化和本土化为最重要的政治诉求，并获得越来越多台湾民众的支持。尽管他们曾经提出带有“分离主义”色彩的“住民自决”“台湾国际主权独立”等主张，但并没有得到大多数台湾民众的认同。甚且，在两岸关系议题上，民进党成立初期的大陆政策，比当时顽固坚持“不接触、不谈判、不妥协”等政策的国民党当局更积极和开放。因此，在1991年10月通过“台独”党纲之前，自由民主意识形态无疑是民进党主导性的意识形态。正因如此，当时民进党才可能容纳费希平、朱高正、林正杰等一批反对国民党专制而主张两岸统一的政治精英。随着台湾政治民主化和本土化的渐次落实，自由民主意识形态已经成为各个政党意识形态的公分母，因此原先的民主政治诉求逐渐失去其感召力。同时上世纪80年代末至90年代初国际形势剧变，大陆因为发生北京风波而遭到西方国家的孤立，冷战格局的瓦解导致二战结束以来最大规模的独立运动浪潮，给当时民进党内激进“台独”势力予空前的鼓舞。[3]他们的极力推动使民进党在五届一次“全代会”上通过了“台独”党纲。自此，“台独分离主义”成为民进党的主导性意识形态，成为区别于其他政党的最显著标志。

此外，尽管“台独分离主义”已经成为民进党的主导性意识形态，但是党内对于“台独”主张的认知和态度一直存在着分歧。以往民进党也根据形势的变化对“台独”论述进行多次调整，使得其“台独”路线在激进与务实之间摆荡。在“台独党纲”通过的当年年底，民进党在二届“国大代表”选举中遭到重挫，证明其激进的“台独”主张并未获得多数选民的认同，从而引发党内是否修改“台独党纲”的争论，这一争论自始成为20世纪90年代民进党内路线斗争的主轴。特别是随着李登辉全面掌控台湾政权，其分离主义路线越来越明显，而且较之于“台湾独立”主张更具蒙蔽性和欺骗性，民进党陷入不仅得不到倾向统一选民的支持，而且也无法开拓中间选民的票源，甚至连基本支持者的票源也难以完全保住的窘境，于是党内要求重新检讨“台独”路线、淡化“台独”诉求、重新诠释“台独”内涵的呼声不断增强。在各种压力之下，当时民进党领导人许信良和施明德等推动一系列“台独路线”转型，在阐释“台湾已经独立”的基础上，他们先后提出“如果民进党执政，不必也不会宣布台湾独立”的主张，从而使民进党逐步走向“体制内台独”的路线。在1996年3月举行的台湾首届“总统”民选中，由于主张激进“台独”路线的民进党籍候选人彭明敏的惨败，引发党内对“台独”路线的检讨。随后，新生代提出“台湾独立不是什么神圣的使命，而是务实的政治主张”“台湾独立不是最优先的政治目标，而是为了实现其他政治理想的途径”“台湾独立不一定以‘台湾’作为国家的名称”等主张，[4]进一步向“台独”基本教义派发起挑战。务实派的转型动作引起“台独”基本教义派的强烈反弹，并最终导致“台独”基本教义派另立门户而成立“建国党”。此举并未严重削弱民进党，反而减小进一步路线转型的内部阻力，并使选民得以区别民进党与建国党在“台独”理念上的差异。在1999年5月八届二次“全代会”上，民进党通过接受“中华民国”“国号”的《台湾前途决议文》。2000年政党轮替后，陈水扁主政初期基本承袭民进党“台独”路线转型的成果，主张“新中间路线”，并做出“四不一没有”[5]的承诺。然而，不久之后，陈水扁及民进党再次一步步滑向激进“台独”路线的深渊。在2008年的“立委”选举和“总统”大选中，民进党接连遭受惨败，激进“台独”路线再次成为众矢之的。在这种情况下，民进党未来是否再次调整其“台独”路线，受到海内外广泛的关注。

但是下台之后的民进党并未对相关路线及政策做出调整，原因在于不具有调整的迫切性且具有因为调整而发生内部分裂的危险性。

二、民进党意识形态中的反体制色彩

如果以政党追求的目标或是对现行政治体制的立场作为标准，可以把政党区分为反体制（或体制外）政党与支持体制（或体制内）政党。前者以改变或推翻既存的宪政体制、社会经济结构为目标，其所采取的手段可能是革命式或者是通过参与既存体制的运作来达成目标；后者则是认同既存宪政体制，政党之间的主要竞争乃是政策方面的分歧，并在政治过程中相互妥协、制定政策。[6] 按照这一分类标准，在以往政治发展过程中，先是与威权体制抗争以推动台湾政治民主化和本土化，后来又否定“中华民国体制”、以“台湾独立建国”为目标的民进党，无疑是一个“反体制政党”。然而，在台湾政治语境中，“体制内”和“体制外”之间的区别不仅体现在政党的目标或对于既存政治体制的态度上，还体现在政党所选择的斗争策略和手段，如群众运动一般被视为“体制外路线”，而议会路线则被视为“体制内路线”。以下从政党目标及其斗争策略分析民进党意识形态中的反体制色彩。

在威权统治时期，国民党当局以所谓“动员戡乱”“反共复国”为名，实行一党专制统治，严厉镇压政治异议人士，限制反对党的成立，拒绝在台湾施行“民主宪政”，所谓的“中央民意代表机构”40年不曾换届改选；同时在政治资源分配方面对外省籍人士进行政策倾斜；在经济资源分配方面实行少数人特权垄断；剥夺了台湾民众的各项政治权利和公民权利。作为反国民党势力的集合体，党外势力以及后来的民进党向不合理的政治经济社会体制展开激烈的抗争，并型塑强烈的反体制性格。从当时的抗争目标来看，其“反体制”色彩主要体现在以下两个方面：一是反抗架空“宪政”的“动员戡乱体制”，要求实现政治体制的民主化；二是反抗政治资源分配的省籍不平等结构，要求实现政治本土化。有台湾学者指出，当时“台湾的省籍分歧大于阶级分歧，而指向政治体系本身认同与结构层次的冲突也明显大于政治体系内的功能性竞争”，因此，民进党是个“兼具台湾意识与反体制色彩的本省人政党”[7]。从反对运动的斗争策略来看，尽管其内部对于走议会路线还是走群众运动路线一直存在争议，但是当时体制内政治权力资源几乎被国民党独占，反对运动人士难以在体制内推动改革，必然选择体制外群众运动路线，通过动员不满国民党统治的群众走上街头表达要求及展开抗争，以强大压力迫使当局进行各项改革。

90年代之后，随着台湾政治民主化和本土化的渐次落实，民进党的抗争目标发生了变化。1991年10月，民进党通过“台独党纲”，意味着该党的主要抗争目标，由原先反对独裁专制和政治资源分配的省籍不平等，转变为以公开否定“中华民国体制”、建立“台湾共和国”为目标。甚且，民进党和当时主政的李登辉一起，进一步向“中华民国体制”的基础——即所谓的“大中国意识形态”发起挑战，通过不断宣扬所谓的“台湾主体意识”，以增强其“台独”主张的正当性，这是具有浓厚反体制色彩且更高层次的政治目标。然而，事实证明激进“台独”主张无法得到大多数台湾民众的认同，并非“十全大补膏”，而是“票房毒药”；随着政党实力的增长，民进党在体制内推动改革以至走上执政不再是不可能，而政权的本土化也使得民进党和国民党的对立有所缓和；[8] 过去动辄发动群众走上街头以及在民意机构中频繁挑起肢体冲突的做法严重地伤害民进党的形象。于是从90年代中期开始，民进党展开了路线转型的一系列举措，在政治主张上淡化反体制的“台独”诉求，从否定“中华民国体制”的“体制外台独”路线逐渐转向承认“中华民国体制”的“体制内台独”路线，[9] 其中最重要的标志就是通过正式承认“中华民国”“国号”的《台湾前途决议文》。另外，在斗争策略上民进党也调整过去的群众运动路线，逐渐与社会运动疏远，减少街头抗争的次数和烈度，转而致力于通过选举竞争以获取更多的政治资源。经过90年代中后期的转型，民进党已经大幅淡化反体制色彩，努力塑造理性的、负责任的反对党形象，从而逐渐获得越来越多先前对其抱持疑虑的选民、尤其是中产阶层选民的信任。这也是民进党能够在2000年“总统”选举中获胜的原因之一。

在2000年上台执政以后，民进党当局虽然表示遵守不挑战“中华民国体制”的所谓“四不一没有”承诺，但是后来的事态证明，民进党的代表人物不断公开发表否定“中华民国体制”的言论，陈水扁甚至以极为轻蔑的态度指称“中华民国是什么碗糕”。在实际行动上，民进党极力推动“公投制宪”，妄图抛弃“中华民国体制”，以斩断两岸在法理上的联系。作为政党意志的体现，民进党于2007年9月通过以“正名制宪”为目标的《正常国家决议文》，重返“台独党纲”的原点。更为严重的是利用所掌握的行政资源，推行以“去中国化”为核心内容的“渐进式台独”政策，以将“台独”理念落到实处，为各种反体制行为提供思想意识、文化教育的基础。

在2008年“立委”选举和“总统”选举连遭挫败后，民进党再次面对路线选择的问题。尽管“激进派”和“务实派”之间围绕路线选择的争议不断，但整体上已有淡化反体制色彩并向中间路线靠拢的趋势。在选后的内部检讨中，激进“台独”路线受到强烈的批判；在其后的党主席选举中，被认为较温和理性的蔡英文击败“台独”基本教义派支持的候选人辜宽敏，而蔡英文上任以后转而强调民进党要证明比国民党有更强的处理政策、议题的能力，从而使得民进党不只是国民党的反对者，更是一个竞争者；[10] 此外，陈水扁因为贪腐弊案身陷囹圄，连带地使激进“台独”主张的道德正当性遭到严重削弱。面对体制内权力资源急剧萎缩的现实，民进党重返街头的声浪再次高涨，有人甚至主张民进党即使要走议会路线，也应该是强硬的、不惜瘫痪议事的强硬议会路线。[11] 自马英九上台执政以来，民进党已发动多次大规模的街头抗争活动，特别是在2008年11月初大陆海协会长陈云林赴台期间，民进党的抗议活动更是造成严重的流血冲突事件。随后，民进党将2009年确定为“社会运动年”，并在中央党部增设“社会运动部”，以为长期街头抗争做准备。[12]

民进党的反体制性格，对其自身发展及台湾政党政治运作都产生很大的影响。首先，虽然民进党及其前身党外势力一直都有明确的反体制目标，但并没有采取革命式的暴力手段，始终都把参与体制内的选举竞争作为重要的斗争手段，在实现政治民主化之后选举竞争更成为最主要的斗争手段。至于其所发动的街头抗争，如果按照严格的标准，即以是否为当时政治体制所容许的话，那么，虽然在威权统治时期街头抗争是被严格限制的“体制外”行为，但在民主化之后则是被容许的“体制内”行为，当然抗争的烈度必须在非暴力的限度之内。因此，民进党及其前身党外运动一直以来都主要是在体制内来追求其反体制的目标。这种在行动策略上进入体制且又坚持反体制目标的做法，使得民进党在实际运作上矛盾重重。在坚持“一中”并且追求统一的

"中华民国宪法"之下搞"台独"，谈何容易。既要做，又不能明言自己在做；既想自圆其说，又难以自圆其说，于是便会有混淆问题、文不对题的状况出现。[13] 这正是李登辉和陈水扁在执政时期推行"台独"路线的真实写照。其次，民进党鲜明的反体制性格，不可避免地与认同和维护既存体制的其它政党产生激烈的冲突，从而对于台湾政党政治的正常运作产生严重的影响。如果说早年民进党反抗威权体制有其正当性的话，那么在民主化和本土化实现之后仍然执着于对"中华民国体制"的否定，则使台湾社会陷入"国家认同"分裂的境地，导致难以妥协的认同性议题成为台湾政党竞争的主轴。从近年来台湾政党政治的运作来看，政党的分歧主要不是低层次的政策议题，而是高层次的意识形态。政党之间因为缺乏互信而展开恶性竞争，又因为恶性竞争进而挫伤互信，从而使得许多政策性议题、包括民生和经济议题也因为泛政治化而未能得到理性的讨论和妥善的处理。

三、民进党意识形态中的"本土牌"

20多年来，台湾意识形态领域最大的变化就是本土意识（即所谓"台湾意识"、"台湾主体意识"）的持续高涨。民进党凭着"本土政党"的出身以及较为系统的本土论述，在本土意识的推动过程中扮演着重要的角色。长期以来，民进党在选举中时常将"本土牌"作为攻击对手、切割选票的重要手段，确实一度由此占尽便宜。所谓"本土牌"，在台湾的政治场域中，指的是一种揉合省籍及族群冲突、统"独"矛盾、两岸对峙等意涵，通过煽动对立情绪，区分出"我群"与"他群"的概念，借此切割选民群体的斗争策略。[14] "本土牌"之所以成为民进党的一种斗争策略，与台湾政治发展历程以及民进党的成长背景密切相关。

在台湾政治转型中，政治本土化始终是一条主轴。由于在国民党威权统治时期，一方面，当局以"动员戡乱"和"反攻大陆"为借口，坚持所谓"法统"、拒不实施民主，民众的政治参与权利受到压制；另一方面，当局为维持其在台统治的"正当性"，刻意用"中国文化"与"大中国意识"粗暴地贬抑台湾的"乡土文化"与"乡土意识"，加之"二二八事件"的历史悲剧以及"戒严"时期的"白色恐怖"所造成的省籍矛盾和冲突，台湾省籍民众蓄积了强烈的"被压迫意识"。于是，"本土化、台湾化"成为政治转型的主题，并夹杂着民主意识和分离主义意识。当时以本省籍人士为主的反对运动，选择省籍问题作为政治动员的工具，在各种选举场合以"本省人投给本省人”“台湾人选台湾人”为号召来争取支持。在此阶段，“本土牌”体现为利用省籍及族群矛盾，虽然对于扭转由国民党外省籍精英长期垄断政治权力的局面，具有一定的正当性，但这一策略不可避免地加剧省籍、族群的矛盾，并沦为某些政党和政客权力斗争的工具。

进入90年代之后，随着台湾政治环境的巨大变迁，民进党的“本土牌”操作出现一些新特点。

首先，自李登辉上台之后，国民党内的省籍矛盾逐渐公开化，外省籍精英被逐步排挤出权力核心，而民进党基于省籍情结和“台湾人出头天”的心理，在国民党内争时给李登辉予大力支持，极力“抹红”国民党内外省籍精英及新党，冠之以“外省集团”“外省人政党”“急统派”“中共同路人”等帽子。

其次，李登辉主导国民党展开了一系列的本土化转型，同时逐渐抛弃“一个中国原则”和“大中国意识形态”，走向分离主义路线，并致力打造与“本土牌”密切相关的“台湾生命共同体”“台湾主体意识”等理念。因此，民进党的“本土牌”除了对新党及国民党外省籍人士尚能起点作用之外，对于国民党本土派人物则失去了威力，这无疑给民进党带来莫大的压力，并成为其后推动路线转型的重要原因之一。

再次，随着台湾政坛统“独”争议渐趋白热化及两岸关系的跌宕起伏，“本土牌”加入了煽动敌视大陆和利用两岸对立的内容，为了激发“台湾主体意识”以获取选举利益，“台独”分裂势力通过不断挑起事端以塑造大陆对台湾“蛮横打压”的负面形象。总之，这一时期“本土牌”的内涵得到进一步扩充，由于以李登辉为首的国民党本土势力和民进党在政治理念的趋近，尤其是二者都倾力鼓吹“台湾主体意识”，使得民进党无法独占“台湾”和“本土”的种种好处，只能与国民党既竞争又合作。

在2000年“总统”大选中，民进党以微弱优势胜选，一跃成为台湾的执政党，此后政坛步入泛蓝、泛绿两大阵营对峙时期。下台之后的国民党对李登辉的分离主义路线进行了清理，同时加强与亲民党、新党的合作，积极推动两岸的和解和交流。而民进党当局顽固坚持“台独”主张，极力推行“渐进式台独”以及“去中国化”政策，不断地冲击和恶化两岸关系。于是，在蓝绿两大阵营意识形态差距拉大及李登辉投入绿营的情况下，民进党以“本土政权”自居，掌握本土论述主导权，不遗余力地利用“本土牌”对蓝营展开持续的攻击，通过建构一整套理论论述，充分运用媒体包装将“民进党=民主=本土政权=爱台湾”，同时相对应地把国民党、亲民党、新党与“外来政权”“外省人”“威权专制”“中国”“中共同路人”“出卖台湾”等画上等号，通过口耳相传予地下电台、宗教社团、竞选桩脚等各种信息网络，向选民灌输、散播“本土优先”思想。[15] 在选举及个别重大事件中，民进党都或明或暗地利用“本土牌”成功地挑起部分民众的情绪。而蓝营在“本土牌”面前曾一度处于被动挨打的局面，从而不得不采取一系列相应的本土化转型动作并着力建构系统的本土论述来应对民进党的本土论述霸权。[16] 在利用“本土牌”打击蓝营且再三尝到甜头之后，民进党变本加厉地将“本土牌”的效用发挥到淋漓尽致。

进而，在某些政治人物的操弄下，“本土牌”的打击对象不断扩大，甚至蜕变为赤裸裸的内部权力斗争工具。从民进党与“台联党”的关系来看，当初李登辉主导成立“台联党”所标举的主要目的就是要结合所谓“本土力量”。协助民进党“稳定政局”，以巩固“本土政权”，两党合作共同对抗“非本土”或“不够本土”的蓝营。而后，随着民进党与“台联党”关系的恶化，民进党对李登辉及“台联党”也祭出“本土牌”，质疑后者对于本土路线的坚持。[17] 此外，“本土牌”也被民进党某些政客用于党内权力斗争，导致严重内讧。在2007年“立委”和“总统”选举党内初选过程中，被“台独”基本教义派绑架的当权派，竟然将“本土”作为检验党员忠诚与否的工具，于是部分民间形象较好而不“挺扁”或者在两岸关系持务实态度的参选人被冠以“十一寇”[18]。甚至连“总统”候选人谢长廷以往的“宪法一中”主张，在初选过程中也难逃竞争对手“本土牌”炮火的攻击。[19] 此外，这一时期民进党的“本土论述”最为人诟病的是沦落到不分是非的地步，尤其是在陈水扁政权因贪污腐败和施政无能而造成民怨沸腾的时候，民进党当权派竟然利用“本土牌”将挺扁与反扁的斗争操弄为本土与非本土、爱台与卖台、泛蓝与泛绿及南部与北部的对立，公然蔑视普世价值和民意，引起党内有识之士的批判。前民进党文宣部主任陈芳明写道：“把陈水扁视为本土政权，其实是对本土最大的羞辱。本土，岂能容许贪腐？本土，岂能纵容反民主？本土，岂能施用清党手段？然而，在本土的面具下，在民主开放社会不该发生的倒行逆施，竟然都发生了，而且，都一一实现”[20]。

由操弄“本土牌”的脉络可见，民进党是根据政治需要而随时对“本土论述”内容作出调整，逐步扩大斗争范围。蓝营、“台联党”、党内异议人士、反扁人士、北部、中国大陆甚至美国政府，[21] 都曾经成为民进党“本土论述”所塑造的“他者”，随着民进党“本土论述”的工具性色彩渐趋明显，尤其是一度沦为主政者掩盖贪腐无能的遮羞布，其道德正当性不可避免地受到严重削弱。而民进党处处以“本土”正统自居、动辄将自己等同于“台湾”、不尊重民众自由选择的心态和举措，令许多台湾民众极为反感。

然而，2008年两场重要选举接连惨败的残酷现实，使部分民进党人士意识到，过度操弄本土意识，不仅无法打败对手，而且可能反噬自身。于是，在选后的反省和检讨中，民进党代表人物一再表示需要“重建本土论述”，时任主席谢长廷在谈到党的未来定位时指出，民进党推动的“台湾主体意识”，已经获得社会共识，未来民进党“不再垄断台湾或本土”，而必须和很多“本土政党”竞争进步性。[22] 这实际上承认国民党等政党已是本土政党、今后不能再乱扣“外来政权”帽子的事实。继任主席蔡英文在检讨“本土论述”时承认，“过去在政治攻防中，尤其在选举过程中，有些人有意无意地（我相信是无意的）把‘本土’窄化成一种排他性的观念。这种窄化的本土诠释忽视了移民社会最需要的包容，跟我们团结成为生命共同体的需要是矛盾的”，因此，民进党需要对其最核心的本土价值“进行重新诠释”，将“‘本土’，重新诠释为一个包容性的观念，让这个社会所有的新旧移民不分族群都能共享‘本土’”[23]。这无疑切中以往民进党本土论述的症结所在。然而，这一理念能否得以落实令人质疑，下台以来，民进党动辄把马英九当局积极推动两岸协商与谈判的作为斥之为“倾中”“促统”“卖台”，甚至发动大规模街头抗争行动，在在显示民进党的实际作为仍未摆脱其“本土论述”中根深蒂固的“恐中”与“仇中”思维的束缚。

【教育部人文社会科学重点研究基地重大项目（07JJDGAT247）】

注释

1. 田卫东：《略论政党意识形态的功能》，《理论前沿》，1997年，第20期。
2. 刘国深：《民进党意识形态研究》，北京：九州出版社，2005年2月，第1版，第15页。
3. 郭正亮：《民进党转型之痛》，台北：台湾天下远见出版股份有限公司，1998年5月20日，第1版，第68页。
4. 周奕成等：《台湾独立运动的新世代纲领》，参见郭正亮著《民进党转型之痛》，第297—303页。
5. 所谓“四不一没有”，即“不会宣布台湾独立，不会更改‘国号’，不会推动‘两国论’入宪，不会推动改变现状的统独公投，也没有废除国统纲领与国统会的问题”。
6. 吴文程：《政党与选举概论》，台中：台湾五南图书出版公司，1996年1月，初版，第18页。
7. 林佳龙：《威权侍从政体下的台湾反对运动——民进党社会基础的政治解释》，台湾《台湾社会研究季刊》第二卷，第一期，1989年春季号，第126页。
8. 参见郭正亮：《选举总路线下的民进党》，载于游盈隆主编：《民主巩固或崩溃——台湾二十一世纪的挑战》，台湾月旦出版股份有限公司，1997年10月，初版，第205页。
9. 所谓的“体制内台独”路线仍然具有反体制的色彩，因为民进党所谓接受“中华民国体制”，其实只是接受“中华民国”作为“国号”，从主张建立“主权独立自主的台湾共和国”转变为主张“台湾已经是一个主权独立的国家”从而“没有必要宣布独立”而已，在他们看来，“中华民国”等同于“台湾”，这显然违背“中华民国宪法”的“一中架构”。由于“台独”目标本质上是反体制的，因此所谓“体制内台独”的概念本身是矛盾的。
10. 蔡英文：《坚持“勤政、清廉、本土”的价值民进党有更深的责任》。民主进步党网站：http://www.dpp.org.tw./。
11. 李彦谋：《群众与议会，民进党的两难》，台湾《新新闻》，第1132期，2008年11月13—19日。
12. 《民进党拟增“社运部”519全面体检马政府》，中国评论新闻网：http://www.chinareviewnews.com/doc/1008/7/4/2/ 100874252.html? coluid=7&kindid=0&docid=100874252。
13. 沈卫平：《两岸关系应该如何定位——兼评“一边一国论”》，《中国评论》2003年3月号。
14. 郑又平：《民进党选举策略中“本土牌”运用之政治分析》，“国家政策研究基金会”网站：http://www.npf.org. tw/particle-3025-2. html。
15. 同上。
16. 为了迎战2008年的“总统”选举，国民党于2007年对党章做了重大的修改，首次将“台湾”写入党章，宣示“以台湾为主，对人民有利”；马英九出版《原乡精神》一书，提出自己的“新本土论述”。国民党建构本土论述的目的就是要破除对手以“外来政党”攻击的魔咒，并指出民进党本土论述的封闭、保守，主要方向是不断强化“中华民国”与“台湾”或“本土”的联结。
17. 李正修：《背离“主权在民”的民进党政府》，台湾《中央日报》（网络报），2007年5月16日。
18. 所谓“十一寇”即林浊水、李文忠、洪奇昌、段宜康、沈发惠、蔡其昌、林树山、郭正亮、郑运鹏、罗文嘉和沈富雄等十一人。他们是民进党务实路线的代表，对于陈水扁及民进党当权派多有批判。

19. 《苏贞昌狠批谢长廷：宪法一中把大家当傻瓜》，星岛环球网：http://www.stnn.cc/hk-taiwan/200704/t20070424-520744.html。
20. 同14。
21. 《陈芳明：视扁为本土政权，是对本土最大羞辱》，中国评论新闻网：http://www.chinareviewnews.com/cm-webapp/new/ doc/docDetail.j sp? doc,id= 100544256。
22. 谢长廷：《台湾维新，从民进党开始》，民进党新闻稿，民主进步党网站：http://ww.dpp.org.tw。
23. 蔡英文：《以新本土观捍卫台湾》，台湾《中国时报》，2009年3月22日。

放下包袱，努力创造民共对话的空间
——兼论民进党“台独”路线转型

朱卫东*

最近，接连遭受两次“大选”挫败的民进党选出苏贞昌为新一任党主席，党内外有关该党路线转型的老话题又一次浮上了台面，民进党这次能够打破“台独”魔咒，突破其长期发展的瓶颈吗？虽然外界多期待民进党能抓住2014年前没有选举的大好时机，痛定思痛，进行认真的总结反思，以实现“台独”路线的实质转型，但事情远非想象的那么简单。

一、民进党为何难以实现“台独”路线转型

民进党为何长期不能突破发展瓶颈？为什么对“台独”这一“短板”和“票房毒药”视而不见？其病根究竟在哪里？是可以治愈的慢性顽疾，抑或是无可救药的“政治癌症”？有何对症下药的良方？

我的观察结论是：民进党长期以来顽固坚持“台独党纲”和两岸“一边一国”的分裂立场，并非其对“台独”理想信念有多么坚定的追求，也不在于民进党不了解大陆立场、不清楚“台独”对该党发展的负面作用。民进党难以进行“台独”路线实质转型的主要原因是，党内领导层因循守旧，思想僵化，不能与时俱进，对当今时代潮流、台湾政治发展趋势和民进党所处的战略环境缺乏足够的判断力和决断力，错估形势，高估自己，低估对手，远没有展现出一个期望东山再起、实现在台长期执政的岛内第

* 作者系中国社会科学院台湾研究所副所长、研究员。文章发表于香港《中国评论》2012年第7期。

一大在野党所应有的视野、格局和高度，以及对形势的把握能力和环境的塑造能力。

多数情况下，民进党给外界呈现的是一种狭隘的孤立的保守主义印象，坐井观天，很少从国际格局看台湾问题，从两岸关系视角看台湾政治发展，热衷于党内的派系内斗和岛内朝野内斗。党内领导层不仅漠视大陆因素，对大陆对民进党的政策和美国对台政策抱有不切实际的幻想；而且对绿营和党内对“台独”转型的反弹牵制缺乏足够的定力和魄力，被“台独基本教义派”所绑架，从而造成该党在“台独”路线转型问题上习惯性地出现恶性循环的怪圈：即，民进党的长期灌输培养了“台独”信众，而深绿民众却反噬其“台独”转型；又由于岛内周期性选举政治和党内派系结构的制约，民进党的权力内斗常常掩盖甚至取代了路线之争。

其实，在目前制约台湾问题的大陆、台湾和美国三方宏观结构和国、民、共三党微观结构难以改变的情况下，民进党可扮演的角色和发挥的空间并不大，这就要求民进党的领导层不仅要有处理党内和朝野关系的能力，更要有洞察和应对宏观结构变化的水平，在内外的相对平衡中发展壮大自己。遗憾的是，民进党没有深刻认清这一点，高估自身的能量和筹码，自抬身价，一意孤行。事实证明，民进党主流所奉行的对抗的保守主义思维，不仅不利民进党的长远发展，更使台湾丧失了宝贵的发展机遇。这一态势即使在民进党有过8年执政经验后也没有获得根本改观。马英九和国民党屡屡的施政失误，使民进党误以为不需要放弃“台独”立场，调整两岸政策一样可以拿回政权。

民进党从不睁眼看世界，自我设限、自我麻醉、自我满足的结果，使得该党20多年来的路线转型进程大多瞻前顾后、半途而废或畏首畏尾、无疾而终，让外界特别是岛内民众越来越对其丧失信心和耐心。可以说，民进党已丧失了创党之初的改革创新精神，给外界的印象是，无人敢于、无人能够挑战“台独党纲”，实现对“台独”路线的战略转型，民进党自身已无纠错能力。面对在“台独”问题上积重难返的民进党，新任党主席苏贞昌有坚强的意志和足够的魄力加以改变吗？若非如此，民进党重返执政的“最后一哩路”，将不仅成为“一哩宽的大河”，甚至变成难以逾越的天堑鸿沟。

二、民进党存在两大思维盲点和误区

（一）对外，民进党未能客观正视和正确应对“大陆因素”，对大陆“反独”和美国对台政策抱有幻想

当今的中国大陆早已不是民进党通过“台独党纲”时代的大陆了，大陆实力的增

强对美国对台政策的影响力也在进一步增大。对于这样一个快速崛起、日益强大的世界第二大经济体，民进党不能无视东方巨人的存在，或者像皇帝新装式地假装看不见，民进党在制订路线政策的时候，必须要考虑到大陆的态度和反应。长期研究选举投票行为的台湾东吴大学教授游盈隆认为，“大陆因素在未来总统大选中将是一个‘常数’而不是‘变数’，它的影响力愈来愈大。至于能否扮演‘否决团体’的角色，要看民进党总统候选人的能耐”[1]。坦率地说，岛内政治力量特别是主要政党都应客观正视、正确应对大陆因素，同大陆友好相处对台湾国民两大党而言是一个永恒的主题。

大陆因素的作用主要体现在：

一是，大陆的发展正对台湾政局产生越来越大的影响力。从目前的态势和发展趋势看，大陆因素对岛内社会的影响已从过去被“台独”势力抹黑的“负面角色”开始发挥越来越强的“正面效应”。过去只要和大陆站在一起，就容易被扣上“亲中卖台”的“红帽子”，现在这种做法已经失灵，这是2012年“大选”马英九、国民党敢于打“两岸牌”的重要原因。

二是，大陆的综合实力和以两岸关系和平发展思想为主轴的对台新政，不仅进一步增强了大陆主导两岸关系发展的信心和能力，更对台湾政经发展和民心趋向产生深远的影响，决定了两岸关系的基本格局和发展方向。年初岛内举行的两项选举结果已经有力地证明了这一点，这也是马英九能够连任的重要原因。因此，亲绿的《自由时报》惊呼，“这次选举的最大赢家是中共”，台选举第一次出现“总统需要北京册封同意才会当选的朝贡特征”[2]。

三是，大陆综合实力和国际影响力与日俱增，促使国际大环境愈加不利“台独”的发展，国际社会的“一中框架”愈趋稳固，“台独”的国际空间日益萎缩。

对于“大陆因素”的上述作用以及由此形成的政治结构和发展趋势，民进党的主流缺乏足够的深刻认识。不仅如此，民进党还抱有一些不切实际的幻想：

对大陆：民进党误以为大陆急于统一，不能无视民进党的存在，会迁就民进党的“台独”。须知中国大陆作为一个大国是讲原则的，大陆不是不清楚民进党在岛内政坛的角色和作用，不是不知道还有40%多的人支持民进党；也正因为如此，大陆一直希望民进党能够抛弃“台独”这块“神主牌”，为民共对话合作创造条件和空间，希望民进党能够融入两岸关系和平发展的大循环中，发挥积极的建设性角色，这对两岸关系有利，对台湾民众有利，对民进党也有利。共民之间并无历史恩怨，大陆的态度一直是真诚的、友善的。尽管如此，但是中国大陆不可能拿原则做交易，无视13亿中国人的情感，同一个坚持“台独党纲”的政党打交道携手合作。民进党在野时如此，陈水扁执政8年也是如此。这个逻辑大陆变不了，也不会变，大陆别无选择；更何况时间并不站在民进党和“台独”这一边，拖下去对民进党的伤害更大。

对美国：民进党总以为自己可以居间扮演一些工具性的角色，但过去的经验早已证明，民进党乃至台湾当局在美国战略棋局中的角色始终是被动的，处于从属地位。美国虽未放弃“以台制华”战略，不愿看到两岸关系发展走得过快、过近，但是总体上还是希望两岸和平合作，并不满意民进党在两岸关系上的挑衅与对抗。因此，美对民进党等“台独”势力的支持从来都是有限度的、有条件的。此前中美共同管治陈水扁的“法理台独”即是典型的案例。前“美国在台协会主席”、知名台湾问题专家卜睿哲在民进党选出党主席后表示，“苏贞昌面临的很大挑战是评估民进党的大陆政策，他必须调整大陆政策。这是民进党内最具分歧的问题，美方将会观察如何演进。”[3]

（二）对内，民进党未能全面正确把握主流民意的新趋向，低估国民党赞同“九二共识”的威力

一是，民进党未能深刻体认、积极顺应岛内社会伴随两岸关系改善所形成的新的民意主流，即，民众期望在统“独”之外走两岸关系和平发展的第三条道路。这条路线已经受住两场重大选举的考验，获得了岛内不分蓝绿民众的广泛认同与支持。这种不断强化的民意趋向，对朝野政党发展的影响是深远的，但是民进党却罔顾大势，忽视了岛内大部分民众的新选择，深受绿营的牵制，仅仅只注意和满足少部分民众的关切，自然它也会被岛内多数民众所忽略、抛弃。

二是，民进党低估“九二共识”的作用。过去四年两岸关系和平发展取得了巨大成绩，形成了两岸大交流、大合作、大发展的局面，而这些成果都是两岸在坚持反对“台独”、认同“九二共识”政治基础上共同努力的结果。这一全新的形势和格局是过去民进党从来没有经历过的，完全迥异于此前国、民、共三党混战的局面，它所产生的政治效应是：首先，国共两个执政党携手合作，在“反独”和“九二共识”问题上形成“二对一”的态势；其次，在选举中，国民党大打以认同“九二共识”为主轴的“两岸安定牌”，使选战的核心演变成是否承认“九二共识”，迫使民进党现出“台独”原型，其在两岸关系上先天不足的弊端得以充分暴露，造成“台独”和“反中”诉求缺乏着力点，市场被严重挤压。岛内不少舆论在评价2012大选时都认为，“这是一场‘支持九二共识’胜过‘否定九二共识’的信任投票”，“选举结果代表了九二共识的胜利”[4]。面对“台独”这一“票房毒药”和明显的发展“短板”，民进党缺乏深刻的反省和应对的经验，低估了“九二共识”的威力，低估了大多数民众对民进党上台后两岸关系动荡不安的担忧。由于应对无方，民进党只是情绪性地“逢中必反、逢马必反”，为反对而反对，将胜利的希望寄托在对手的失误上，而不是提出比对手更高明、更能赢得民心的政策。而一旦国民党的失误变少，民进党的发展前景自然黯淡无光。

三、民进党只有放弃“台独党纲”进行实质转型才能真正突破发展瓶颈

笔者认为，民进党的路线转型大体可分为战略转型和策略调整两个层次：前者是指民进党从根本上放弃“台独”立场、认同“一个中国”的框架，在两岸关系上实现具有实质意义的战略转型；后者则是指民进党为了选举等政治利益淡化“台独”而进行的策略调整。民进党只有正本清源，痛下决心，抛弃“台独”，实现战略转型，才能脱胎换骨，为民进党的长远健康发展创造必要的条件。

（一）民进党“台独”路线转型仅停留在策略调整的层次

对历史的考察表明，民进党从未真正认识到放弃“台独”的极端重要性，只是迫于选举等外在压力通过精心包装和创意模糊对“台独”进行过几次策略调整，在“台独”问题上迄未进行具有实质意义的战略转型。

在民进党近26年的发展中，较具指标意义的转型是1999年5月民进党通过的“台湾前途决议文”，以“决议文”形式重新诠释“台独党纲”，与僵硬的“台独党纲”相比，间接承认了“中华民国”，虽具有一定的意义，但其“台独”本质未变，只能视为是民进党为突破发展困境，淡化“台独”形象，争取2000年大选胜利而进行的重大策略调整。

2011年8月民进党抛出的“十年政纲”也具有相同的特征。它集中反映了蔡英文领导下的民进党，在两岸关系和平发展新形势下不得不进行路线转型的基本趋向，但其基本点仍是主张，在坚持“事实台独”的前提下，采取“政经分离”的做法，以民主的原则和程序，构建两岸和平稳定的互动关系。在对待“台独”的问题上，只能算作是重回“台湾前途决议文”而已。亦即，经过12年的努力，民进党在陈水扁“法理台独”碰壁后，在路线转型问题上又退回到1999年的认识水平上。

民进党的路线转型涉及诸多因素的复杂互动。过去的经验显示，民进党的“台独”转型，在要不要调整问题上，内因大于外因；在如何调整问题上，战术调整大于战略调整；在调整幅度上，具有明显的局限性，难以迈大步、走远路。民进党似乎只能循环出现为了选举利益淡化“台独”而进行的策略转型，难以进行战略转型。有舆论悲观评价认为，“民进党迟早会窒息在两岸政策上”。目前，新任党主席苏贞昌对民进党在两岸关系上的路线转型论述不多，只是抛出一些语焉不详、内涵模糊的文字游戏，人们对其领导下的民进党能否真正转型仍存有很大的疑问。

（二）“台独党纲”对民进党发展的害处日益凸显

随着时间的推移，民进党“台独党纲”在岛内选举政治和两岸关系发展中角色已发生令人瞩目的蜕变，从党的“神主牌”、政治图腾逐渐演变成民进党发展的“罩门”“短板”和“票房毒药”。作为旧时代产物的“台独纲领”已远远落后于当今时代两岸关系和平发展的大势，它无益于台湾前途朝向和平理性的解决方向推进，不仅会危及台海和平，挑起台湾社会和政坛的“统独之争”，而且直接影响了政治的稳定和经济的发展，其对民进党发展的消极作用正愈益凸显。

一言以蔽之，当前的时代环境与民进党抛出“台独党纲”时的时空背景已经大相径庭，民进党若不放弃“台独党纲”将难以在选举中获胜，甚至长期处于在野地位；即使侥幸执政，也难以实现长期执政；与此相关联，民进党在两岸关系中也可能因此始终处于“孤独的愤怒中”而逐步被边缘化，难以扮演积极的建设性的角色。

（三）民进党摈弃“台独党纲”的好处毋庸置疑

从民进党发展的角度看，甩掉“台独”包袱的益处主要体现在：

在岛内事务上，将有利于民进党在以选举为轴心的政党竞争中占据有利位置，早日重返执政，乃至实现长期执政。民进党一旦摈弃“台独党纲”、放弃“台独”立场：1. 将与国民党站在同一起跑线上竞争，促使国民党在选举中的“安定牌”失效。2. 有利其改变“台独党”形象，便于减轻中间选民和经济选民对民进党的疑惧担心，更好地争取和扩大选票支持。3. 少数“台独基本教义派”虽然会反对甚至出走，但民进党能争取到的中间票将远大于失去的“深绿票”，况且在未来的选举中，绿营“两害相权取其轻”也一样会“含泪含恨投票”。4. 有利于民进党争取国际社会特别是美国的支持。

在两岸关系上，将有利于开启民进党和共产党之间的对话交流，直至达成民共合作共识，扫除民众对民进党没有处理两岸关系能力、一旦执政将引发台海动荡的担忧，为民进党在两岸关系上发挥积极作用提供了空间和条件，从而更好地为其赢得选举乃至全面执政服务。

2005年，国民党再次丢失政权后，痛定思痛，对两岸政策进行了大调整，连战首访大陆达成“胡连会”，不仅实现了国共历史性的和解，更推动了国民党重新执政。民进党在两次大选失利后能否如法炮制，其实答案也很清楚，即，民进党能否抛弃“台独党纲”、制订出和大陆关系正常化的两岸政策，是该党能否获得多数台湾选民信任以及能否获得美国肯定的关键性因素。

总之，从过去的历史经验教训看，岛内无论哪一个政党、哪一股力量搞“台独”都是死路一条。李登辉如此，陈水扁更是如此！民进党执政8年快速垮台，不仅是陈水扁个人贪腐造成的，更重要的是民进党“台独”路线的失败。个人认为，陈水扁任内在两岸关系上的最大“贡献”就是“台独”证伪，证明他自己所说的“台独做不到就是做不到”。从未来的发展趋势看，民进党要想突破发展瓶颈，就不得不抛弃“台独党纲”，而且越早调整和抛弃“台独”，对民进党的健康发展越有利。

结语

年初岛内两项选举结束后，台《新新闻》周刊于3月1日公布委托山水民调公司所作的民调，结果显示，49.6%的受访者认同民进党应该废除“台独党纲”，才能调整对中国的政策，33.4%的人不表认同，17%的人无意见；另有高达66%的受访者认为民进党不应排斥跟中国大陆交往。[5] 长期追踪台湾民众统“独”立场变动趋势的台湾远见民调中心，在其3月中旬公布的民调中也得出了类似的结论，49.9%的民众认为民进党的两岸政策应该更开放，仅有4.7%认为应该更保守，10%认为不用调整。[6] 这两份岛内最新民调都反映一个事实，即，台湾多数民众期待民进党进行“台独”路线转型，“台独党纲”的存废再一次站在历史的十字路口上，它不仅是外界观察民进党能否进行实质转型的重大分水岭，也是影响民共能否对话合作的关键，期待民进党领导层以及党内理性务实的力量能够共同努力加速路线转型的进程。

笔者认为，当前，苏贞昌领导下的民进党，虽然面临许多难题和挑战需要处理，诸如如何弥平内部分歧加强团结，如何展现比国民党更强的能力、提出更能打动人心的愿景论述等等，但从长远和战略的角度考虑，苏贞昌的当务之急是，要充分利用好2014年前岛内没有重大选举的大好机遇，在党内掀起一场有关两岸路线的思想大辩论，真理越辩越明，通过认真反思总结民进党的发展方向和发展路线，教育绿营民众，力争在解放思想中逐步统一思想，最终在两岸关系上达成基本共识，彻底抛弃“台独党纲”、放弃“台独”立场，为民进党的未来拓展更广阔的发展空间。与此同时，在两岸关系和民共对话上，民进党也应拿出实际行动展现诚意和善意，降低敌意，停止不利于两岸关系健康发展的言行，允许民进党县市长和党公职人员以个人名义赴大陆交流，比如参加海峡论坛加强沟通对话等，以逐步增进民共之间的了解、理解和谅解，增信释疑，培养氛围。对此，大陆方面的态度始终是一贯的、鲜明的、诚恳的，胡锦涛总书记在著名的“12 · 31讲话”中真诚地呼吁，“只要民进党改变‘台独’分裂立场，我们愿意做出正面回应”[7]，大陆也一直欢迎民进党人士以“适当身份”赴大陆交流。我深信，只要民进党诚心诚意地想解决问题，民共之间总会有智慧找到处理问题的办法的，只要民进党能够早日撤除自己为民共对话设置的障碍，摈弃“台独党纲”，民共对话合作的新时代一定会早日到来。

注释

1. 多维新闻，http://taiwan.dwnews.com/news/2012-06-07/58753843.html。
2. 台湾《自由时报》，2012年1月17日。
3. 中国评论网，http://www.chinareviewnews.com，2012-05-31。
4. 台湾《联合报》、《旺报》，2012年1月15日。
5. 台湾《新新闻》周刊，第1304期，第18页，2012年3月1日。
6. 中评社，台北3月16日电，http://www.chinareviewnews.com，2012-03-16。
7. 胡锦涛讲话，见《人民日报》头版，2008年12月31日。

ECFA下两岸经济制度性合作与一体化发展问题探讨

唐永红*

【摘要】通过ECFA推进两岸经济制度性合作与一体化发展，虽然有着较大的内容空间和重大的现实意义，但面临来自两岸经济体发展差异性、两岸政治关系稳定性以及台湾内部政治经济生态的约束，需要探索突破约束的路径。宜坚守政治基础，增强政治互信；遵守国际规则，坚持平等互利；遵循经济规律，循序渐进推进；采行先行先试，寻求局部突破。

引　言

中国大陆《国民经济和社会发展第十二个五年规划纲要》提出，要“建立健全两岸经济合作机制”，“全面深化两岸经济合作”。两岸签订经济合作框架协议（ECFA），旨在发挥两岸公权力的作用，建立合作机制，推进两岸经济制度性合作与一体化发展，这不仅符合当前两岸关系和平发展的主题，而且切中当前两岸经济关系发展的要害。尽管ECFA开启了两岸经济制度性合作与一体化发展的进程，但ECFA下两岸经济制度性合作与一体化发展，虽然有着较大的内容空间和重大的现实意义，在当前和可预见的未来，依然面临来自两岸的政治经济因素约束，需要探索突破约束的

* 作者系厦门大学台湾研究中心、台湾研究院经济研究所副所长、副教授，国台办海峡两岸关系研究中心兼职研究员，经济学博士，国家“985工程”台湾研究创新基地研究员。文章发表于《台湾研究集刊》2012年第5期。

路径。

文献检索显示，包括笔者在内的一些专家学者，如：唐永红、邓利娟《当前两岸经济合作机制创新的空间与路径》[1]、张冠华《关于新形势下建构两岸经济合作框架的探讨》[2]、盛九元《建立两岸经济合作机制的方式与途径研究》[3]、陈先才《两岸特色经济合作机制的建构》[4]、唐永红《两岸经济制度性合作与一体化发展研究》[5]、王建民《海峡两岸经济制度化合作及合作机制建构的方式与途径》[6]、刘舸《两岸经济合作机制的内涵及其成长规律》[7]、左功叶、王建民《海峡两岸经济合作机制建构主要障碍问题的探讨》[8]，等等，围绕启动两岸经济制度性合作与一体化发展的意义与方式等议题，已有所研究，并提出了一些真知灼见。但这些相关研究主要是在ECFA签订之前完成的，随着ECFA的签订、生效与实施，有必要结合ECFA的内容与两岸经济关系深化发展的需要，进一步探讨如何推进两岸经济制度性合作与一体化发展进程。特别是，台湾是一个政党政治与选举政治社会，政党轮替是常态，有必要结合台湾政局与两岸关系形势的可能变化，进一步探讨推进两岸经济制度性合作与一体化发展进程可能面临的障碍与约束，以及突破障碍与约束的路径。

一、ECFA后续协商两岸经济制度性合作与一体化发展的内容

在“九二共识”的政治互信基础上，两岸双方自2009年6月开始启动了ECFA协商谈判，并于2010年6月底签署了这一协议。ECFA于2010年9月生效并于2011年1月正式实施，两岸经济体由此初步踏上了制度性合作与一体化发展的道路。当前，两岸双方正在根据ECFA进一步协商建立健全两岸经济合作机制，推进两岸经济一体化发展，其主要内容涵盖以下方面：

（一）建立健全两岸贸易合作机制，推进两岸贸易自由化与便利化

当前，两岸根据ECFA关于两岸贸易自由化的共识，在“早期收获”的基础上，正在通过协商谈判，建立健全两岸贸易自由化与便利化机制。其中，两岸货物贸易自由化与便利化方面，就双方的关税减让或消除模式、原产地规则、海关程序、非关税措施（如技术性贸易障碍、食品安全检验与动植物防疫检疫措施）、贸易救济措施等问题进行协商，建立合作机制，以逐步减少或消除双方之间实质多数货物贸易的关税和非关税壁垒。两岸服务贸易自由化与便利化方面，通过协商，建立合作机制，以逐步

减少或消除双方之间涵盖众多部门的服务贸易限制性措施，继续扩展两岸服务贸易的广度与深度，增进双方在服务贸易领域的合作。

（二）建立健全两岸投资合作机制，推进两岸投资自由化与便利化

当前，由于两岸经济发展水平与薪资水平差距较大，完全意义上的两岸资本双向投资自由化与劳动力跨境流动自由化尚不具备条件，但两岸根据ECFA关于两岸投资的共识，正在通过协商谈判，建立两岸投资自由化与便利化机制，以及投资保障机制，以逐步减少双方相互投资的限制，促进投资便利化，并为来自对方的投资提供足够的保护。

（三）建立健全两岸金融合作机制，推进两岸金融业合作与发展

当前，两岸金融交流合作已成为两岸经济交流合作的短板，并制约着两岸经济交流合作的发展。两岸金融监督管理机构在业已签订的《海峡两岸金融合作协议》、两岸金融监管合作备忘录（MOU）的基础上，正在协商就两岸银行业、证券及期货业、保险业分别建立监督管理合作机制，以确保对互设金融机构实施有效监管。两岸货币监督管理机构正在协商建立两岸货币清算机制，以加强两岸货币监管合作。进而，透过ECFA下两岸服务贸易自由化与便利化协商谈判，推进两岸金融开放与合作进程。

（四）建立健全两岸产业合作机制，推进两岸产业对接与合作

当前，两岸根据ECFA关于两岸经济合作的共识，正在通过协商谈判，建立两岸产业发展规划与政策合作机制、产品技术标准合作机制、知识产权保护与合作机制、金融服务合作机制、电子商务合作机制、中小企业发展合作机制等，以促进双方产业对接与合作，提升产业竞争力，并减小两岸经济竞争，预防两岸经济冲突。

（五）建立健全两岸经贸争端解决机制，维护两岸经济关系发展秩序

当前，两岸根据ECFA关于争端解决的初步共识，正在协商建立健全两岸经贸争端解决机制，以有效处理两岸经济摩擦与纠纷，维护两岸经济关系发展的秩序，减小两岸出现对立或冲突的风险，促进两岸关系的和平与稳定发展。

二、ECFA下两岸经济制度性合作与一体化发展的意义

通过ECFA后续协商，建立上述两岸经济合作机制，推进两岸经济制度性合作与一体化发展，不仅符合当前两岸关系和平发展的主题，而且切中当前两岸经济关系发展的要害，具有重大的现实意义。

（一）拓展两岸经济合作与共赢之利基

众所周知，自中国大陆采取和平统一与改革开放政策以来，30年来的两岸经济交流合作，在两岸经济体潜在的互补性发展条件基础上，在经济全球化力量与两岸民间力量的推动下，不断突破两岸政治关系的约束，在经济全球化进程中日益加强。30年来，两岸经济交流合作在贸易、投资等方面总体上都保持着持续快速发展的势头，但形成了单向、不对称、不平衡格局，远未穷其发展潜力。

两岸贸易方面。据大陆海关总署统计，2011年两岸贸易额为1,600.3亿美元，其中，大陆对台湾出口351.1亿美元，自台湾进口1,249.2亿美元，大陆逆差达898.1亿美元。事实上，自20世纪80年代末期以来大陆对台贸易开始呈现逆差，截至2011年底大陆对台贸易逆差累计高达7,947.69亿美元。

两岸投资方面。据国家商务部统计，不含经第三地之转投资，累计至2011年底，台商投资大陆85,772项，大陆实际利用台资达542亿美元；另据台湾“投资审查委员会”统计，自1952年1月至2011年底，累计核准对大陆投资39,572件、1,116.98亿美元，但台湾2009年6月底才开始有限地开放陆资入台。据台湾“投资审查委员会”统计，至2011年底，累计核准陆资入台投资204件、1.76亿美元。

尽管两岸经贸交流因两岸经济体本身在规模上的不对称性与在主要经贸伙伴上的差异性，不太可能实现完全的对称性格局，但台湾当局长期以来的限制性大陆经贸政策显然是形成这种不对称格局的一个重要因素，而且，使得两岸经济交流与合作本身未能实现其可能的发展规模，远未充分发挥其对两岸经济发展的促进作用。例如，台湾当局长期以来对进口大陆商品、对台商赴大陆投资进行的是严格管制下的逐步有限开放（至今仍然禁止进口大陆2,000余项工农业产品），影响到大陆对台出口的规模和台商投资大陆的规模，从而削弱了大陆对台贸易与台商投资大陆对大陆经济增长的贡献。又如，台湾当局长期以来不开放陆资入台投资，直接排除了陆资对台湾经济增长的可能贡献。

因此，当前两岸当局若能建立贸易、投资合作机制，推进两岸经贸关系的正常化与两岸经贸活动的自由化，进一步向对方开放商品与要素市场，可以拓展两岸经济交流合作与互利共赢之利基，改善两岸经贸交流合作的不对称性，提高两岸经贸交流合作对两岸经济发展的促进作用。

（二）协调两岸经济体之经贸竞争态势

各经济体在发展方面通常既有互补性的一面又有相似的一面，因此，各经济体在发展中一般既存在合作的空间，也存在竞争的可能。随着大陆经济体近30年来持续快速发展，随着两岸经济体发展与结构的自然演变，两岸经济体不仅在相互依存性的发展中呈现出高度的不对称性特征，而且在基于互补性的交流交往中呈现出不断增长的竞争性态势。这种竞争性态势体现在两岸市场与外国市场中。

在大陆市场上，现阶段两岸经济体不仅在商品市场竞争日益激烈，在投资、人才与技术市场的竞争也开始显现。特别是台湾经济体，既面临与其他经济体的经济竞争，又面临着与成长中的大陆经济的竞争。以商品市场为例，随着大陆商品生产结构的不断调整，两岸经济体在商品生产结构上也在不断趋同，体现在两岸经济体间产业内贸易的发展上（参见图1）。在台湾市场上，由于台湾当局对大陆商品、资本、人员入台还设置各种政策障碍与限制，加之目前台湾市场机会较少，因此，两岸经济体在台湾市场的竞争还远没有在大陆市场的竞争激烈。目前，两岸经济体在台湾市场的竞争主要表现为商品市场竞争，不仅体现在先期的农产品、农工原料上，而且体现在部分加工产品上，如在电机设备及其零件、机器及机械用具、光学照相仪器及器具等（参见图1）。在竞争态势上，大陆商品因劳动力等生产要素价格低廉，市场竞争力越来越强；而台湾商品因劳动力成本较高市场竞争力日趋减弱。

两岸经济体在国际市场上也存在竞争，并远较国内市场激烈。而且，无论是在美国市场还是日本市场，都呈现此消彼长的局面。两岸经济体在国际市场上相互竞争与替代的产品，不仅涉及台湾以前向来作为主力的成衣、鞋类等属于劳力密集型以及技术层次较低的轻工业消费品，而且涉及电子、电器、电机与光学制品等热门出口产品。两岸经济体的出口商品在美国、日本的市场占有率的变化反映了两岸经济体在国际市场的竞争态势。图2显示了这种变化态势。据美国海关统计，自20世纪80年代后期以来，大陆出口商品与台湾出口商品在美国进口市场的占有率一直呈现此消彼长态势，大陆出口商品、台湾出口商品在美国进口市场的占有率分别从1989年的2.53%、5.14%

图1 2010年台湾与大陆（含香港）贸易的前10大主要产品及其占比

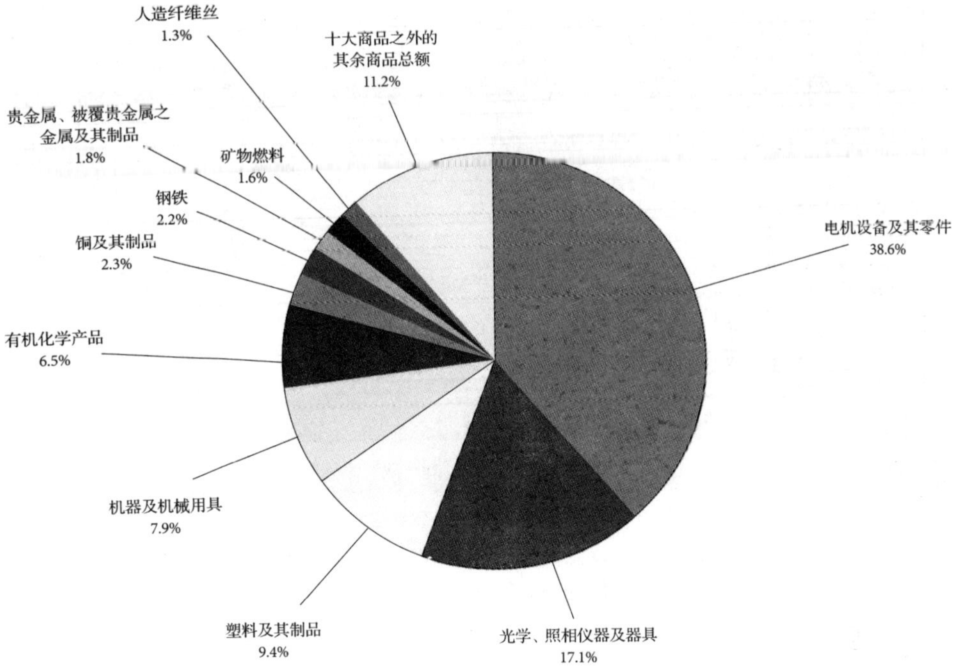

注：2010年台湾对大陆（含香港）出口的主要产品及其占比

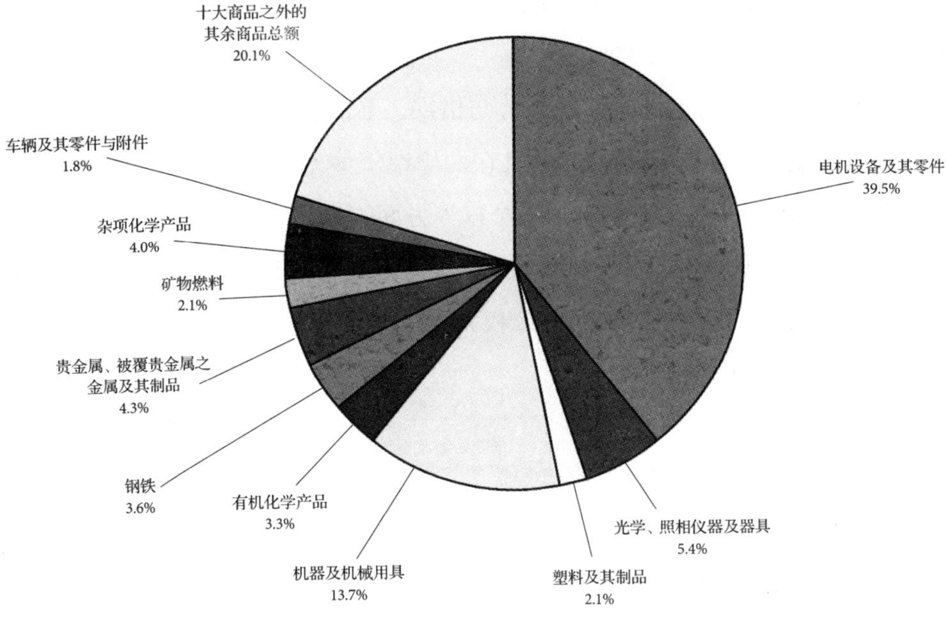

注：2010年台湾自大陆(含香港）进口的主要产品及其占比

资料来源：根据台湾“行政院陆委会”编制的《两岸经济统计月报》第217期相关数据计算绘制

图2　两岸出口商品在美、日进口市场占有率变动态势图

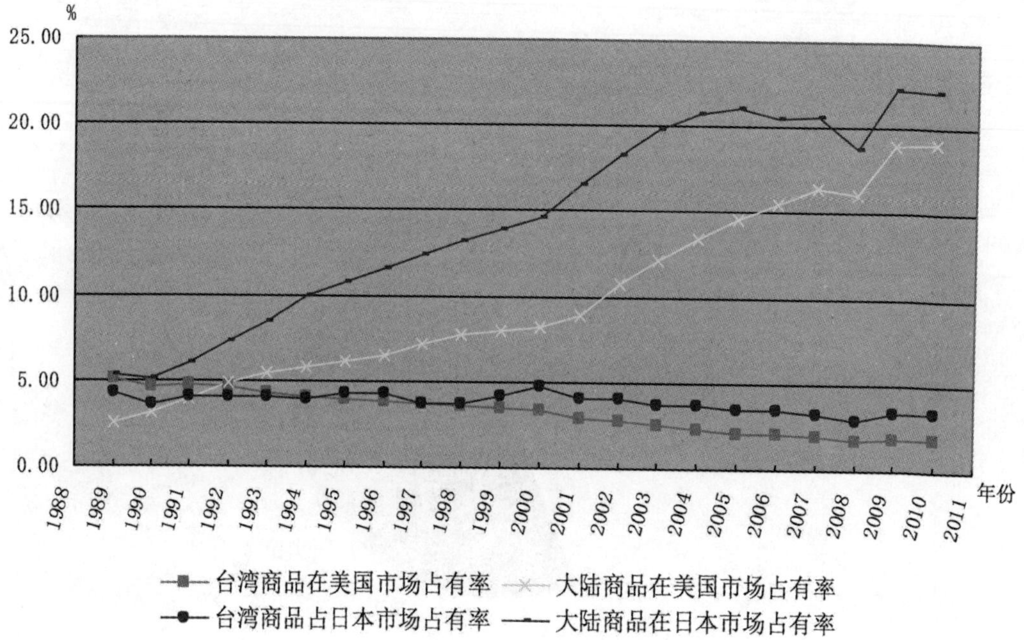

资料来源：根据台湾“行政院陆委会”编订的《两岸经济统计月报》第83、181、217期数据绘制

变化至2010年的19.09%、1.88%。相同的情形发生在日本进口市场。据日本海关统计，大陆出口商品、台湾出口商品在日本进口市场的占有率分别从1989年的5.29%、4.25%变化至2010年的22.11%、3.33%。

两岸经济体间的这种竞争性态势与格局，不仅有碍于提升两岸经济交流合作及其对两岸经济发展的促进作用，而且在两岸经济体本来就存在先天的体制机制差异的基础上，两岸在贸易、投资、知识产权等方面的经济摩擦与纠纷随着两岸经济交流合作的发展也不断涌现，不仅会影响到两岸经济关系的和谐发展，而且可能外溢到两岸政治关系方面。因此，需要双方公权力“看得见的手”的积极作用与安排，通过建立产业合作机制加以预防和解决。

（三）共同应对全球化与区域化之挑战

透过ECFA推进两岸经济制度性合作与一体化发展的现实意义，不止于上述方面。从外部环境层面看，世界经济的全球化趋势及其各种组织表现形式，特别是在全球多边层面建立的世界贸易组织（WTO）与在区域多边及双边层面蓬勃发展的区域经济一体化组织，在为两岸经济体提供更多发展机会的同时，显然也构成两岸经济发展和

两岸经济关系发展共同面临的外部竞争压力。同为WTO成员的两岸经济体都面临着如何在WTO有关规则约束下进一步增强交流合作，如何在经济全球化与区域一体化深化发展中进一步谋求各自最大化利益，增强国际竞争力，防止边缘化，并有效应对国际市场的不确定性与风险的问题。

一个可以选择的方式就是利用WTO“最惠国待遇原则”有关“经济一体化例外”的相关规定，建立健全两岸经济合作机制，推进两岸经济一体化发展。如此，既可进一步整合两岸经济比较优势，扩展交流与合作利基，协调彼此竞争与冲突，又可以相对稳定的一体化的内部市场一定程度上规避国际市场的不确定性与风险。如此，两岸经济体还可在条件成熟时进行一定程度的一体化安排，如结成“两岸关税同盟”，以一个经济共同体的身份，参与国际经济社会与组织，既可增强国际竞争力与在国际场域的讨价还价能力，又可在两岸政治关系的结构性矛盾下找到两岸共同参与国际社会与组织的一个途径与方式。

（四）促进两岸政治关系之和平与稳定发展

从政治经济互动关系层面看，在两岸当前的政治经济关系状态与内外环境条件下，建立健全两岸经济合作机制，推进两岸经济一体化发展，不仅是两岸应对内外经济环境、实现经济关系协调发展、追求利益最大化的必然要求，而且也有助于发挥两岸经济关系对两岸政治关系的促进作用，对于密切两岸联系、稳定两岸关系、促进两岸和平发展有着重大的现实意义。

通过建立健全两岸贸易合作机制、投资合作机制、产业合作机制，全面深化两岸经济合作，推进两岸经济一体化发展，可以厚植两岸共同利益，夯实两岸和平发展的经济基础。当两岸共同利益不断增长，在两岸各自利益中占有难以割舍之比例与地位的时候，两岸双方各界会更加珍视两岸和平发展的环境，从而会更加重视维持两岸政治关系的稳定性；也会改变既有的观念，形成更多的共识，更加愿意加强、深化和扩展两岸交流与合作，从而有助于两岸政治关系问题的和平解决。

此外，通过建立两岸产业合作机制，可以减小两岸经济竞争，预防两岸经济冲突；通过建立两岸经贸争端解决机制，可以有效处理两岸经济摩擦与纠纷，维护两岸经济关系发展的秩序。所有这些都最终有助于减小两岸出现对立或冲突的风险，促进两岸关系的和平与稳定发展。

三、制约ECFA下两岸经济制度性合作与一体化发展的因素

尽管透过ECFA建立健全两岸经济合作机制，推进两岸经济一体化发展，有着较大的内容空间和重大的现实意义，但在当前和可预见的未来，依然面临来自两岸政治经济层面因素的约束。

（一）两岸经济体发展差异性约束

当前，两岸经济体确有制度性合作以推进两岸经贸活动自由化与经济一体化的内在动力与外在压力，并在经济相互依存性、经济市场规模、经济技术发展水平、经贸政策可协调性等方面已具备进行一定程度自由化与一体化安排所必需的一些基本经济条件，以实现预期的经济效应；[9] 但与此同时，两岸经济体在经济结构、发展水平、开放程度与关税作用等各个层面的差异较大，这必将对建立健全两岸经济合作机制、推进两岸经贸活动自由化与经济一体化的步伐形成相当程度的制约。

首先，当前两岸经济体不仅在体制与机制层面存在一定的差异，而且处于不同的发展阶段水平上（大陆经济体作为发展中经济体总体上处于工业化的中期阶段，且发展不平衡，部分地区尚处于初期阶段，而台湾经济体作为发达经济体已基本完成工业化，并已迈向后工业化阶段；两岸人均GDP与工资水平差异极大），因此，近期内，两岸经济体在财政、货币、收入分配、区域开发等宏观政策层面基本上难以趋同。也就是说，两岸经济一体化当前尚无法在一体化程度较高的层面上（如共同市场、经济与货币联盟等）加以推进，只能在两岸货物与服务贸易自由化与便利化层面展开。

其次，两岸经济体当前的对外开放程度特别是各行业的国际竞争力与对外开放程度存在较大差异，两岸经济体当前的对外关税水平特别是各行业当前的对外关税水平存在较大差距（目前大陆平均关税税率约9.5%，台湾平均关税税率约5%），关税工具因而对当前两岸经济体的重要性特别是对各行业的重要性也明显不同，因此，共同的关税与经贸政策必然带给两岸经济体严重的不对称性冲击（在存在明显差异的经济体间实行共同的经济政策必然产生明显的不对称性冲击，这种明显的不对称性冲击反过来会阻碍共同政策的推行）。也就是说，即便是在两岸货物与服务贸易自由化与便利化层面，当前两岸经济体还不能结为关税同盟，只能局限于自由贸易或迈向自由贸易阶段。

最后，如前所述，随着两岸经济体发展与结构的自然演变，两岸经济分工已经从

过去垂直型分工为主过渡到混合型分工状态，且水平型分工在不断加强，两岸经济体产业结构在不断趋同，互补性在不断下降，两岸经济体不仅在国内市场上存在竞争性，而且在国际市场中的竞争性也在不断强化。这一方面意味着两岸经济体需要制度性合作与协调，另一方面无疑也成为两岸制度性合作与协调的一个制约因素。也就是说，两岸经济体在产业层面不断强化的竞争性必将影响到两岸产业分工合作机制的建立。

（二）两岸政治关系稳定性约束

虽然一直以来两岸都有“政经分离”、不以政治关系影响经济关系的呼声，但众所周知，即便是国家间的经济关系都难免政治因素的影响，通常都是基于某种政治共识与目的而缔结某种经济协定，进行某种经济合作安排。两岸经济关系发展的历史更是表明两岸政治关系与两岸经济关系始终存在彼此互动、相互影响的关系，两岸经济关系的发展一直以来都深受两岸政治关系的影响与形塑。

2008年来两岸签订的16项交流合作协议，包括ECFA，无不是建立在“九二共识”这一政治基础之上的。问题是，当前两岸当局之间的“九二共识”是建立在国共两党的政治共识与互信的基础之上的，台湾民进党等绿营政党至今并不认同、接受“九二共识”。因此，在绿营政党与共产党特别是民共两党（民进党与共产党）找到或达成两岸交流合作的政治共识基础之前，如果民进党等绿营政党再次执政台湾，两岸政治关系稳定性必将受到影响，进而两岸交流合作，包括两岸经济一体化的发展，很可能受到来自两岸政治关系稳定性的影响。

即便如民进党2012年“总统候选人”蔡英文所宣称的，如果民进党重新执政，将会“延续前朝政策”，但谁都不知道届时的民进党执政当局是否愿意进一步推进ECFA所开启的两岸经济一体化发展进程。

（三）台湾内部政治经济生态约束

目前，台湾已是发达经济体，大陆还是发展中经济体。按理，已是发达经济体的台湾，和还是发展中经济体的大陆，进行双边对等经贸活动自由化安排，面临相对较小的不利冲击，而更容易推进经贸活动自由化。但毕竟任何经济政策都是有利有弊的一把双刃剑，即便在总体上与长期上有利，但在短期上对某一特定群体而言的确会有所损伤。

尽管这些受损群体的声音值得关注，其利益需要得到关照，但当前台湾的政治生态容易过于放大他们的声音而影响到一项总体上正确的经济政策的出台。特别是当前台湾内部政治生态中存在追求“台湾独立”的一些政党，这些政党认为发展两岸经济关系虽然有助于台湾经济发展，但可能与其追求“台湾独立”的政治目标背道而驰，故不支持甚至反对发展两岸经济关系。

因此，无论是台湾内部的经济层面还是政治层面，都存在着制约两岸公权力合作推进两岸经贸活动自由化与经济一体化的力量。台湾内部围绕是否要签订ECFA以及如何讨价还价所展开的激烈杯葛就是明证。可以预期，面对透过ECFA的后续协商推进两岸经贸活动自由化与经济一体化进程，台湾内部可能仍然不会平静以待。特别是，如果民进党等绿营政党再次执政，即便不终止ECFA，但可能会对ECFA启动的两岸经贸活动自由化与经济一体化进程踩刹车。

四、ECFA下两岸经济制度性合作与一体化发展的路径思考

综上所述，ECFA下两岸经济制度性合作与一体化发展，虽然有着较大的内容空间和重大的现实意义，但面临来自两岸经济体发展差异性、两岸政治关系稳定性以及台湾内部政治经济生态与局势的约束，需要探索突破约束的路径。这里提出几点思考和建议：

（一）坚守政治基础，增强政治互信

两岸关系发展的经验表明，包含两岸经济关系的两岸关系的发展是需要两岸双方有一个最基本的政治共识与互信的，那就是两岸至少应坚守各自的现行法律法规，认同两岸同属一个中国，尽管这个国家由谁代表，如何代表，双方尚存争议与分歧，并可以讨论。这也是主流国际社会所认知的。唯有坚守这一政治基础，增强政治互信，才能维持两岸政治关系的稳定性，两岸经济关系的发展才能免于两岸政治关系的不利影响。

（二）遵守国际规则，坚持平等互利

两岸经济体都是WTO的成员，发展两岸经济关系应遵循双边经贸关系的国际惯例和以WTO为代表的国际经济社会之共识，更应遵循WTO有关规则行事。众所周知，双边经贸关系的国际惯例是对等开放互惠互利，简称平等互利。只有坚持平等互利，

发展双边经贸关系才可以持久。除了平等互利这一国际惯例之外，以WTO为代表的国际经济社会还有一个共识，那就是发达经济体应较发展中经济体率先履行经贸活动自由化与更加开放市场的义务，以协助发展中经济体之发展。作为WTO会员，目前两岸至少应遵循“最惠国待遇原则”，尽快实现两岸经贸关系常态化，以拓展两岸交流合作与互利共赢之利基。

（三）遵循经济规律，循序渐进推进

建立经济合作机制，推进经济一体化发展，当然首先得遵循经济规律。特别是，如前所述，当前两岸经济体存在明显的发展差异性，将对建立健全两岸经济合作机制、推进两岸经贸活动自由化与经济一体化的步伐形成相当程度的制约。因此，两岸经贸活动自由化与经济一体化将是一个循序渐进的漫长过程。应根据区域经济一体化的发展规律与条件，循序渐进地建立健全两岸经济合作机制，推进两岸经贸活动自由化与经济一体化进程。

（四）采行先行先试，寻求局部突破

两岸经贸活动自由化与经济一体化，将是一个循序渐进的漫长过程，并需要有一个彼此磨合与相互适应的过程，以便加快自由化与一体化的步伐。因此，需要探索切实可行的途径，利用有效的措施，逐步化解两岸经贸活动自由化与经济一体化过程中可能产生的各种不利冲击、摩擦与矛盾，增强两岸的互信与共识，从而在确保成本与风险最小化的同时促进两岸经贸活动自由化与经济一体化快速并稳健发展。一个可行途径与方式，就是在两岸整体层面通过ECFA推进一定程度的自由化与一体化的同时，在有条件的两岸次区域层面（如海峡西岸经济区与台湾部分地区）先行先试较高程度的自由化与一体化，为将来两岸在整体层面推进这种较高程度的自由化与一体化探索经验，累积互信，并构筑必要的经济、社会和政治基础与动力。[10]

结　语

透过ECFA，建立健全两岸贸易合作机制、两岸投资合作机制、两岸产业合作机制、两岸金融合作机制、两岸经贸争端解决机制，推进两岸经济制度性合作与一体化发展，有助于拓展两岸经济合作与共赢之利基，协调两岸经济体之经贸竞争态势，共

同应对全球化与区域化之挑战，促进两岸政治关系之和平与稳定发展。ECFA下两岸经济制度性合作与一体化发展，虽然有着较大的内容空间和重大的现实意义，但面临来自两岸经济体发展差异性、两岸政治关系稳定性以及台湾内部政治经济生态与局势的约束，需要探索突破约束的路径，宜坚守政治基础，增强政治互信；遵守国际规则，坚持平等互利；遵循经济规律，循序渐进推进；采行先行先试，寻求局部突破。

【中央高校基本科研业务费专项资金资助项目
“大陆对台经贸政策措施的社会政治效应研究”（2011221034）】

注释

1. 唐永红、邓利娟：《当前两岸经济合作机制创新的空间与路径》，《台湾研究》，2005年，第6期。
2. 张冠华：《关于新形势下建构两岸经济合作框架的探讨》，《台湾研究》，2008年，第5期。
3. 盛九元：《建立两岸经济合作机制的方式与途径研究》，《世界经济与政治论坛》，2009年，第4 期。
4. 陈先才：《两岸特色经济合作机制的建构》，《厦门大学学报》（哲学社会科学版），2009年，第6期。
5. 唐永红：《两岸经济制度性合作与一体化发展研究》，北京：九州出版社，2010年。
6. 王建民：《海峡两岸经济制度化合作及合作机制建构的方式与途径》，载于《台湾研究论文集》（第23辑，中国社会科学院台湾研究所编辑委员会编），北京：台海出版社，2010年。
7. 刘舸：《两岸经济合作机制的内涵及其成长规律》，《安徽师范大学学报》（人文社会科学版），2011年，第1期。
8. 左功叶、王建民：《海峡两岸经济合作机制建构主要障碍问题的探讨》，《台湾研究》，2011年，第2期。
9. 唐永红：《当前两岸制度性经济一体化的经济可行性考察》，《台湾研究集刊》，2007年，第1期。
10. 唐永红：《海西区先行先试战略与两岸ECFA连接问题探讨》，载于石正方主编：《两岸经济合作与海西建设》，北京：九州出版社，2011年。

图书在版编目(CIP)数据

台湾问题论文选编 / 许世铨等编著 .
— 北京：外文出版社，2016
ISBN 978-7-119-10607-6
Ⅰ.①台… Ⅱ.①许… Ⅲ.①台湾问题 - 文集 Ⅳ.① D618-53
中国版本图书馆CIP数据核字(2016)第290268号

责任编辑：杨春燕　刘芳念　杨　璐
装帧设计：北京夙焉图文设计工作室
印刷监制：冯　浩

台湾问题论文选编

本书编写组　编著

出 品 人：徐　步
出版发行：外文出版社有限责任公司
地　　址：北京市西城区百万庄大街 24 号　　邮政编码：100037
网　　址：http://www.flp.com.cn　　电子邮箱：flp@cipg.org.cn
电　　话：008610-68320579（总编室）　008610-68996190（编辑部）
　　　　　008610-68995852（发行部）　008610-68996183（投稿电话）
印　　刷：北京飞达印刷有限责任公司
经　　销：新华书店 / 外文书店
开　　本：787mm × 1092mm　1/16　　印张：14.25
版　　次：2016 年 12 月第 1 版第 1 次印刷
书　　号：ISBN 978-7-119-10607-6
定　　价：50.00 元